これで防げる！

学校体育・スポーツ事故

科学的視点で考える実践へのヒント

編集代表

望月浩一郎（弁護士・日本スポーツ法学会）

山中龍宏（小児科医・NPO法人 Safe Kids Japan）

菊山直幸（元中学校長・日本中学校体育連盟）

中央法規

はじめに

　2017年2月、日本スポーツ法学会理事の望月浩一郎弁護士から連絡が入りました。「学校での体育事故がなくならない。同じような事故が続いている。役所から注意喚起の文書は出ているが、具体的な内容が記載されていないので、学校現場も困っている。現場で役立つ具体的な提案をしたい。協力をお願いしたい」とのことでした。

　望月弁護士からの連絡には、子どもたちを事故から守るための活動を目標としたNPO法人Safe Kids Japan理事長として、子どもたちの傷害予防に取り組まれている緑園こどもクリニック院長の山中龍宏医師の行動が背景にありました。

　山中医師は、2017年1月13日のサッカーゴール事故の報道を見て、ヤフーニュースに次の記事を書いています。

　　「2017年1月13日、福岡県大川市の小学校校庭でハンドボール用ゴールが転倒し、小学校4年生の児童が亡くなりました。その新聞記事を読んで「まだ、こんなことが起こっているのか！」と愕然としました。そして、自分が13年前に書いたものを読み返してみたところ、驚いたことに、2004年1月13日には静岡県清水市の中学校でサッカーゴールが転倒し、中学3年生が死亡していたのです。この事故から5日後には、校長先生が責任を感じて自殺しています。なぜ、同じことが起こり続けるのでしょうか。文部科学省からは、2009年3月、2010年3月、2012年7月、2013年9月など、毎年のようにサッカーゴール等の転倒による事故防止の通達が出されていました。

　　これ以上、同じ事故を起こさないようにするためには、自分で取り組むしかないと考え、弁護士、学校教員、工学系の研究者、メディア関係者などに声をかけて、2017年2月9日の夜、約20名が集まってこの活動の趣旨を確認、この問題を多くの人たちと共有し、意見交換をするためにシンポジウムを開くことにしました。これが本会の活動の始まりです」

　私も長く中学校保健体育科教師として、安全には注意してきました。校長としても

先生や生徒たちに声をかけ、点検確認をしてきました。今回の声かけのきっかけとなったサッカーゴール転倒による死亡事故のニュースを見たとき、「えっ、またか」とびっくりしたと同時に「なぜ！」「どうして？」と悲しく感じていました。他にも組立体操による事故報道でも同じく残念に思っていました。

　学校・園にとって大切なことは、元気な姿で登校・登園してきた子どもたちをけがなく笑顔で帰宅させることだと考えます。すべての指導者も同じ考えであると思いますが、学校・園での体育・スポーツ事故が続いています。元保健体育科教師として一緒に勉強させてもらい、現場に役立つデータを示し、具体的な提言を行うことを手伝わせてもらうことに、躊躇することなく参加することを決めました。

　この取り組みに参加しているメンバーは、弁護士・医師・大学教員・研究者・NPO法人関係者・理学療法士・技術士・元中学校教員・報道関係者と多様な業種の者です。また全くの手弁当で参加して、各々の得意分野からデータや文献等を根拠として発言し検討しています。さらに必要に応じて、各メンバーのネットワークを活かしてさまざまな組織・人に協力を依頼し、資料やデータ収集および実験等を行っていることが大きな特徴といえます。

　さて、日本スポーツ振興センター（JSC）のデータを見ると、児童生徒等の人数は減少しています。それに伴い、障害件数および死亡件数も少なくなってきています。それは学校・園および指導者の安全に対する意識が高まり、適切な指導や器具等の安全点検および正しい取り扱いによる成果でもあると考えられます。

　しかし、2021年度の数字を見てみますと、1615万1376人（小学校～高等専門学校および幼稚園・保育所等の児童生徒等）で負傷・疾病発生件数（治療費5000円以上）は83万8886件（5.2%）となっており、365日で割り算すると1日あたり約2300件の負傷・疾病事故が発生していることになります。実際の登校（園）日は約200日です。中学校・高校では部活動等での登校がありますので200日以上登校していますが、1日あたりの負傷・疾病事故は、2300件よりも大きな数になります。また、児童生徒等が在校（園）している時間から考えるとさらに大きな発生件数となってきます。負傷・疾病発生率は、新型コロナウイルス感染拡大に伴う児童生徒の学校体育・スポーツ活動が抑制されていることを考慮すると1982年とほぼ同水準であり、まだ

まだ痛い思いや怖い経験をしている児童生徒等が多くいるのが現状といえます。

このような現状を少しでも改善するために、そして明日からの指導で活用できる具体的な方策を示すことを常に考えながら、下記のような取り組みを行ってきました。

【開催してきたシンポジウム】

回	年月日	会場	テーマ
1	2017年8月27日	早稲田大学	繰り返されるサッカーゴール転倒事故・組体操事故・ムカデ競走事故から子どもを守る
2	2018年3月21日	関西大学	知っていますか？　ケガのない野球指導
3	2018年6月 9日	横浜情報文化センター	繰り返されるプール事故から子どもを守る
4	2019年8月24日		繰り返される跳び箱事故から子どもを守る
5	2021年3月27日	オンライン	安全なサッカー・ヘディングの指導で関連事故から子どもを守る
6	2022年3月26日	オンライン	体育館に関わる事故から子どもを守る

これらの取り組みおよび提言について説明します。

まず、①研究者・大学教員等により、JSCのビッグデータを分析し、事故発生件数、事故発生状況等を明らかにしていきます。また、実験などでデータを得ることも行ってきました。例えば、サッカーゴール転倒事故防止では、数校の中学校に協力いただき、サッカーゴールを倒すとどれほどの衝撃があるのか。また、どれくらいの力が加わることでサッカーゴールが倒れるのかを実証実験によって明らかにしてきました。②弁護士チームでは、関連する過去の判例等を整理し、法律的な面から事故原因や責任を考えるとともに、今後取るべき防止策の方向性を示してきました。③元教員・学校関係者では日本中学校体育連盟（日本中体連）を中心として、各中学校の現状・原因・防止策・課題などを探るためにアンケート調査を毎回行ってきました。多いときは47都道府県から700校以上の中学校に協力いただいております。ヘディング事故防止のときは、小学校の先生方にも回答していただきました。④理学療法士チームでは、さまざまな動作における無理のない体の使い方・動かし方について動画を活用するなどしてポイントを明確にしています。また、体育館にかかわる事故防止では、⑤技術士チームが体育館を視察し、安全確保についての課題点と改善点等を指摘してもらいました。

次に、毎回シンポジウムで行っている提言についてです。基本は1つの取り組みに対して「3つの提言」を行っています。それも具体的な事故防止策がわかる内容・表現となるように努めています。例えば、サッカーゴール転倒防止策の1つは「杭で固定する（次善策：100kg以上の重りで固定する）」、ムカデ競走事故防止策では「列の人数を減らす（10人未満を推奨）」や「伸縮性の素材で足を結ぶ」と提言しています。ねらいは、学校・園等で指導している方々にとって、明日の指導場面からすぐに役に立つことと考えてきています。

　今回、6年間の取り組みおよび6回のシンポジウムを一つの区切りとして、記録に残すこととしました。ここまでを振り返り、成果と課題について考える必要性を感じたからです。また、各回のシンポジウムで取り上げた事故以外にも、学校・園では多様な事故が発生しています。これらの事故についてもJSCのデータを分析するとともに、事故に関連した判例等も参考に原因の究明と事故防止策を具体的に示していくことが必要と考えました。書籍化することで、多くの方々に学校事故の現状や課題を理解してもらうとともに、すべての子どもたちが安心して学習に取り組める環境づくり・事故防止には、どのような具体策が必要なのかを考えてもらうことを願っています。

　本書が、子どもたち、指導者、保護者、地域社会の人たちに多くの笑顔をつくる力になれば、これに勝る喜びはありません。

2023年 夏

菊山直幸
（公立中学校元校長・公益財団法人日本中学校体育連盟参与・前専務理事）

本書で使用しているデータと出典などについて

1 独立行政法人日本スポーツ振興センター（JSC）が公開している 「学校等事故事例検索データベース」について

　学校災害共済給付制度は、1960 年からスタートし、2002 年から独立行政法人日本スポーツ振興センター（JSC）が給付を担当しています。

　現在、義務教育諸学校、高等学校、高等専門学校、幼稚園、幼保連携型認定こども園、高等専修学校および保育所等の管理下における災害に対し、災害共済給付（医療費、障害見舞金または死亡見舞金の支給）が行われています。2021 年度においては、約 1615 万人（加入対象児童生徒の 95％）が加入し、給付件数は約 167 万件です。

　2005 年度以降の死亡・後遺障害が残った事故が、「学校等事故事例検索データベース」として JSC のウェブサイト上に公開されています。

https://www.jpnsport.go.jp/anzen/anzen_school/anzen_school/tabid/822/Default.aspx

　同データベースでは、給付金の種類に応じて、死亡見舞金事例、障害見舞金事例、供花料事例、歯牙欠損見舞金事例の 4 つのデータが公開され、本書執筆時点で 2022 年 2 月 1 日の最終データとして 2005 年度から 2021 年度に給付された総数 8797 件の給付状況が収録されています。本書では、これら 4 つのデータを統合し、事故の発生件数や事故の発生状況等を分析・紹介しています。

＜表記の解説＞

　「 2014 障 322 」は、上記データベースの 2014 年度の障害見舞金給付事例 No.322 を意味しています。「死」は死亡見舞金給付事例、「歯」は歯牙欠損見舞金給付事例を指します。なお、公開されているデータベース上では、2005 年度から 2018 年度については和暦を、2019 年度以降は西暦が用いられていますが、本書ではすべて西暦に統一して表記しました。

2　文献および参考ウェブサイトについて

　本書で紹介した引用文献および参考文献でウェブサイトで閲覧できる文献ならびに参考となるウェブサイトについては、次のウェブサイト（NPO 法人 Safe Kids Japan「これで防げる学校体育・スポーツ事故」参考文献等ウェブサイト）で URL を公開し、検索できるようにしています。

https://safekidsjapan.org/projects/prevention-sports-injuries

　検索できる文献等については 出典 の表示を記しました。例えば「群馬県立藤岡中央高等学校におけるハンマー投げ事故検証委員会報告書」（2018 年 8 月）出典 」です。ただし、本書執筆時点で閲覧可能な URL であり、掲載団体が掲載を中止していたり、URL を変更してしまっている場合もありますので、あらかじめご了承ください。

　また、データは最新の状態を維持するように努めていますが、対応が遅れている場合にはご容赦ください。また、その旨の一報をいただけると幸甚です。

3 裁判例について

　事故が起きた場合、その責任を追及する目的（多くは損害賠償といって金銭の支払いを求めるもの）で裁判にまで発展することがあります。裁判では、裁判所が事故の発生状況を認定する場合や事故が起こった原因を判断することがあり、事故予防の観点から参考となるものもあります。本書では、こうした裁判例についても分析を行い、参考となるものを紹介しています。

　なお、すべての裁判例が公開されるわけではなく、公開されている裁判例は一部にとどまります。このように公開された裁判例を集めた刊行物を一般に判例集と呼びます。判例集には裁判所が発行する公的なものと私的なものがありますが、本書では、公的・私的を問わず公刊されている判例集や判例データベースを総称して「判例集」と表記しています。

　裁判所では、一般に、裁判所名＋判決年月日という形で裁判例を特定し、その際には和暦が用いられますが、本書では、西暦に統一して表記しました。

　本書で紹介した裁判例についても、文献および参考ウェブサイトと同様に、「これで防げる学校体育・スポーツ事故」参考文献等ウェブサイトにアクセス可能な判例集のURLを掲載しています（なお、すべての裁判例が判例集に掲載されているわけではありませんので、URLが掲載されていない裁判例もあります）。

目次

第 3 章　学校体育・スポーツ事故の現状と事故予防（2）
── 事故データを詳細に分析した 12 事例

第**4**章　**学校安全のための安全知識循環システム**
　　　　　── 発達段階の児童生徒のための環境デザイン

第**5**章　**報道の現場から**

おわりに

執筆者一覧

第 **1** 章

どうして
学校体育・スポーツ事故は
繰り返されるのか

1 学校での事故のなかで、対策が遅れている学校体育・スポーツ事故

日本スポーツ振興センター（JSC）の災害共済給付の対象とされている学校での事故は、理科の実験での事故、体育の授業中や部活動中の事故、登下校中の事故等、学校管理下と評価される事故です。

学校管理下の事故のうち、障害見舞金給付件数（後遺障害を残した事故）および死亡見舞金給付件数（死亡事故）は、経年的に減少をしています。

少子化の影響で子どもの数も減少しているため、発生頻度を比較する目的で、各年度の給付件数を加入者数で除した数値を経年的に比較しました。1984年を100とすると、2021年は死亡事故は37に、後遺障害を残す事故は39と顕著に減少しており、学校における重大事故（死亡事故および後遺障害を残す事故）対策は効果を上げていると評価できます（**図1-1**）。

しかしながら、学校体育・スポーツ事故が占める割合の変化を見ると、2005年には、学校管理下の重大事故の40%が学校体育・スポーツ事故でしたが、2015年には

図1-1 学校管理下の災害共済給付の年次推移 1984 〜 2021年度

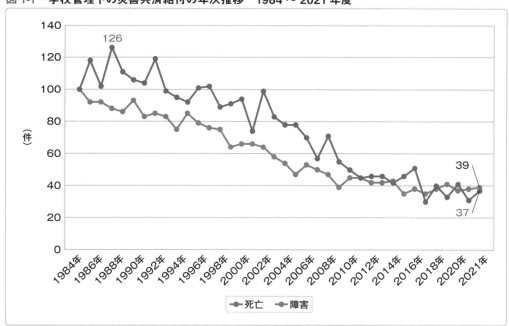

53% まで増加しています（**図 1-2**）。新型コロナウイルス感染拡大の影響で、学校体育・スポーツ活動が抑制されたこともあり、この数年は横ばいとなっていますが、減少に転じてはいません。

通学中の事故が占める割合の変化を見ると、2005 年には学校管理下の重大事故の 19% を占めていましたが、2020 年には 12% と 3 分の 2 に減少しています。

学校管理下の重大事故は減少しているものの、直近 15 年で比較をすると、通学中の事故は 3 割以上減少しているのに対して、学校体育・スポーツ事故の比率は 3 割増となっています。この統計からは、学校管理下の重大事故対策は効果を上げており、とりわけ通学中の事故は、対策が十分な効果を上げているため減少していますが、学校体育・スポーツ事故は、相対的に事故対策が不十分であり、課題が多いことがうかがえます。

図 1-2　**学校管理下の重大事故　通学事故と体育・スポーツ事故の割合対比　2005 ～ 2021 年度**

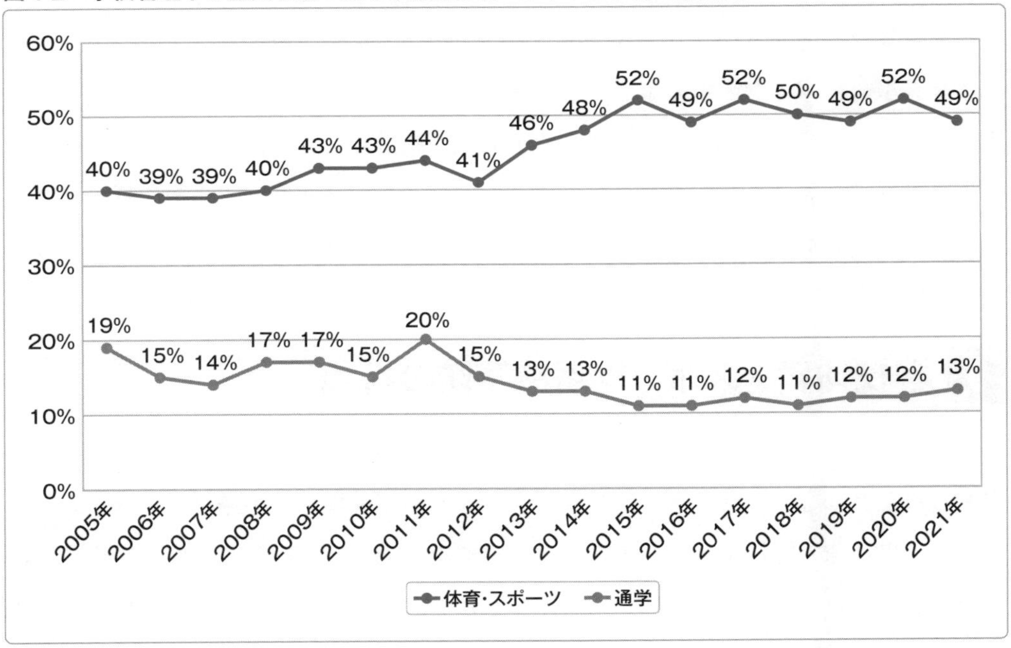

2　どうして学校体育・スポーツ事故は繰り返されるのか

JSC「学校災害防止調査研究委員会」「スポーツ事故対策防止対策協議会」委員であった山中龍宏（小児科医）、西田佳史（産業技術総合研究所）、菊山直幸（日本中学

校体育連盟）、三宅良輔（日本体育大学教授）、望月浩一郎（弁護士）の５人（所属はいずれも当時）は、2017年１月、「これで防げる学校体育・スポーツ事故」シンポジウムをやらないかと、研究者、法律家そして医療従事者に呼びかけました。

「子どもを学校での事故から守りたい」「なぜ、同じような学校事故が繰り返され、子どもが傷つかなければならないのか」「教員は子どもを守りたいと思っているのに、具体的に何をしたらよいのかを知らされていない」これが共通の思いでした。

この思いを受け止めた一般社団法人日本スポーツ法支援・研究センターとNPO法人 Safe Kids Japan が中心となり、日本中学校体育連盟、日本高等学校野球連盟、国立研究開発法人産業技術総合研究所、JSC、スポーツ庁等幅広い団体の後援、協力の下で、2017年から、「科学の目で事故のメカニズムを解明し、予防のための提言」を行ってきました。

これまでに、①サッカーゴール転倒事故、②組立体操事故、③ムカデ競走事故、④野球事故、⑤プール事故（スタート事故・溺水事故）、⑥跳び箱事故、⑦サッカーのヘディング事故、⑧体育館での事故をテーマに６回のシンポジウムを開催しました。

シンポジウムでは、JSCの災害共済給付実績の統計分析、全国の中学校の協力を踏まえた実態調査等貴重な成果が得られました。学校体育・スポーツ事故を繰り返さないために、シンポジウムの成果をまとめ、全国の学校関係者に提供をしようというのが本書のねらいです。

3 学校体育・スポーツ事故予防の視点

体育・スポーツ活動は身体活動を伴うため、身体活動に伴う一定の範囲で健康被害が生じることは避けられません。サッカーをしていて転倒して擦過傷を負う、野球をしていて自打球で打撲傷を負う等の負傷を一切なくそうとすると、体育・スポーツ活動をしないという選択肢しか残りません。しかし、このような避けられない健康被害を受容しても、それより高い価値を体育・スポーツ活動に見出すため、体育・スポーツ活動を行います。サッカーで転倒して擦過傷を負う、野球の自打球で打撲傷を負う等のけがを生じる危険性を理解しても、サッカーや野球をするのです。

学校体育・スポーツ事故で防がなければならないのは、体育・スポーツ活動に伴う避けられないとはいえない健康被害であり、とりわけ生命健康に重大な影響を与

える事故の予防です。学校体育・スポーツ事故を防ぐ視点は**表 1-1** のとおり整理できます。

　第1は事故を生じさせないことです。大別すると、施設用具等の問題と体育・スポーツ活動のやり方の問題との2つがあります。後者は、防止の主体という点からは、指導者（教員）、プレーヤー自身、学校・競技団体と3つがあります。

　第2に、事故自体が紛争の原因になるのではなく、事故の結果、重大な健康被害が生じるから紛争になるため、事故を重大な健康被害にしないための対策があります。水の中では、足が立つ場所であっても溺れる危険性は常にあります。溺れるという事故が生じても、生命の危険性が生じる前に発見し、救助できる態勢を整えておくことにより死亡あるいは重度の後遺障害を残すという結果は回避できます。転倒や衝突あるいは野球のイレギュラーバウンドが顔面に当たり、歯が抜けてしまったときにどうしますか。歯の保存液で抜けた歯を保護し、歯科医において治療をしてもらうことで、再生の可能性があります。事故が後遺障害になることを予防できます。これを知らないと歯牙欠損という後遺障害に直結します。

　第3に事故を紛争にしない配慮です。重大な健康被害が生じた際に、被害に対する共感を示さず、学校には責任がないことを強調した対応をしたため、紛争が深刻化し

表 1-1. 学校体育・スポーツ事故紛争を予防する視点

			事故を生じさせない対応
I	i	施設用具	1	危険な施設・用具を放置しない／危険な施設・用具を安全であるように見せない
			2	施設・用具の使用方法を遵守する
	ii	指導者教員	1	正しい指導方法
			2	活動を行う環境、競技特性の危険性、プレーヤーの健康状態などの把握と対応
	iii	児童・生徒		ルール（競技規則＋競技の特性から導かれる不成文のルール）をまもる
	iv	学校／競技団体		安全を確保するための物的人的条件（競技規則）の整備
II	事故後の対応（1）事故が生じても、死亡・重傷などの重大な健康被害にしないための対応			
III	事故後の対応（2）事故を紛争にしない・紛争を拡大することを防ぐ適切な対応			

た例はしばしば見られます。

　最初に、事故の予防という視点と、事故が生じても死亡・重傷等の重大な健康被害にしないための対応という視点で、現在の学校体育・スポーツ事故対策で何が欠けているのか、何をすべきかを述べます。

4　科学の目で事故のメカニズムを解明して、対策を講じる

重度後遺障害を負った児童生徒と家族の困難

　高校 2 年生水泳部員の A 君は、部活動でのスタートの練習中に頭を水底に打ち付け、「頸髄損傷による四肢麻痺、体幹機能障害」という重い後遺障害が残りました。生死の境を乗り越えて症状が安定したときに、医師は A 君に、治療しても手も足も自由にならず、これは生涯続くことを宣告しました。その直後、A 君は自らの命を絶とうとしました。幸い大事には至りませんでしたが、スポーツ万能で健康な 17 歳の高校生が、一瞬にして、足は全く自由がきかず、手や指も不自由で、授業でノートをとるにも、食事をするにも専用の補助具が必要、ベッドから車椅子に移るにもトイレに行くにも介助が不可欠という重い障害を負ったときの絶望感の大きさは本人と家族にしか理解できないものです。

　A 君は事故後、長期間の入院・リハビリ生活を送りました。約 1 年後の退院時までに、両親は自宅を大改造しました。車椅子で生活できるように、A 君用に 16 畳の居室を増築し、従来の居宅についてもすべての段差をなくしました。ベッドから起き上がることも、車椅子に乗り移ることも 1 人ではできませんので、ベッドからトイレや風呂まで移動するための介護を補助する天井走行リフトも設置しました。新たに設置した浴室には、介護施設と同じ障害者用の浴槽を設置しました。

　筆者がスポーツにかかわる法律問題にかかわり出したのは、弁護士になって 5 年目の 1988 年夏、先輩弁護士に誘われて、A 君の事故の相談で彼の自宅を訪ねたのが最初でした。事故から 2 年半が経過し、A 君は、翌年 4 月の大学進学に向けて勉学に励んでいるときでした。筆者たちは A 君に、まずは大学進学を目標にし、事故についての損害賠償請求は大学進学後取り組もうと言いました。A 君は、1989 年 4 月見事に希望校に進学しました。

　重い障害を抱えて、大学に進学するための A 君本人の努力も並大抵ではありませ

ん。同時にすばらしいと思ったのは、この事故後の教員の対応でした。Ａ君は１年の休学期間を経て高校に復学しました。通学するにも自動車で送迎が必要です。学校にはエレベーターがないので、１階にある校長室で、教員が交代で、マンツーマンで授業をします。教員たちは、自宅にも再三訪れて、自らの障害の重さに勉学の意欲をなくしかけたＡ君を励ましました。Ａ君が高校を卒業してからもさまざまな助言や援助を惜しまず、大学に進学する夢をかなえました。

事故を繰り返す原因は判決？

　学校事故において、被災した児童生徒とその家族が、学校・教員と対立関係になる場合はしばしば見られます。児童生徒がけがをする、後遺障害を残す、死亡するという健康被害が生じたときに、一番つらいのは本人と家族ですが、二番目につらいのは、教え子に健康被害を生じさせることを防止できなかった教員です。子どもを傷つけたい、傷つくことは当然だと考えるような教員はいないと信じています。

　ちょうどこの頃、筆者は、体操部の活動中頸髄損傷の事故に被災した高校生の相談にもかかわっていました。この学校では、教職員による受傷後の進学や進路問題で助力は皆無でした。それどころか、当該高校への復学は拒絶され、通信制高校への転校を求められたのです。同じ県の高校でこのような差がありました。

　両校の教職員の対応には、雲泥の差があり、また、教員の過労死問題をライフワークの１つとしている筆者は、教員の忙しさを実感しているだけに、Ａ君の学校教員の献身的な姿勢には感動を覚えざるを得ませんでした。

　このようなすばらしい教員の学校で、なぜこのような深刻な事故が起こったのか？当時でも、プールでの飛び込み事故判例は10件を超えていました。水深の浅いプールで飛び込めば水底に衝突する事故が生じることは容易にわかります。それではどれだけの水深があれば安全なのでしょうか？

　訴状を起案するために、これまでの判決を検討すると、原告の請求を棄却した判決はすべてプールは安全であるとして、プールの設置管理の瑕疵を否定しています。原告の請求を認容した判決も、水泳指導者の過失—水泳の指導者が「異常な飛び込み方」をさせた（看過した）こと—を責任の根拠としており、プールの「設置管理の瑕疵」を認めた事例はありませんでした。当時の判例は、水深が0.8〜1ｍあれば飛

び込み事故を防止しうる「通常有すべき安全性」を備えたプールとしていたのです。

科学者が提案する安全基準

　一方、スポーツ医学研究者は、飛び込み事故防止のためにプールの構造・規格の改善を求めていました。一般に飛び込んだときのスピードが減速するには、水深が３〜3.6ｍは必要で、身長の２倍よりも水深の浅いところでは飛び込むべきではない、あるいは、1.3ｍ以下の場所では競技中を除き、飛び込みは原則的に禁止すべきであるとの提言もなされていました。第７回整形外科スポーツ医学研究会（1981年）においても「プールの水深をもっと深くすべきだ！」と提言されていました。

　判決の判断が間違っているのではないか？　これまでの判決が、危険なプールを危険であると宣言せず、安全であると判断してきたことが、事故を引き起こす要因となっているのではないか？

　プールの構造が安全性に欠けると判断しなくても、指導者の責任を肯定して原告の請求を認容すれば、被害者の個別救済は可能です。

　飛び込み事故訴訟において、裁判所が、プールの水深が浅すぎるのではないかと疑問を示しながら、プールの設置管理の瑕疵を否定する、あるいは、設置管理の瑕疵の判断を回避する、すなわち、浅いプールでスタートを行うことの危険性を正面から判断しないことが、「水深１〜1.3ｍという『普通』のプールで、『普通』の飛び込みをする限り事故は起こらない」という「安全神話」を生み出す原因の１つになっているのではないでしょうか。裁判所の判断が、飛び込み事故の発生を繰り返す温床となっているのではないでしょうか。

小学校の体育授業で競技用の平均台は使用しない

　小学生を利用対象者とする平均台として、高さが20〜35cmの平均台が市販されています。このような小学生の体格、体力および技能に見合った平均台を使用すれば、安全を確保しながら、平均台を利用した運動は可能です。

　しかしながら、体操競技用の平均台（高さ125cm）を「競技では使用が認められている」という理由で小学校で利用すれば、平均台から小学生が転落した場合に、大きなけがを生じることは容易に予想できます。体操競技用の平均台を小学校で利用す

るという点を問題とすることなく、平均台から児童生徒が落下してけがをしたら、指導に当たった教員の指導が悪い、あるいは、指導を守らずに転落を回避しなかった児童生徒の自己過失だという議論をするのは正しくありません。小学生が溺水事故を生じにくい浅いプールで、競泳のスタートをすることで生じるスタート事故も、この平均台の事案と同じです。裁判所は、児童生徒の過失か教員の過失かという二者択一の判断をし、このような浅いプールでスタートをすることを安全であると判断する、あるいは、安全か否かの判断を回避したというのがそれまでの裁判でした。

損害賠償を認める2つの判断手法

Y市立中学校でスタート台直下の水深が1.3m以下のプールで、中学生のスタート事故が生じた事案で説明します。

裁判所が、被害者の損害を補償すべきという結論をとる判断となった場合、その理由は、(A)指導教員の指導に過失があるという判断、(B)スタートをするには水深が十分でなく、安全性に欠けるプールであるという判断、この2つの選択肢があります。

被害が生じた場合に、加害者に損害を賠償させる制度が損害賠償制度(不法行為制度)です。被害者の救済(損害の補償)という機能であり、この視点からは、(A)の理由でも(B)の理由でも、Y市に被害者の損害を補償させるという結論は同一です。

(A)の理由を採用した場合には、指導教諭の指導内容の問題という個別事案の判断となり、それ以上の事実上の影響力は少ないです。しかし、(B)の理由を採用した場合は、スタート台直下の水深が1.3m以下のプールは安全性に欠けるという判断となるため、同じ構造・規格のプールはすべて安全性が欠ける瑕疵あるプールとなってしまうという事実上の影響力があり、この影響は大きいです。

事故予防に有益な判決が求められている

法律家の一人として、裁判所の立場から考えると、Y市に被害者の損害を補償させるという結論をとる場合に、後者の理由ではなく、前者の理由を選択したくなる気持ちは理解できます。

被害が生じた場合に、加害者に損害を賠償させる制度である損害賠償制度（不法行為制度）は、被害者の救済（損害の補償）という機能に尽きるものではありません。将来の不法行為の抑止、事故予防という重要な機能もあります。事故の態様を認定し、事故の原因を明らかにし、事故を起こさないためには、どのような施設が必要だったのか、あるいは何をすべきであった（すべきでなかった）のか、を明らかにし、もって、同じ事故を繰り返さないための指針を示すという機能です。

　裁判所が、将来の不法行為の抑止、事故予防という機能を放棄していることが、学校体育・スポーツ事故が繰り返される温床の一つではないでしょうか。そして裁判所だけでなく、教育行政も、科学の目で事故のメカニズムを解明して、対策を講じるという点で欠陥があることが、学校体育・スポーツ事故が繰り返された温床の一つです。

5　失敗から学ぶ　失敗事例を知ること

「危機管理」の前にすべきこと

　筆者は、各地の教育委員会、スポーツ団体から、しばしば、学校体育・スポーツ事故の予防のための講演を頼まれることがあり、日程さえあえば要請に応えるようにしています。

　筆者は、参加者の方々に「学校体育・スポーツ事故はなぜ起こるのか」という質問を投げかけます。よくある答えの一つが、「危機管理ができていない」です。間違いではありませんが、「危機管理」以前の、「失敗から学ぶ」ことができていないのが一番の問題であるという指摘をします。

　「危機管理」という言葉は、①「危機」が発生した場合に、ダメージを少なくさせ「危機」の状態から平常の状態に復旧させるという、いわば「減災」という意味と、②「リスク」を想定し、「リスク」が現実化することを防止するために対処する、いわば「防災」という意味の「リスク管理」と同義で使われる二面性がありますが、後者の意味では、想定しづらい「リスク」に対応するという意味で用いられ、難度が高い「リスク管理」という意味で使われます。

　学校体育・スポーツ事故は、想定しづらい、難度が高い「リスク」で生じているのでしょうか。

　2004年、静岡県の清水六中で、強風のためサッカーゴールが転倒し、中学3年生の男子生徒が死亡するという事故が起こりました。その後、校長が自殺するというさらに悲しい展開となった事故です。この事故の報道では、30年以上の体育教員歴があるというS教頭（当時53歳）の「予想外の出来事だった」「まさか風でゴールが倒れるとは……」というコメントを紹介しています（静岡新聞2004年1月14日）。

　事故が生じたときに、「予想外」「想定外」「まさか」というキーワードはしばしば登場します。これは、そのコメントをする人にとっては真実でしょう。「30年以上の体育教員歴」があっても、「風でゴールが倒れる」という体験がなく、「風でゴールが倒れる」という事実があることを知らなければ、「風でゴールが倒れる」ことは、「予想外」「想定外」「まさか」となります。

　「風でゴールが倒れる」事故とは、清水六中が最初だったのでしょうか。

失敗例＝事故例を知ること

　報道レベルでは、2000年に同じ事故が生じています。2000年12月25日の読売新聞は、和歌山市立紀之川中学校のグラウンドで開催された和歌山県サッカーフェスティバルで、強風（最大瞬間風速26.5m）でサッカーの鉄製ゴール（縦2.4m、横7.3m、奥行き2m）が前方に倒れ、シュート練習中の同市立楠見中学校のサッカー部員1年生がゴール上部の枠で後頭部を打ち、負傷した事故を報じています。

　この事故報道を知っていれば、「風でゴールが倒れる」ことは、「予想外」「想定外」「まさか」ではなく、「予想内」「想定内」「当然」というコメントになります。

　この報道に接することができないサッカー指導者や教員もいるでしょう。これも、日本サッカー協会が全国のサッカー指導者にこの情報を共有する、文部科学省が教育委員会を通じて全国の教員にこの情報を共有すれば、「風でゴールが倒れる」ことは、「予想内」「想定内」「当然」という共通認識が得られます。

　報道はされていませんが、2000年7月には、清水六中と5kmしか離れていない清水四中で突風によりサッカーゴールが転倒し、中学3年男子生徒が左足を骨折する事故がありました。少なくとも、清水市（現在は合併により静岡市）教育委員会は、2000年7月の清水四中の事故は把握していました。清水市教育委員会が清水四中の事故情報を、清水市内の他の学校の教員に情報共有していれば、清水六中の事故は防

止できた可能性があります。

　過去の事故例を知っていて対策を知っていれば、学校体育・スポーツ事故は繰り返されません。この点での情報共有システム、研修啓発活動が欠けていることが問題です。

6 学校体育・スポーツ事故防止には、具体的で明確な指針が必要

誤った事故対応「猪突猛進型」と「石橋叩いても渡らず型」

　2016年は、多くの学校の体育祭・運動会で行われている組立体操の事故が注目されていました。

　事故が生じたときには誤った対応が生じます。一つが、「猪突猛進型」の対応です。スポーツ事故に対して、「スポーツをする以上、事故は避けられない」と評価し、対策は、「事故が起きたのは不幸なことだが、クヨクヨせずにチャレンジしよう」となり、「同じ事故が繰り返される」という結果となります。

　もう一つが、「石橋叩いても渡らず型」の対応です。「そんなに危険なことをしていたのか、とんでもない」と評価し、対策は、「もうやめてしまおう」であり、確かに事故は繰り返されませんが、「体力の低下や危険回避能力の低下」という副作用が生じます（**表1-2**）。

　体育・スポーツは、身体を動かすことが本質であり、事故を皆無にすることはできないという意味では、「スポーツをする以上、事故は避けられない」という指摘は正しいです。しかし、この指摘は、体育・スポーツをする以上は、どんな事故も避けられない」とは同義ではありません。体育・スポーツで生じる外傷・障害のうち、避け

表1-2　学校体育・スポーツ事故の予防を考えるときの2つの誤った対応

猪突猛進型		石橋叩いても渡らず型
事故は避けられない	評価	事故が起こるような危険なこと
恐れずチャレンジ	対策	もうやめてしまおう
繰り返される事故	結果	体力の低下・危険回避能力の低下

られない軽微な外傷・障害が生じることを児童生徒とその保護者が許容し、それ以上の価値を見出して体育・スポーツをすることと、当該体育・スポーツにおいて生じるすべての事故による外傷・障害を許容することは同一ではありません。児童生徒とその保護者が許容しないスポーツ事故は避けなければなりません。

「横並び対応」が「赤信号みんなで渡れば怖くない」になる危険

　典型的な対応が大阪府の八尾市と大阪市でありました。八尾市内の中学校で10段の組立体操を行っていたところ、ピラミッドが崩れた事故が全国的に報道されたことで、八尾市教育委員会検証委員会は、2016年2月1日、組立体操の高さの上限を「ピラミッド」は5段、肩の上に立つ「タワー」は3段と提言することを決めました。その理由について、①全小中学校に実施したアンケートでは、3分の2の児童生徒が「組立体操に危険を感じている」と回答したこと、②ピラミッドを5段で実施している学校では事故が少ないこと、③「ピラミッド」は5段、「タワー」は3段とする大阪市教育委員会等を参考にしたと報道されています（毎日新聞2016年2月9日）。

　八尾市の対応は「横並び対応」です。「横並び対応」は、「隣」が「正しい」という前提があれば、間違った対応ではありません。しかし、この前提が欠けると、「赤信号　みんなで渡れば怖くない」という対応でしかありません。「隣」と同じで「怖くない」と思っても、「赤信号」を無視して横断することは危険です。

　八尾市教育委員会の決定の1週間後には、大阪市教育委員会は、「ピラミッド」と「タワー」を禁止しました。「2015年9月、ピラミッドは5段まで、タワーは3段までとする高さ規制を導入したが、その後も事故がなくならなかった」ことが理由とされました（東京新聞2016年2月9日）。

　これは、「石橋叩いても渡らず型」の対応です。事故報道があると、「石橋叩いても渡らず型」の対応が拡大します。かつては、「猪突猛進型」の対応が目立ちましたが、最近は、「石橋叩いても渡らず型」の対応が多くなっているという実感です。

何をしたらよいのかという具体的な指針

　スポーツ庁は、2016年3月25日、事務連絡「組体操等による事故防止について」をもって組立体操の事故予防を通達しました。

○「大きな事故につながる可能性がある組体操の技については、確実に安全な状態で実施できるかどうかをしっかりと確認し、できないと判断される場合には実施を見合わせること」

○「事故につながる可能性がある危険度の高い技については特に慎重に選択すること」

　これが指示の内容でした。このスポーツ庁の通達は、有効な事故予防になっているのでしょうか。言い換えれば、スポーツ庁の通達で、学校現場の教員は、何をすればよいのか、あるいは、何をしたらいけないのか判断できると思っているのでしょうか、というのが私たちの疑問でした。

○「『確実に安全な状態で実施できるかどうか』を、どうやったら『しっかりと確認』できるの？」

○「子どもの状態に照らして、5段ピラミッドは『事故につながる可能性がある危険度の高い技』なの？　4段の場合は？　3段の場合は？」

　これらの質問に答えられなければ、現場はどうしたらよいかわかりません。

　私は、教育委員会主催の講習会で講師を担当するときには、しばしば、講習会の場で、そこに参加している教育委員会の担当者に、「どう答えます？」と質問します。教育委員会の担当者から的確な回答を得た経験は一度もありません。これで現場は動けるのでしょうか。

　「事件は会議室で起きてるんじゃない！　現場で起きてるんだ‼」という映画のセリフがありましたが、このスポーツ庁の通達を見ると同じ気持ちになります。

科学に基づく具体的な事故予防ガイドライン

　成長期[1]は、軟骨が形成され、この軟骨が骨へ置き換えられるという骨の成長過程であるため、過重な負荷がかかると軟骨の部分の損傷が生じます。野球で言えば、ジュニアの野球肘、野球肩等といわれる症状が生じます。このような警鐘は古くからなされており、「投げすぎに注意しよう」という対策は講じられていましたが、十分

1）成長期には、骨端は軟骨層（X線写真では「骨端線」と呼ばれる画像として確認できます）となっています。平均的には、男子で12歳、女子で10歳頃で軟骨層が固い骨に換わり、成長がとまりますが、個体差がありますので、高校生になっても骨端線が残っている場合は珍しくありません。

表1-3　青少年の野球障害に対する提言

	小学生	中学生	高校生
練習日数時間	3日以内／週 2時間以内／日	6日以内／週 休養日 1日以上／週	6日以内／週 休養日 1日以上／週
全力投球数	50球以内／日 200球以内／週	70球以内／日 350球以内／週	100球以内／日 500球以内／週

な効果を上げるには至りませんでした。

　日本臨床スポーツ医学会学術委員会は、1995年、「青少年の野球障害に対する提言」を公表しました（日本臨床スポーツ医学会3巻1号）（**表1-3**）。その後、全日本軟式野球連盟は、2012年に「少年部・学童部の投球制限について」を公表しました。それによると、「投手の投球制限については、肘・肩の障害防止を考慮し、1日7イニングまでとする。ただし、タイブレーク方式の直前のイニングを投げ切った投手に限り、1日最大9イニングまで投げることができる。なお、学童部3年生以下にあっては、1日5イニングまでとする。投球イニングに端数が生じたときの取り扱いについては、3分の1回（アウト1つ）未満の場合であっても、1イニング投球したものとして数える。」（2014年に一部改正した後の内容）とし、具体的な投球制限を示しました。日本臨床スポーツ医学会の提言から17年を要した点は問題ですが、遅ればせながら具体的なガイドラインを示すという点では正しい対応といえるでしょう。日本高等学校野球連盟は、全日本軟式野球連盟の投球制限の定めからさらに8年後の2020年の第92回選抜大会を含む春季大会から3年間、1人当たりの1週間の総投球数を500球以内とする投球数制限を決定し、週1回以上の完全休養日設定の推奨、積極的な複数投手の育成を求める等の制度を導入しました。

具体的なガイドラインの必要性

　同じような問題は、私たちの社会生活でも見られます。市街地を自動車が高速で走行すれば、交通事故が生じます。「スピードを控えましょう」という制限は間違いではありませんが、それではどの速度で走れば安全が確保できるのかはわかりません。自動車を運転するときの目安が必要なのです。そのため、道路の状況に応じて「制限

図 1-3　学校管理下の医療給付事故数・給付件数を加入者数で除した値（1984 年を 100 とした指数）
　　　　の推移（1984 ～ 2021 年度）

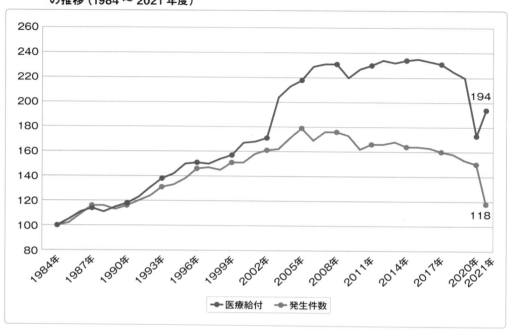

速度」が定められています。

　組立体操についても、同じように、児童生徒の学年（年齢）、練習できる時間に応じた具体的なガイドラインが必要です。

　しかし、スポーツ庁の通達は、このような具体的な指標を示していません。そのため、現場はどのように対応したらよいのか苦慮しているのが現実であり、危険が残る以上は「止めてしまおう」という大阪市教育委員会と同じく、「石橋叩いても渡らず型」の対応に流れることになります。

　「石橋叩いても渡らず型」の対応では、確かに重大事故は繰り返さないという効果はありますが、副作用があります。

　JSC の災害共済給付では、死亡・後遺障害という重大事故は顕著に減少する一方で、医療給付件数、医療給付事故数は増大しています。これは、体育・スポーツ活動の活動量が低下することにより、身体活動に伴う危険を回避する能力が低下するという副作用の結果ではないかと推測をしています（**図 1-3**）。

ガイドラインは安全確保の最低限度のルール

具体的なガイドラインについて反対をする人々は少なくありません。全日本軟式野球連盟の投球制限のガイドライン、日本高等学校野球連盟の投球制限のガイドラインが導入されたときも反対論はありました。「投球制限を守っていれば、必ず障害は防げるのか。投球制限を守らなければ、必ず障害は生じるのか」という意見です。同じように、組立体操について、ピラミッドやタワーの段数を示したガイドラインを定めることの必要性を訴えると「ピラミッド・タワーの段数制限を守っていれば、必ず事故は防げるのか。段数制限を守らなければ、必ず事故は生じるのか」という意見が出されます。

「最低限」の基準は、蓋然性で判断されるということを理解していない意見です。例えば、道路における制限速度の定めは、「制限速度を守っていれば、必ず事故は防げる」ものでもなく、「制限速度を守らなければ、必ず事故は生じる」ものでもありません。制限速度を遵守することは、短時間での移動と事故の予防という2つの目的を調整するために、事故の発生の蓋然性が低くなる速度を、誰もが事故の予防のために守るべき「最低限」のルールとしているものです。

7　教育行政のなすべき仕事を教員に押しつけてはならない

福岡県北九州市の高須中の体育館で、2021年、バスケットボール部員が折りたたみ式ゴール（設置から30年経過）の下でレバーを回して支柱を伸ばす際、ゴールリングの付いたボードが支柱から外れて壁に当たった後、女子生徒の顔に当たり、左目の上を3針縫うけがをしました（**写真1-1**）。

折りたたみ式ゴールのある施設は、少なくありません。**写真1-2**は、都内の中学校における類似の施設ですが、使用しな

写真1-1　バスケットボールゴールの転落した事故

提供：北九州市教育委員会

いときには、壁面に接するようにゴールを
たたみ、使用する際には、バスケットボー
ルゴールを前方にせり出させるという構造
です。

　この落下したゴールの製造メーカーによ
ると、「ゴールの耐用年数は、専門の業者
による点検を毎年したうえで21〜24年」
としていますが、このような点検や設備更
新はなされていませんでした。

　北九州市教育委員会は、この事故後一
斉点検を行ったところ、1198基のうち、
968基の補修・交換が必要と判明し、市は
費用の約17億2500万円を2023年度一般
会計補正予算に盛り込みました。教育委員

写真 1-2　都内の中学校の
　　　　　バスケットボールゴール

会学校支援部施設課は「こんなにも多くの補修・交換が必要だとは思わなかった。屋
内用ゴールが落ちるとは思わず、取扱説明書を確認しなければならないという認識が
なかった。協会基準も知らなかった」とコメントしたと報道されています。

　学校における設備・用具等が原因の事故が生じたときに、教員の管理責任が問われ
るケースがあります。事故と最も近い過失を原因ととらえる法的考えでは、日常の点
検や補修がなされていなくても、事故の直近の時点で教員が危険性を確認できていれ
ば事故は回避できるはずであるという「直近過失」という考え方です。宮城県白石市
の小学校で防球ネットが倒れて児童2人が死傷した事故では、校長と主幹教諭が業務
上過失致死傷で送検されたと報じられています（時事通信2022年9月25日）。

　学校の設備や用具の安全性の確保は、本来、教育行政の責任です。教員は、教育に
ついては専門家ですが、学校の設備や用具の安全性についての点検や管理について
は、教育も訓練も受けていません。学校内で起きた事故だから教員の責任であるとい
う対応は、事故の予防という目的からは正しくありません。

8 児童生徒の命と健康を守る主人公は児童生徒

多くの人は、学校体育・スポーツ事故を考える際に、児童生徒は保護対象であり、大人が児童生徒を守らなければならないと考えます。

これは間違いではありません。しかし、同時に、児童生徒が自らの命と健康を守るための主体となるための教育的な配慮も必要です。

児童生徒が、サッカーゴールやハンドボールゴールにぶら下がることは、ゴールが転倒し、その下敷きになる事故の原因となります。ゴールにぶら下がることは危険であり、やってはならないことです。それではどうしますか。「ダメ！」というだけで終わっていないでしょうか。

筆者が学校体育・スポーツ事故対策の話をするときに、受講者の教員に「ゴールにぶら下がることはダメと言われた経験は？」と尋ねることがあります。受講者は、多くが経験があると答えます。

次に、「ゴールにぶら下がったことはありますか？」と尋ねると、2〜4割程度の受講者は、これも経験ありと答えます。命じられてはいますが、守られていません。その原因は、守ることの必要性が理解されていないからです。

「『命じられた』からゴールにぶら下がらない」ではなく、児童生徒が、ゴールにぶら下がる危険性を理解し、自らの命と健康を守るためには、ゴールにぶら下がらないという選択をするための知識を習得する機会を与えることが必要です。

恐怖を実感することで、それにつながる危険行為を未然に防ぐ"Scared Straight"という教育手法があります。校庭でスタントマンが乗った自転車が自動車と衝突する場面を児童生徒に見せて、交通ルールを守る必要性を理解させるという取り組みが、"Scared Straight"という手法の一例です。

ゴールにぶら下がって前後に揺らすことでサッカーゴールが転倒すること、その下敷きになったときには頭蓋骨は容易に砕けてしまうこと、児童生徒がこれらを理解すれば、「命じられ」なくても、遊び半分でゴールにぶら下がるということはしません。

校舎屋上の半透明の天窓の多くは、人がその上に乗る荷重に耐える強度をもっていません。児童生徒がこの事実を理解していれば、天窓に登っての転落事故は生じません。天窓に上がってはならないと「命じられ」なくても、天窓が半透明であっても十

分な強度があると誤解することはなく、天窓に登らないからです。

　十分な強度があると説明されても、東京スカイツリーの展望台で地上が見える透明な床材の部分に乗ることに躊躇を覚えるのは、下が透けて見える床材が安全性に欠ける場合が少なくないことを知っているからです。

9 「これで防げる学校体育・スポーツ事故」の視点

　学校体育・スポーツ事故を予防するために必要な視点を概観しました。まとめれば、以下のとおりとなります。

1　事故防止に必要な事故原因を分析して、予防に活かすこと
2　過去の事故事例の検討には科学の視点が必要であること
3　事故防止には過去の事故事例に学ぶことが必要であること
4　事故防止には、具体的で明確な指針が必要であること
5　事故防止に必要な教育行政のなすべき仕事を教員に押しつけてはならないこと
6　児童生徒に、自らの命と健康を守る力を与えること

　次章以降では、このような視点から個々の事故の防止に必要な取り組みを解説します。

第 **2** 章

学校体育・スポーツ事故の現状と事故予防（1）
—— 科学的な実験・検証・データ分析をした8事例

① サッカーゴールの転倒事故

1 サッカーゴール等の転倒による事故の現状

（1）日本スポーツ振興センターの災害共済給付データから

　国立研究開発法人産業技術総合研究所（産総研）が、日本スポーツ振興センター（JSC）の災害共済給付データ（2014年度に発生した負傷・疾病108万8587件）から「ゴール」というキーワードに該当する2554件を抽出した結果、**図2-1-1**のとおり、サッカーゴールが75％（1921件）と4分の3を占め、2位のバスケットボールゴールが15％（394件）、3位のハンドボールゴールが7％（190件）でした。

　学校管理下におけるゴールに関連する傷害は、死亡に至らない軽症事故まで含めると、1年間に膨大な数が発生しており、そのなかでも、サッカーゴールによる事故が最も多いことがわかりました。

　さらに、最も多いサッカーゴールによる傷害の事故状況を分析すると、**図2-1-2**のとおり、72％（1385件）が「ゴールに衝突、あるいはゴールやネットにつまずき・引っかかり転倒」、15％（281件）が「ゴール運搬、設置準備、片付け時」、9％（170件）が「ぶら下がりや飛びつきによる傷害」、1％（29件）が「ゴールの転倒」でした。

　また、JSCの死亡見舞金・障害見舞金事例のなかで、サッカーゴールやハンドボールゴールの転倒による事故は、2005〜2021年度の間で死亡事例が2件、障害事例が11件ありました。具体的には、児童生徒がサッカーゴールやハンドボールゴールにぶら下がったり、よじ登ったことが原因でゴールが転倒した事故が8件（ 2013 死 36 、 2018 死 2 、 2007 障 154 、 2007 障 164 、 2008 障 260 、 2010 障 295 、 2017 障 198 、 2021 障 137 ）、強風にあおられてゴールが後方から倒れてきた事故が1件（ 2015 障 234 ）、サッカーゴールを立ち上げる作業を6人で行っていた際、他の児童生徒が重さに耐えきれずゴールが地面に落下した事故が1件（ 2020 障 132 ）、体育館のステージにハンドボールゴールを上げた際に置き方が悪くステージから落下した事故が1件（ 2010 障 360 ）、ハンドボールゴールのネットに児童生徒がもたれかかった際、ゴールが倒れた事故が

図 2-1-1　ゴールの種類ごとの傷害事例件数

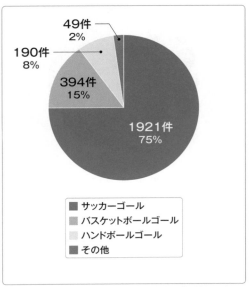

- サッカーゴール
- バスケットボールゴール
- ハンドボールゴール
- その他

出典：日本スポーツ振興センター　災害共済給付のデータ
（2014 年度）

図 2-1-2　サッカーゴールによる傷害事例の事故
態様別件数

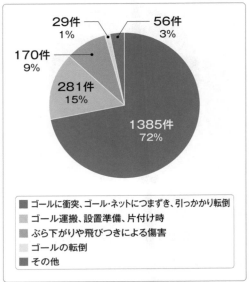

- ゴールに衝突、ゴール・ネットにつまずき、引っかかり転倒
- ゴール運搬、設置準備、片付け時
- ぶら下がりや飛びつきによる傷害
- ゴールの転倒
- その他

出典：日本スポーツ振興センター　災害共済給付のデータ
（2014 年度）

1件（ 2011 障 191 ）、サッカーのキーパーをしていた際、シュートされたボールを取ろうと飛びついたときにゴールに突っ込み、その反動でゴールが倒れた事故が1件（ 2019 障 165 ）です。

(2) 日本中学校体育連盟による実態把握

　このように、学校管理下におけるゴールに関連する事故が多数発生している状況を踏まえ、日本中学校体育連盟協力の下、東京都八王子市の中学校と神奈川県川崎市の小学校・中学校を対象に、各学校に設置されているサッカーゴールおよびハンドボールゴールについてアンケート調査[1]を実施しました。

　まず、ゴールの素材については、図 2-1-3、図 2-1-4 のとおりでした。鉄製のゴールに比べて軽量なアルミ製のゴール[2]が普及しているようですが、依然として鉄製のゴールの使用状況が高いことがわかりました。

---

1)　なお、図 2-1-3 ～図 2-1-7 は、八王子市および川崎市のすべての小中学校のデータではなく、アンケートに回答いただいた小中学校についてのデータです。

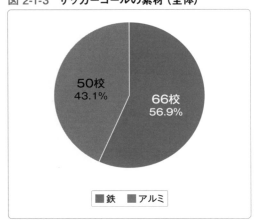

図 2-1-3　サッカーゴールの素材（全体）

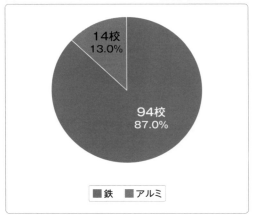

図 2-1-4　ハンドボールゴールの素材（全体）

　また、**図 2-1-5** のとおり、八王子市の中学校では鉄製のゴールの使用率が 68％であったのに対し、川崎市の中学校ではアルミ製のゴールの使用率が 85％であり、使用しているゴールの素材に大きな地域差があることもわかりました。

図 2-1-5　**サッカーゴールの素材の比較**

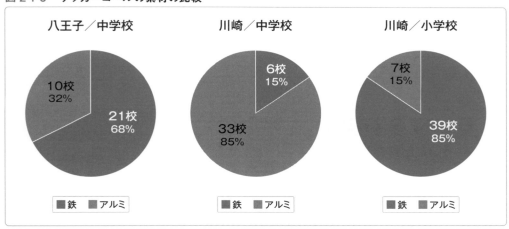

　次に、サッカーゴールの奥行きの長さ[2]）については、**図 2-1-6**、**図 2-1-7** のとおりでした。

　鉄製・アルミ製のいずれもさまざまでしたが、最も多かったのは 200 〜 250㎝

2）　ウェブサイト上で公開されている市販のサッカーゴールの商品情報によれば、公益財団法人日本サッカー協会の規格に従ったジュニア用（高さ 2150 ×幅 5000mm）で鉄製だと約 227kg、アルミ製だと約 150kg。

で、鉄製のゴールの最短は 80cm ／最長は 250cm、アルミ製の最短は 60cm ／最長は335cm でした。

図 2-1-6 小・中学校におけるサッカーゴールの奥行きの長さ（鉄製）

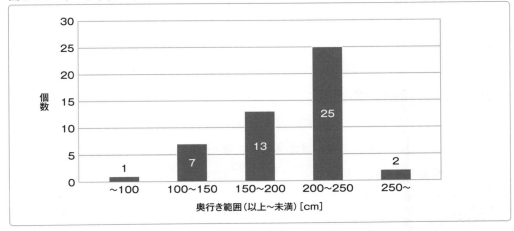

図 2-1-7 小・中学校におけるサッカーゴールの奥行きの長さ（アルミ製）

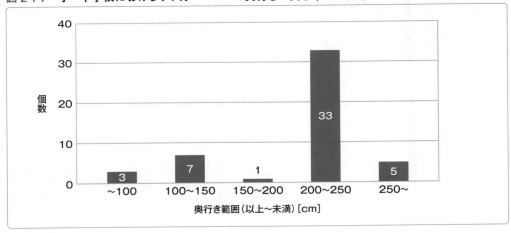

2 サッカーゴール等の転倒に関する計測実験

続いて、ゴールが転倒したときの衝撃力、どの程度の力がかかるとゴールが転倒するのか、児童生徒がクロスバーに飛びついたときの荷重を測定するため、産総研等の

---

3) 公益財団法人日本サッカー協会の競技規則では、両ゴールポストの間隔（横幅）は 7.32m、クロスバーから地面の長さ（高さ）は 2.44m と定められています（U-12 年代については、横幅は 5m、高さは2.15m が推奨されている）が、奥行きに関する定めはありません。 出典

協力の下で、実際に中学校に設置されているサッカーゴール等を使って転倒実験を行いました。

　なお、サッカーゴールが転倒するときの状況を映像で見ると、その衝撃力の大きさを実感することができます。JSC のウェブサイトから、NPO 法人 Safe Kids Japan がまとめた動画にアクセスできますので一度ご覧ください。 出典

（1）実験1：転倒時の衝撃力の計測

　地面に力センサを設置し、実際にサッカーゴール・ハンドボールゴールを転倒させて、転倒時に地面とゴールに挟まれた場合に人体が受ける衝撃力を計測しました。計測結果は、**表2-1-1** のとおりです。

表2-1-1　**転倒時の衝撃力の計測結果**

材質	最大衝撃荷重［N］	最大衝撃荷重［kgf］
サッカーゴール（鉄製）	29,283	2,988
サッカーゴール（アルミ製）	18,980	1,937
ハンドボールゴール（鉄製）	15,089	1,540

　鉄製のサッカーゴールではおよそ2万9283 N（2988kgf）[4]、アルミ製のサッカーゴールではおよそ1万8980 N（1937kgf）、鉄製のハンドボールゴールではおよそ1万5089 N（1540kgf）の衝撃が加わることが明らかになりました。一般に、頭蓋骨骨折に至る力

写真2-1-1　**実験1：サッカーゴールの転倒による衝撃力の計測** 出典

は3500 N〜5000 Nといわれており、この数値を大きく上回る衝撃がかかることがわかりました。

4）ニュートン（N）と kgf（重量キログラム）は、いずれも衝撃力を表す単位であり、1kgf は 1kg の重りを支えるのに必要な力を表しています。なお、1N ＝ 0.102kgf で換算されます。

（2）実験2：転倒に要する力の計測

　引っ張り力を計測できる力センサ、標準的な奥行きのアルミ製サッカーゴールと鉄製サッカーゴール、特別に奥行きを長くしたアルミ製サッカーゴールを準備し、ゴール後部のフレームに乗せる重りの重量を変えて、どのくらいの力でサッカーゴールが転倒するのかを計測しました[5]。計測結果は**表 2-1-2**のとおりです。

表 2-1-2　**転倒に要する力の計測結果（アルミ製サッカーゴール）**

重りの質量 [kg]	標準的な奥行きのゴール		奥行きを長くしたゴール	
	引っ張り荷重 [N]	引っ張り荷重 [kgf]	引っ張り荷重 [N]	引っ張り荷重 [kgf]
0	242.2	24.7	345.8	35.3
0	282.7	28.8	324.5	33.1
20	481.7	49.1	538.9	55.0
20	435.0	44.4	578.2	59.0
40	608.2	62.1	764.7	78.0
40	654.8	66.8	825.5	84.2
60	808.9	82.5	1024.0	104.5
60	839.9	85.7	955.4	97.5

　重りなし（重り0 kg）の場合、標準的な奥行きのアルミ製のサッカーゴールでは24kgf程度（242.2 N）、鉄製のサッカーゴールでは50kgf（492.0 N）程度の力で転倒することが明らかになりました。つまり、近年増えているアルミ製のサッカーゴールのほうが、固定しないと転倒しやすいことがわかりました。

　奥行きの違いについては、**表 2-1-2**を見るとわかるとおり、同じ重さの重りを設置していても、奥行きが長いほうが転倒するのに必要な力が大きくなっています。つまり、同じ重りでも奥行きが長いほうが転倒しにくく、奥行きが短くなるほど転倒しやすくなっているので、奥行きが短い場合は重りを重いものにする必要があるということです。

5）標準的な奥行きのアルミ製サッカーゴールは奥行きが223cm、奥行きを長くしたものは273cm。鉄製については奥行きの長さを計測していませんが、標準的な奥行きのアルミと同程度。重りについては、鉄製は重りなし（重り0kg）の場合のみ計測。

（3）実験3：「ぶら下がり揺らし」による水平方向への荷重の計測

　ゴールの転倒による死亡・重傷事故の多くは、ゴールにぶら下がったり、よじ登ったことで起きていることは、JSCのデータ分析のとおりです。そこで、実験用に製作した鉄棒のような器具を使い、実際に中学生にぶら下がって揺らしてもらい、「飛びつき、ぶら下がって揺らす行為」によってゴールがどのような力を受けるのかを計測しました。

　その結果、ゴールを転倒させる力（地面と平行の向きの力）は、一人の場合には平均で29.3kgf（287.1 N）、最大で41.4kgf（405.4 N）もの力が発生していることがわかりました。

写真 2-1-2　**実験3：ぶら下がりによってサッカーゴールにかかる力の計測** 出典

　実験2の転倒に要する力の計測の結果からわかるとおり、重りなどによる固定がない場合、サッカーゴール（アルミ製）を転倒させるのに必要な引っ張り荷重は最小24.7kgf（242.2 N）であり、「飛びつき、ぶら下がって揺らす力」である41.4kgf（405.4 N）より小さいため、一人の中学生がぶら下がって揺らすだけで容易に転倒してしまうことが明らかになったのです。

3　転倒事故の予防に向けた対策

　以上の分析および実態調査、計測実験を踏まえた、サッカーゴール等の転倒事故予防のための対策は、以下の3つです。

対策1：ぶら下がらない、懸垂しない

　サッカーゴール等の転倒による衝撃は、頭蓋骨骨折するレベルの力であり、ゴールが転倒することを防ぐ必要があります。JSCデータからもわかるとおり、転倒が起こる一番の要因は、「飛びつき、ぶら下がり」であり、計測実験から、重りなしのゴールは、児童生徒がぶら下がるだけで転倒することがわかりました。

　そこで、第一に重要なことは、「ぶら下がらない、懸垂しない」ことです。固定されていないゴールのクロスバー（横木）やゴールネットに一人でもぶら下がるとゴー

ルが転倒する危険があります。クロスバーやゴールネットは児童生徒がぶら下がりたくなる形状です。また、テレビで見るサッカーの試合で選手が得点に歓喜してクロスバーにぶら下がっているのを見て、児童生徒が真似をすることも考えられます。ぶら下がるという行為は、命にかかわる危険な行為であり、絶対に真似してはいけないと指導してください。

また、サッカーゴール等を倒すことは危険な作業であり、極力避けるべきですが、サッカー専用の運動場等は少なく、移動や片づけなどでどうしても倒して運ばなければならない場合もあると思います。

ゴールを倒して運ぶ作業は、できる限り指導者（教員）が行うべきです。どうしても児童生徒が運ばなければいけない場合には、必ず指導者が立ち会ったうえで、大きな声で声がけを行いながら作業を行うようにしてください。何人で運ぶべきかというのは難しい問題ですが、労働基準法の規制[6]を参考に、児童生徒一人当たりが負担する重さは12kg未満とすべきであり、150kgのサッカーゴールを運ぶ場合には、最低でも13人以上で運ぶ必要があると考えておくべきです。

なお、ゴールを移動するための運搬車（移動用キャスター）の活用も検討するとよいでしょう。

対策2：杭で固定する（次善策：100kg以上の重りで固定する）

対策1のとおり、ぶら下がらない、懸垂しないことがまずは重要ですが、人は飛びつきたくなる・揺らしたくなる欲求があり、これに備える必要があります。

また、強風（瞬間最大風速30m／秒で、平均風速だと15〜20m／秒）では80kgfの力がかかります[7]。実験2から、これだけの強風に耐えるためには、100kg以上の重りで固定する必要があります。

小・中学校に対するアンケート調査でもわかったように、ゴールの奥行が60cm程度と短く、転倒しやすいゴールも存在しています。

したがって、ゴールを転倒しにくくするために、3本以上の杭で固定するか、

---

6) 労働基準法では、作業者の安全を守るという観点から、16歳未満の男性は継続作業が10kg未満で断続作業が15kg未満（年少者労働基準規則第7条）、16歳未満の女性（妊産婦を除く）は継続作業が8kg未満で断続作業が12kg未満（女性労働基準規則第2条）という制限が設けられています。

7) ゴールの形状など諸条件によって変わるため、あくまで目安ですが、風速20m／sで35kgf、風速25m／sで55kgf、風速30m／sで80kgf、風速35m／sで108kgfの力がかかるとされています。

100kg 以上の重りで固定する必要がありま
す。裁判例でも、鉄杭等によりサッカーゴー
ルを固定するための何らかの措置を講じる必
要性が指摘されています（岐阜地裁 1985 年
9 月 12 日判決、福岡地裁久留米支部 2022 年
6 月 24 日判決）。固定する場所は、ゴールの
後部（下底部）および側部後方のフレーム部
分が有効です。もっとも、ゴールを移動する
たびに杭で固定したり、100kg 以上の重りで
固定するというのは大変な作業であり時間も
かかるため、現場での対応には難しい面があ
るほか、作業が大変なために固定することを
怠る、ということにつながりかねません。

　そこで、簡単に固定できる製品（重りや
杭）が開発・販売されていますので、こう
いった製品を利用することを検討してくださ
い。ここでは 2 つの製品を紹介します。1 つ
目の埋め込みタイプの固定金具（アングル仕
様・**写真 2-1-3**）は、ステンレス製の金具を

写真 2-1-3　**製品名：サッカーゴール固定金具　アングル仕様**

提供：株式会社ルイ高

写真 2-1-4　**製品名：フレペグ スクリュー型固定具**

提供：有限会社太悦鉄工

土中に埋め込んでおき、金具とゴールをチェーンで巻いて固定します。チェーンを
着脱するだけなので、簡単に固定・取り外しができます。2 つ目のフレペグ（**写真
2-1-4**）は、スクリュー型の固定具で、レンチで回しながら金づちで叩き、最後はレ
ンチを回して地面に締めつけることで固定されます。レンチで逆に回せば、簡単に取
り外せます。

対策3：安全な簡易・軽量ゴールの導入

　公益財団法人日本サッカー協会（JFA）が定めるサッカー施設用具ガイドライ
ン 出典 では、サッカーゴールは、軽量で転倒防止対策も容易に行えるアルミ製のも
のが推奨されていますが、アルミ製のものといえども、1.9t の衝撃が加わることは実
験1のとおりです。

学校体育の現場の練習用としては、必ずしもJFAが定める施設用具の基準を満たしたゴールである必要はなく、転倒しても大きな衝撃が加わらない軽量で簡易な練習用ゴールを使用することが望まれます。また、例えば、ゴールにボールを蹴りこむのではなく、ライン上にボールを止めることでゴールとしたり、コーンをゴールの代用とするなど、サッカーゴールを使用しない練習方法を積極的に取り入れるのもよいでしょう。

4　まとめ

　本稿で提示した対策は、工学的な計測実験に基づくものであり一定の科学的根拠に基づいたものですが、絶対的なものではありません。

　現場では、ゴール等の転倒の危険性を伝える動画や、具体的な対策をまとめた教材により、児童生徒と教員が相互に啓発活動を行っていくことも重要です。

　同時に、現場だけでなく、スポーツ施設・用具のメーカーや競技の統括団体が連携し、サッカーゴール等の転倒事故による死亡・重傷事故から児童生徒を守るという観点から、扱いやすく安全なゴールを開発することが期待されます。

Column① 2017 年のシンポジウム後の活動

（1）サッカーゴール等固定チェックの日の制定

　NPO 法人 Safe Kids Japan では、1 月 13 日を「サッカーゴール等固定チェックの日」とし、その日を中心にサッカーゴール等の固定状況をチェックしてもらうことを広く社会に呼びかける活動を行っています。これは、2004 年 1 月 13 日に静岡県静岡市内の中学校でサッカーゴールが、2017 年 1 月 13 日に福岡県大川市内の小学校でハンドボールのゴールが転倒し、児童生徒が亡くなったことによります。

　この活動の一環として、同法人のウェブサイトに「サッカーゴール等固定チェックの日」特設サイトを設置し、小・中学生、そして教職員や保護者の皆さんにサッカーゴール等を固定している状況を撮影してもらい、その写真をウェブサイト上で共有する「フォトシェアリング」という活動を実施しました。しかし、送られてきた写真は数枚で、この活動はほとんど機能しませんでした。

（2）遺族との連携

　2018 年 7 月 28 日、西日本新聞に「『晴翔、見えているか？』事故死の小 4 が祖父に託した種…ヒマワリが満開に」という記事が掲載されました。亡くなった児童は、事故が起こる 1 か月前に、ひまわりの種を祖父に手渡していて、祖父がその種を蒔いたところ、ひまわりが満開になったという記事でした。この記事を書いた記者の仲介で、秋にひまわりの種を祖父の方から送っていただき、ひまわりを NPO 法人 Safe Kids Japan が実施している「サッカーゴール等固定チェック」活動のシンボルにすることにしました。また、サッカーゴール等の固定チェックの重要性や固定の方法をまとめたリーフレットを作成し、ひまわりの種と一緒に送ってゴールの固定を広く呼びかけています。

（3）関係機関との連携

　2018 年 5 月、S 市と H 市の教育委員会を訪問し、学校においてサッカーゴール等の固定状況を写真に撮って教育委員会に送ってもらい、固定状況を定期的に調査する仕組みを取り入れてはどうかと提案しましたが、残念ながら実施にはつながりませんでした。また、スポーツ庁に対して、同様の仕組みを提案したものの、やはり取り入れられることはありませんでした。

さらには、ある国会議員に相談したところ、2019年5月に開催された、各県の校長が集まる全国連合小学校長会総会と全日本中学校長会総会にて、それぞれ15分間、サッカーゴール等の固定チェックの重要性や固定状況をチェックする仕組みの導入について話をさせていただきましたが、現場まで伝わったかどうかはわかりません。

資料　リーフレット「サッカーゴールを固定して重大事故を予防しよう！」（NPO法人 Safe Kids Japan）

(4) 地域での取り組み

　このように、学校において、サッカーゴール等の固定状況を定期的にチェックする仕組みを取り入れていただくまでには至っていませんが、いくつかの団体や地域では前向きな取り組みが行われていますのでそのうちの2例を紹介します。

その1 「子ども安全ネットかがわ」の活動

　香川県を中心に活動している非営利団体「子ども安全ネットかがわ」では、サッカーゴールの固定チェック活動を行っています。丸亀市や善通寺市等の教育委員会に出向き、固定チェックの実施および2017年のシンポジウムで出された「3つの提言」の実践を要請しました。その結果、いずれの教育委員会でも固定チェックの重要性を理解し、「3つの提言」についても可能な限り実践されているということです。

その2 福岡県大川市の活動

　冒頭にも書いたように、2017年1月13日、福岡県大川市の小学校でハンドボールのゴールが倒れ、当時小学校4年生だった児童が亡くなりました。その後、大川市では1月13日を「大川市学校安全の日」とし、事故予防の取り組みを進めています。大川市学校安全実践委員会が設立され、2023年4月には、遺族などの協力を得てリーフレットを作成しました（第5章「報道の現場から」参照）。

2 ムカデ競走の事故

1 ムカデ競走の事故の現状と分析

(1) ムカデ競走の現状

　ムカデ競走は、児童生徒同士の足を紐や手ぬぐいなどで固定したうえで連結して走行するという点に着目すると、児童生徒が縦につながって競走する態様（縦ムカデ）と児童生徒が横につながって競走する態様（横ムカデ[1]）に分類できます。

図 2-2-1　縦ムカデ

図 2-2-2　横ムカデ

　ムカデ競走は、他にも、5〜6人程度までの列でつながって競走する態様（小ムカデ）と、列をなす人数を競技中に徐々に増やしていき、最終的にクラスの半分程度から全員に当たる20人以上がつながって競走する態様（大ムカデ）に分類でき、人と人がつながる方式にも、紐で足首を結ぶ、共同の下駄を履くなどさまざまなものがあります[2]。

　全国の中学校に対するムカデ競走のアンケート結果（2017年）[3]によれば、調査対象の87校中45校（51％）では、スタート時の列の人数が1〜5人であり、20人

1）「小学生クラス対抗30人31脚」（テレビ朝日主催）も横ムカデに分類されます。

2）多賀啓、東山礼治、磯部広「ムカデ競走事故のメカニズムと予防のための提言」『季刊教育法』197号、78頁、2018年。 出典

3）アンケート結果は、第1回『これで防げる！学校体育・スポーツ事故』シンポジウム（2017年8月27日、一般社団法人日本スポーツ法支援・研究センター・NPO法人 Safe Kids Japan・早稲田大学法学部共催）の発表資料に基づきます。

を超える学校は5校（5％）とごく少数でした。そして、77校中72校（94％）は競技中に列の人数は増えないと回答しています。

さらに、列の数については、81校中31校（38％）が1列、31校（38％）が2～4列、14校（17％）が5～7列と回答しています。

足を固定する道具については、80校中30校（37％）がロープ、25校（31％）が布製の紐、10校（13％）が板を用いているとの回答があり、61校中45校（74％）と大多数が、足を結ぶ素材として非伸縮性の素材を使用していることがわかりました。

(2) 日本スポーツ振興センターの災害共済給付データ

日本スポーツ振興センター（JSC）の死亡見舞金・障害見舞金事例において、ムカデ競走に関連した給付事例は2005年度から2021年度の17年間で16件あります。その全件が障害見舞金事例であり、縦ムカデは9件、横ムカデは7件です。

縦ムカデでは、

● 中学生が体育祭種目のムカデ競走の練習の際、進行方向に対し、後ろ向きに倒れ、お尻を地面につき、両足を上に上げて後方回転するような体勢になったところへ、勢い余って止まりきれなかったムカデ側の生徒が8人ほど後ろ向きに倒れた生徒の上に将棋倒しになったため、頸部を強く圧迫され精神・神経障害を負った事例（ 2006 障 275 ）

● 高校生が体育祭のムカデ競走の練習中に、前の生徒がバランスを崩したため、後の生徒に引っ張られながら前のめりに転倒して精神・神経障害を負った事例（ 2008 障 254 ）

● 中学生が体育祭の種目であるムカデ競走の練習をしていたところ息が合わなくなり左側に転倒した際、左手を地面につき前腕を負傷した事例（ 2013 障 111 ）

● 中学生が体育の授業で、体育祭のムカデ競走の練習をしていたところ、先頭の生徒がつまずき前方へ転倒した際に後ろの生徒が背中に乗りかかったことで脊柱障害を負った事例（ 2015 障 109 ）

● 中学生が大ムカデの練習をしていて、後ろに足の紐を引っ張られる形で転倒し、左足を捻って痛めた事例（ 2016 障 181 ）

などが見られました。

横ムカデでは、

● 小学生が 30 人 31 脚の練習をしていて転倒した際、手をつくことができずに、顔を顔面に打ち、鼻と唇の間を切った事例（ 2006 障 15 ）

● 中学生が体育祭種目の 5 人 6 脚の練習中、生徒がバランスを崩して前方に転倒した際に顔面を地面に強く打ちつけて歯牙障害を負った事例（ 2006 障 171 ）

● 高校生が体育祭の予行練習の時間に運動場で 20 人 21 脚を行っていた際、両足をくくったままの状態で大きく開脚したため、転倒し、膝を負傷した事例（ 2008 障 295 ）

● 中学生が体育の授業中に体育祭の練習で 33 人 34 脚をしていた際に、両側の生徒と足が合わず、顔面から転倒して歯牙障害を負った事例（ 2018 障 105 ）

などが見られました。

さらに、負傷に対する給付事例に関しての小学校および中学校における縦ムカデの事故件数（2017 年度から 2021 年度）は**図 2-2-3**、**図 2-2-4** のとおりです[4]。

図 2-2-3、**図 2-2-4** が示すとおり、小学校および中学校における縦ムカデでの事故件数については小学校に比べて中学校での件数が圧倒的に多く、92％の割合を占めています。

新型コロナウイルス感染症の影響下の 2020 年度および 2021 年度については、小学校、中学校ともに全体の事故件数の減少割合が大きくなっています。しかし、それよりも前の各年度（2017 年度から 2019 年度）では、事故件数は小学校、中学校ともに減少傾向ではありましたが、中学校では毎年度 1000 件を超える件数の事故が発生していました。

また、小学校および中学校における 2017 年度から 2021 年度までの間の縦ムカデの負傷別の件数については**図 2-2-5** のとおりです[5]。

全体では 4756 件で、1 番目に多いのが捻挫（1615 件・34％）、2 番目は挫傷・打撲（1336 件・28％）、3 番目は骨折（996 件・21％）、4 番目は靱帯損傷・断裂（295 件・6％）、5 番目は挫創（267 件・6％）となっています。

4）国立研究開発法人産業技術総合研究所の北村光司主任研究員による日本スポーツ振興センター災害共済給付データ分析結果

5）前掲注 3

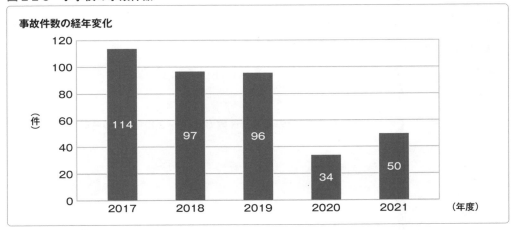

図 2-2-3　小学校の事故件数

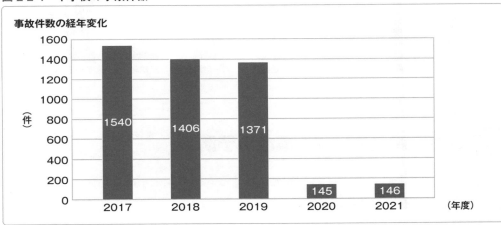

図 2-2-4　中学校の事故件数

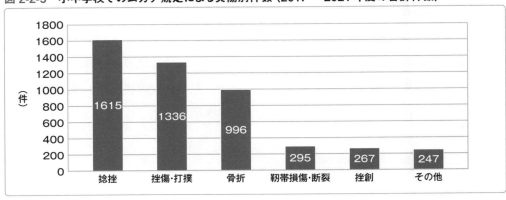

図 2-2-5　小中学校でのムカデ競走による負傷別件数（2017 〜 2021 年度の合計件数）

また、小学校および中学校における 2017 年度から 2021 年度までの間の縦ムカデの負傷部位別件数については**図 2-2-6** のとおりです[6]。

　1 番目に多いのが足関節（1292 件・27 ％）で、2 番目は膝部（584 件・12 ％）、3 番目は足・足指部（436 件・9 ％）、4 番目は手・手指部（359 件・7 ％）、5 番目は手関節（316 件・7 ％）となっています。

図 2-2-6　小中学校でのムカデ競走による負傷部位別件数（2017 〜 2021 年度の合計件数）

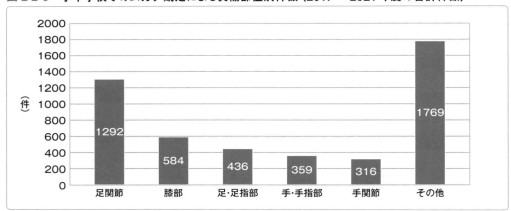

2　ムカデ競走に関する事故の予防

　1 のとおり、JSC の障害見舞金事例におけるムカデ競走事故は、児童生徒が転倒により負傷した事例が圧倒的多数を占めます。転倒の主な原因としては、参加する各児童生徒間で足の運びの速度と歩幅が一致しないことがあげられます。

　つまり、参加者の人数が多いほど、また、参加者間の足の結合が強いほど、足の運びの速度と歩幅は一致しなくなるため、転倒事故が起こりやすくなります。

　したがって、ムカデ競走に関する事故の予防のためには、足の運びの速度と歩幅が一致しやすくなるような結合方法を考えたうえで、足の運びの速度と歩幅を一致させるための十分な練習を重ねることが重要です。具体的な方法としては以下のものが考えられます[7] [8]。

6）前掲注 3

（1）競技の危険性を認識する

　まずは、教員と児童生徒が、ムカデ競走がけがの多い競技であることを理解することが事故予防の出発点となります。中学校の体育祭のムカデ競走の練習中に生徒が転倒して受傷した事故について教員の過失を認めた裁判例も、20人近くの集団でもって走る早さを競うムカデ競走は、足が揃わず転倒するおそれがあり、転倒に至れば転倒した生徒に他生徒が将棋倒し様に倒れかかるなどして、生徒が負傷する危険が容易に予測でき、ムカデ競走競技の実施自体に危険が伴うものである、と判示して、ムカデ競走自体の危険性を指摘しています（神戸地裁2000年3月1日判決）。

　教員は、 **1** のデータ等を参考にして、ムカデ競走の事故に関する知見を深め、その危険性や注意点を児童生徒が理解できるように指導することが求められます。教員自身がムカデ競走を体験することは、その危険性や注意すべき点を明確に把握するうえで役に立ちますので、児童生徒に対して指導する前に教員だけで実際にムカデ競走を実施してみることも安全指導のために有効と考えます。

　また、教員は、実施したムカデ競走の形式、練習計画、けがの内容・発生状況、負傷者数等を詳細に記録しておき、次年度以降の安全指導に活かすことも大切です。

（2）連結方法を工夫する

　列の人数が多い（列が長い）と事故が発生しやすい傾向があるため、つながる児童生徒の人数を減らすことが考えられます。具体的には、縦ムカデでは21人以上は避け、20人以下に制限することが望ましいでしょう。

図 2-2-7　紐の結び方

7）2.（1）〜（3）の事故予防策は、東山礼治「『むかで競争』に関する事故防止の留意点」日本スポーツ振興センター『体育的行事における事故防止事例集』22〜24頁、2017年3月。 出典 を参考にしています。

8）第1回『これで防げる！学校体育・スポーツ事故』シンポジウム（2017年8月27日、一般社団法人日本スポーツ法支援・研究センター・NPO法人Safe Kids Japan・早稲田大学法学部共催）では、ムカデ競走の事故予防のための3つの提言として、①列の人数を減らす、②伸縮性の素材で足を結ぶ、③段階的な練習をすることが示されています。

また、手ぬぐいのような非伸縮性の素材ではなく、伸縮性のある紐で児童生徒の足を結ぶことも検討すべきです[9]。

　さらに、軸となる紐は児童生徒の足首の内側に配置したほうが走行中に紐を踏んでしまう危険性が低くなるため、紐の結び方にも注意する必要があります[10]。

図 2-2-8　伸縮性素材の例 [11][12]

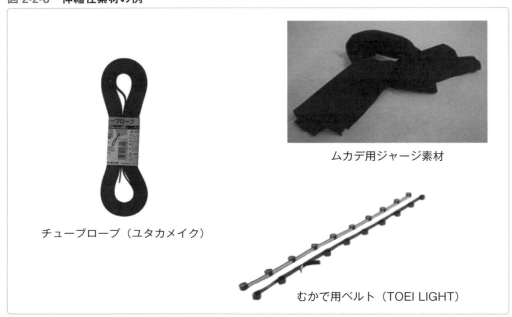

ムカデ用ジャージ素材

チューブロープ（ユタカメイク）

むかで用ベルト（TOEI LIGHT）

（3）練習方法を工夫する

　段階的な練習を行うことは事故予防のために非常に重要です。前掲の神戸地裁の裁判例も「（ムカデ競走）の危険性にかんがみると、むかで競争の練習を指導するについては、なによりも競技の危険性に配慮して、勝敗よりも安全確保に留意し、歩行から駆け足へと段階的に十二分に練習を積んだ後に、競技形式と同様の練習に移行すべきであり、目標タイムを設定しての競技形式と同様の練習は、生徒が競技に十分習熟

---

9)　前掲注2の81〜82頁では、（2）連結方法の工夫および（3）練習方法の工夫に記載の事故予防策について有効性の裏付けとして静岡県富士市のデータを提示しています。

10)　イラストは前掲注6の23頁から引用。

11)　写真はすべて前掲注7のシンポジウムで用いられた発表資料（東山礼治、磯部広作成）から引用。

12)　チューブロープ（ユタカメイク）はゴム製で、むかで用ベルト（TOEI LIGHT）はナイロンとウレタンが使用されています。

した練習日程の最終段階において行うべき義務があるというべきである。」と判示して、段階的練習の必要性を指摘しています。

したがって、余裕をもったペースで段階的に練習を重ねて徐々に本番の形式に近づけていくような練習計画を立てましょう。

例えば、以下のような練習計画が考えられます。

1日目	並んで歩くだけ。
2日目	片足だけを縛ってつながって歩く練習を右足と左足で行う。
3日目	両足を縛ってつながって歩く練習を行う。
4日目	片足だけを縛って「小ムカデ」を行う。
5日目	両足を縛って「小ムカデ」を行う。
6日目	片足だけを縛った「大ムカデ」を右足と左足で行う。
7日目	両足を縛って「大ムカデ」を行う。

また、膝・肘・足首・手首を保護するためのサポーターやヘルメットの着用も事故予防に有効です。学校予算の問題もあると思われますが、ムカデ競走の危険性に鑑みれば導入を検討すべき事故防止策であると考えます。

さらに、速さのみを評価の対象とせず、転倒しなかった距離に応じて点数を加点する方式にするなど安全性を評価の対象に取り入れることで、児童生徒の危険な走行を抑止することも考えられます。

3 まとめ

前掲の裁判例も指摘するように、ムカデ競走の実施に危険が伴うことは否定できません。ムカデ競走は学校の運動会種目の一つとして長年にわたり実施されていますが、その危険性の原因を分析し、事故予防の対策を検討するということは今まで十分に行われてこなかったように思われます。

以上で述べてきた事故の現状や予防策が、各学校現場で実施されているムカデ競走の安全性について改めて検討する際の参考となれば幸いです。

③ 組立体操の事故

1 組立体操における事故の現状と事故予防

（1）体育的行事で実施される組立体操のこれまでの経緯

　学習指導要領（特別活動 健康安全・体育的行事）の内容には、「心身の健全な発達や健康の保持増進等についての関心を高め、安全な行動や規律ある集団行動の体得、運動に親しむ態度の育成、責任感や連帯感の涵養、体力向上に資するような活動をすること」と掲げられています。この「規律ある集団行動の体得」「責任感や連帯感の涵養」ということが組立体操の実施内容とマッチしていたことから、多くの学校で組立体操が実施されてきたと考えられます。

　これまで多くの学校で組立体操は自校の運動会・体育祭での伝統種目、花形種目として実施されていました。そしてインターネットの普及により、全国の学校で披露されている組立体操の演技作品が動画や写真にて掲載されるようになったことから、これらを参考に多人数で作る高層タワーや巨大ピラミッド等に多くの学校が挑戦するようになりました。

　また、子どもたちの体力低下や、専門知識をもって指導を行う教員が減少している等の影響も考えられ、毎年約 8000 件を超える事故の報告が日本スポーツ振興センター（JSC）の災害共済給付件数より明らかにされたのです。これを受けて、2016 年 3 月 25 日にスポーツ庁政策課から、「組体操等による事故防止について」（事務連絡）の通達が発出されました（**図 2-3-1**）。実施に当たっては、校長の責任の下で組織的な指導体制を構築すること、児童生徒の体力等の状況を踏まえて段階的・計画的な指導を行うこと、活動内容に応じた安全対策を確実に講じること等の措置が求められました。

図 2-3-1　**2016 年 3 月 25 日 スポーツ庁政策課学校体育室からの事務連絡**

組体操による事故の防止について（要約）

2016 年 3 月 25 日事務連絡　スポーツ庁 政策課 学校体育室

　期間が限定された体育的行事においては毎年度事故が発生しているところであり、組体操等の実施に当たっては、校長の責任の下で組織的な指導体制を構築すること、児童生徒の体力等の状況を踏まえて段階的・計画的な指導を行うこと、活動内容に応じた安全対策を確実に講じることなどの措置が求められた。

【具体的な内容】

1．組体操を実施するねらいを明確にし、全教職員で共通理解を図ること。

2．生徒の習熟状況に応じて、活動内容や学習計画を適時適切に見直すこと。練習中に事故が発生した場合には、活動内容を見直したり更なる安全対策を行うこと。

3．タワーやピラミッドなどの大きな事故につながる可能性がある組体操の技については、確実に安全な状態で実施できるかどうかを確認し、できないと判断される場合には実施を見送ること。

4．小学校においては、体格の格差が大きいことに鑑み、危険度の高い技については慎重に選択すること。

5．段数の低いタワーやピラミッド等でも死亡や障害の残る事故が発生していることから、具体的な事故の事例、事故になりやすい技などの情報を現場で指導する教員に周知徹底すること。

（2）日本スポーツ振興センターの災害給付データより

　事故事例が確認できた支給実績（1970 年度〜 2015 年度の総支給件数）は、死亡見舞金で 9 件、障害見舞金で 92 件でした。2015 年度の演技別における災害給付金件数支給数を見ると、1 位がタワー、2 位が倒立、3 位がピラミッド、4 位が肩車、5 位がサボテン、6 位が飛行機の順となっています（**表 2-3-1**）。

表 2-3-1　**組立体操の災害演技別における災害給付金件数（日本スポーツ振興センター 2015 年度）**

学校種	タワー	倒立	ピラミッド	肩車	サボテン	飛行機	その他	合計（割合）
小学校	888	994	636	555	498	128	2,180	5,879（74.6%）
中学校	357	177	342	88	82	29	606	1,681（21.3%）
高等学校	52	28	54	13	8	3	140	298（3.7%）
合計（割合）	1,297（16.4%）	1,199（15.2%）	1,032（13.1%）	656（8.3%）	588（7.5%）	160（2.0%）	2,926（37.1%）	7,858（99.6%）

※高等学校定時制 2、高等専門学校 1、中等教育学校 6、特別支援学校（小 1、中 2、高 10）計 22 件除く
※上記 7,880 件のほか、組体操以外での事故災害が約 190 件ある。合わせて体操（組体操）総件数 8,071 件

2011 年度から 2021 年度までの組立体操事故による災害給付金件数を見てみると、2011 年度から 2015 年度の 5 年間は年間 8000 件以上が報告されていました。スポーツ庁からの事務連絡通達以降の 2016 年度からは 5000 件を下回り、2018 年度では 4146 件となっています。多くの自治体で実施に規制をかけたり、各学校において伝統的に実施していたものを取りやめる学校が多数出たことが考えられます。都道府県別に災害給付件数を比較すると、2014 年度では大阪府で 974 件、兵庫県で 912 件と事故が多発しており、次いで東京都 728 件、福岡県 612 件、埼玉県 559 件の順でした。2018 年度と比較すると、すべての都道府県で事故発生件数が減少していることが明らかになりました（**図 2-3-2**）。

（3）組立体操における従来からの問題点

　組立体操は特別活動（体育的行事）で扱われる種目として、日頃の体育授業のなかで実施されることがほとんどありません。組立体操は運動会や体育祭の数週間前から練習が始められ、ゆっくりと時間をかけて基本から練習する時間が取れない環境で実施されることが多く、普段実施していないことを行事の発表のために直前になって取り組ませていること等が、事故を多発させる結果につながっていると考えられます。

　指導者となる教員が大人になってから自ら組立体操の経験をしていないことも問題です。それぞれの技がどのくらいバランスを取るのが難しいのか、身体のどの部分に力を入れたらよいのか、背中や肩に乗るとどのくらい高さを感じるのか等、イメージをもてずに指導されていたからです。運動会や体育祭までに十分な練習時間を確保できない状況においても、指導者は同僚教員や保護者、近隣住民らの期待に応えるために、「みんなの達成感」の追求から児童生徒らに難易度の高い組立技に挑戦させてしまっていたのかもしれません。指導者側に組立体操の魅力や危険性の理解がなければ安全な組立体操の実施はあり得ません。

図 2-3-2　組立体操事故における 2014 年度と 2018 年度の都道府県別にみた災害給付金件数
（日本スポーツ振興センター 2014 年度、2018 年度）

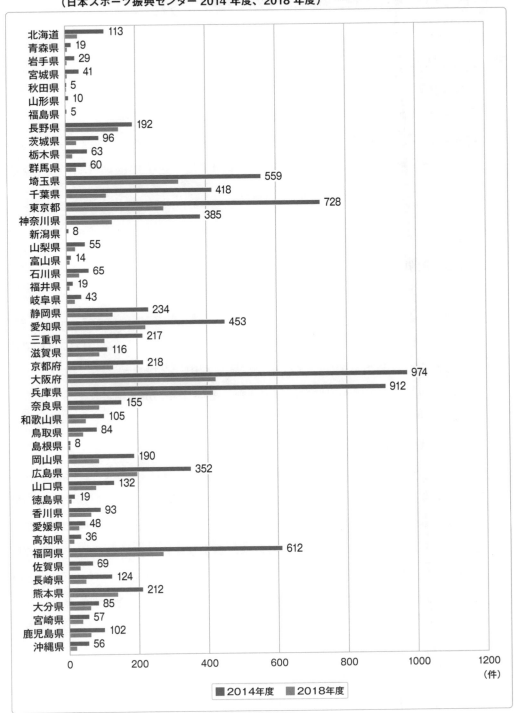

2 組立体操に特徴的な事故とその予防

（1）タワー

ア　事故の傾向

1．上段の乗り手が落下して、地面に衝突して負傷する事故

2．下段の土台の姿勢が悪く、安定せずにタワーが崩壊する事故

（2008 障 3 〔4段〕、2008 障 130 〔3段〕、2012 障 15 〔3段〕、2012 障 17 〔4段〕、2013 障 108 〔3段〕、2014 障 11 〔2段〕、2015 障 108 〔段数不明〕、2016 障 12 〔3段〕、2016 障 14 〔3段〕）。

イ　対策

1．高さの制限

（1）目的

補助のできない高さにはしない。

どの組立体操の技でも同じですが、初めて行う技、難易度の高い技に関しては必ず補助をつけるべきです。タワーが危険な理由に2段を超える3段以上のタワーは補助者の手が届かずに補助ができないということがあげられます。

（2）結論と根拠

タワーは手の届く2段まで。

3段以上のタワーについては学校現場において禁止にすべきです。2段タワーにおいても確実に安全な環境を整えられない、十分に練習する時間が取れない場合は避けるべきです。労働安全規則第518条においても、高所作業時において高さが2m以上の箇所で作業を行う場合は、手すりや作業床の設置、安全帯の使用等墜落防止措置が義務づけられています。また、日本チアリーディング協会の競技安全規則では小学校から中学生までの選手には2層（2段）までとルールが決められています。

なお、タワーからの落下事故の裁判例として、東京都港区の公立小学校で5年生の児童が2段タワーの土台からバランスを崩して落下し、左橈骨遠位端骨折の傷害を負った事案がありますが、裁判例では、3人で行う2段タワーは、特に難

易度の高いものとはいえないこと等を理由に、教員らが技の危険度や習熟度に応じた指導・監督を怠ったとは認められないとして、過失が否定されました（東京地裁2017年9月29日判決）。2段であれば必ず安全というわけではありませんが、教員らが適切な指導を行うことができたことを示す一つの裁判例といえます。

2．転落の防止
（1）目的
　　乗り手が落ちないように安定した状態にする。

　　各学校が独自で作成する組立体操マニュアルを20校ほど確認したところ、すべての学校のマニュアルにおいて共通している事項がありました。それはタワーを作る際に、土台の2人が腰を曲げて背中を平らの状態にして乗り手を乗せていたことです。これは間違った方法です。人の身体（体幹）は垂直方向にかかる力には強いですが、身体を曲げた姿勢の状態で上からかかる力に耐えるのは難しいからです。

（2）結論と根拠
　　乗り手を正しい位置に乗せる。

　　立位姿勢で乗せるときは、背中を丸めないようにしっかりと背筋を立てるように姿勢を作ります。そして乗り手と土台が1つになるために、乗り手は足を土台の首の後ろに乗せ、土台はこれを両手で押さえてホールドします。これで滑って落ちるのを防ぐようにします（**図2-3-3**）。

3．姿勢の違いによる2段タワーの荷重変動の比較
（1）目的
　　土台の負荷を軽減させるために正しい姿勢を作る。

（2）結論と根拠
　　背中を丸めて乗り手を乗せると3倍の負荷がかかり不安定になる。

　　2段タワーの姿勢の違いによる荷重変動の実験を実施しました。土台の背中を真っ直ぐに保ちながらタワーを作る姿勢（推奨）と学校現場で一般的に実施して

図 2-3-3　土台と乗り手の姿勢

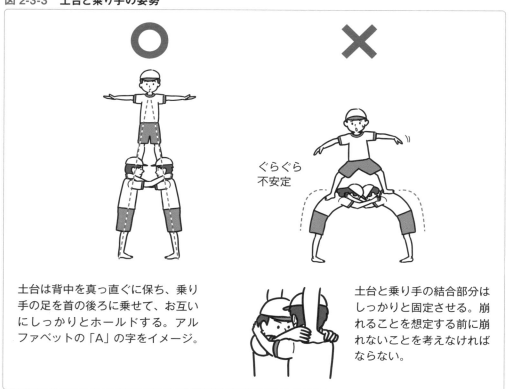

○

×

ぐらぐら
不安定

土台は背中を真っ直ぐに保ち、乗り
手の足を首の後ろに乗せて、お互い
にしっかりとホールドする。アル
ファベットの「A」の字をイメージ。

土台と乗り手の結合部分は
しっかりと固定させる。崩
れることを想定する前に崩
れないことを考えなければ
ならない。

いる腰を曲げて背中を平らにした姿勢（一般）の荷重変動を比較してみると、後
者のほうが約３倍もの負荷がかかっていたことが明らかになりました。土台が腰
を曲げて背中を平らにする姿勢でタワーを作ると、土台の背中や腰に大きな負担
がかかります。乗り手も背中の中央に立つだけなので不安定な状態となりバラン
スを取るのが難しくなります。一方、腰を曲げずに背中を真っ直ぐに保った姿勢
で作った２段タワーは乗り手の体重を身体全体で支えられるようになります。

４．４人組で２段タワーを作る

（１）目的

　　一人増やして土台を安定させる。

（２）結論と根拠

　　２名で作る２段タワーが不安な場合や初めてタワーを組み立てる際は、無理を

せずに**図2-3-4**のように土台を3人にしたほうが断然安定が増すようになります。

5. 5人組で2段タワーを作る
（1）目的
　　落下した場合でも地面に衝突する前に受け止めて、落下による衝撃を緩和する。
（2）結論と根拠
　　2名の補助をつけて5人で2段タワーを組み立てる。
　　2人組タワーに補助をつけて5人で安全性を高めます。先述したとおり2段タワーは事故のリスクが高い技に

図2-3-4　土台を3人にした2段タワー

なります。無理をして3人で行わせず、児童生徒同士で補助をつけて練習させるとよいでしょう。補助役の2人は前後に配置します。土台がしゃがみ、乗り手が肩に乗った時点で、後方の補助者は後方への落下に備えて腰や足を支えて補助をします。準備ができたら土台→乗り手の順にゆっくりと立ち上がります。このときに後ろの補助者は乗り手の足首やふくらはぎをサポートするようにします。前方の補助者は乗り手がバランスを崩して落下するのを防ぐために、いつでも手をつないでサポートできるようにします。またタワーが完成し安定しているようであれば、土台も両サイドに移動してポーズを決めます。降ろすときには、また前後に回って補助を行います（**図2-3-5**）。

図 2-3-5　補助役をつけて 5 人で作る 2 段タワー

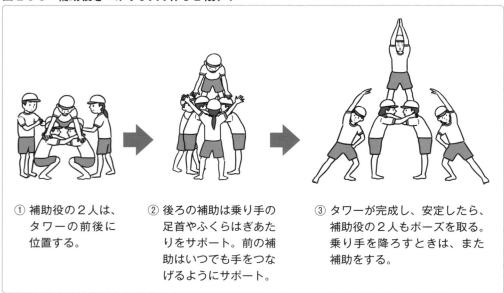

① 補助役の 2 人は、タワーの前後に位置する。

② 後ろの補助は乗り手の足首やふくらはぎあたりをサポート。前の補助はいつでも手をつなげるようにサポート。

③ タワーが完成し、安定したら、補助役の 2 人もポーズを取る。乗り手を降ろすときは、また補助をする。

（2）倒立

ア　事故の傾向

倒立の補助を行う際に倒立者の足が補助者の顔面に当たって負傷する事故

イ　対策

（1）目的

蹴り上げによる補助者の顔面へのけが防止。

（2）結論と根拠

補助者の位置は正面ではなく、側方から補助をする。児童生徒同士で倒立の補助をさせる場合、ほとんどの指導者は正面に立たせて足の先を持つように教えると思います。しかし、これは危険なやり方です。**図 2-3-6** のように、倒立者に顔面を蹴られてしまう危険性が高いです。倒立補助をする場合、補助者は倒立者の横側に立つことが望ましいです。このときに振り上げる脚側に立つと脚をキャッチしやすくなります。また倒立者が初心者で脚を上まで上げられない相手に対しては、補助者は低い姿勢（膝立ち）になり、腰と膝部分を支えながら補助を行ったほうが安全です。

図 2-3-6　倒立の補助法

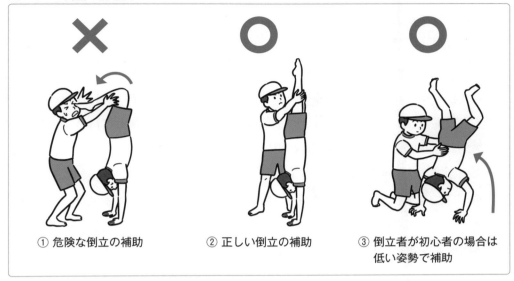

① 危険な倒立の補助　　② 正しい倒立の補助　　③ 倒立者が初心者の場合は
　　　　　　　　　　　　　　　　　　　　　　　　　低い姿勢で補助

(3) ピラミッド

ア　事故の傾向

1．最上段の乗り手が落下して、地面に衝突して負傷する事故（ 2008 障1 〔３段〕）

2．下段の土台に過重な負荷がかかることによるピラミッドの崩壊（ 2012 障16 〔段
　数不明〕）（ 2015 障250 〔５段〕）

イ　対策

1．乗り手が落下する事故の対策　高さの制限

（1）目的

　　落ちても大きな健康被害にならない落下エネルギーにする。

（2）結論と根拠

　① 小学生は原則３段、中学生でも体格差を考慮して最大４段。

　② 立体的な巨大ピラミッドは禁止。

　　中学生の体格になると、最上段の乗り手の位置は地面から約２ｍの高さにな
　り、補助者の手が届かない状況になり補助ができなくなります。また、立体的な
　ピラミッドは、崩壊時に中段と下段の者が逃げることができずに、上から落下し

てくる者の下敷きになる可能性が高くなると考えられます。なお、ピラミッド
からの転落事故の裁判例として、小学校の組体操の練習中に、6年生の児童が4段
ピラミッドの最上位（地上から2m以上）から落下し左上腕骨外顆骨折の傷害
を負った事案があります（名古屋地裁2009年12月25日判決）。

　　4段ピラミッドが安定するか否かは、3段目以下の児童の状況にかかってくる
ものであり、上の段になるほど（下段の児童の姿勢が悪い場合には特に）バラン
スが悪い状態となります（下段の児童の正しい姿勢については、下記「2. 上段
の人が落下する事故の対策　下段の人の正しい姿勢」参照）。また、最上位の児
童が立ち上がった際には、つかまる物が何もないため、最も不安定な状態となり
ます。このように、4段ピラミッドは、落下の危険性を内包する技なので、少な
くとも小学生の実施が推奨されるものではなく、仮に行うとしても、十分な練習
を行ったうえで、かつ、実施時には、ピラミッドの安定性を確認するために、付
近に監督ないし補助者を配置するべきです。

2．上段の人が落下する事故の対策　下段の人の正しい姿勢
（1）目的
　　下段の人に過重な負荷をかけない＋上段の安定。
（2）結論と根拠
　①背中を丸めない。②密着隊形になる。
　　四つ這い姿勢を作るときは、背中を平らにするようにします。また、できるだ
け身体を密着させて、全体で一つの三角形になるイメージで組み立てます。中段
と上段の者の手と膝の置く位置に気をつけます。3段ピラミッドの場合、腕は垂
直でも隣の者とクロスでもどちらでも構いませんが、クロスにしたほうが上から
の力が末広がりに伝わることや隣同士の密着度が増すことから安定することにな
ります。手を置く位置は下の段の肩から肩甲骨辺り。膝は背中に置くと下の土台
が痛がるので、膝を腰に乗せるようにしましょう。こうすることで背中が平らに
なり、安定したピラミッドを作ることができます（**図 2-3-7**）。

図 2-3-7　安定したピラミッドの作り方

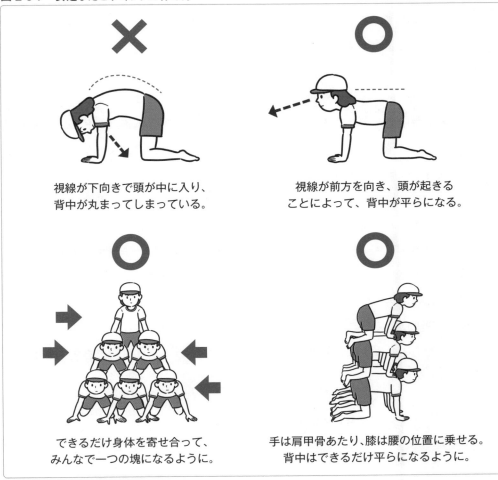

視線が下向きで頭が中に入り、背中が丸まってしまっている。

視線が前方を向き、頭が起きることによって、背中が平らになる。

できるだけ身体を寄せ合って、みんなで一つの塊になるように。

手は肩甲骨あたり、膝は腰の位置に乗せる。背中はできるだけ平らになるように。

３．崩壊の対策

（１）目的

　　最下段の人にかかる荷重を過重にしない。

（２）結論と根拠

　① 小学生は原則３段、中学生でも体格差を考慮して最大４段。

　② 負荷のかからないクイックピラミッド。

　　３段のピラミッドと４段のピラミッドはたった１段高くなっただけのように感じますが、１名分の負荷が増すのではなく、実際は最下段の４名の上に３段ピラミッドが乗った状態になるのです。結果として、最下段の土台にかかる荷重が

4倍になることが明らかになりました。そして、ピラミッドの組立時と解体時の荷重変化を見てみると、最上段の乗り手が乗るときと降りるときに最大負荷がかかっていることが明らかになりました（**図2-3-8**）。

　なお、ピラミッドの崩壊事故の裁判例として、高校の体育の授業の8段の人間ピラミッドの練習中に、生徒が6段目に上がりかけたところでピラミッドが崩落し、最下段中央部の生徒が下敷きとなり、頸椎骨折等の傷害（身体障害等級一級に該当する後遺障害）を負った事案があります（福岡高裁1994年12月22日判決（原審：福岡地裁1993年5月11日判決））。

　ピラミッドは、そもそも落下の危険性を内包する技ですが、特に、全体の高さが5mにも及ぶ8段ピラミッドは、完成間際はもちろん、途中においても崩落する危険があります。この危険性は、参加者数のみならず参加生徒の個々ないし全体的な体力、筋力、精神力、集中力、協調力等の資質不全、習熟度の不足ないし指導者の未熟等の要因によって容易に増幅されるものです。したがって、そもそも、5段以上のピラミッドの実施は推奨されず、仮にこれを行う場合においても、参加生徒の資質、習熟度、過去の実績等について慎重な検討を要するものと言わざるを得ません。

図 2-3-8　3段ピラミッドと4段ピラミッドの荷重変動の比較

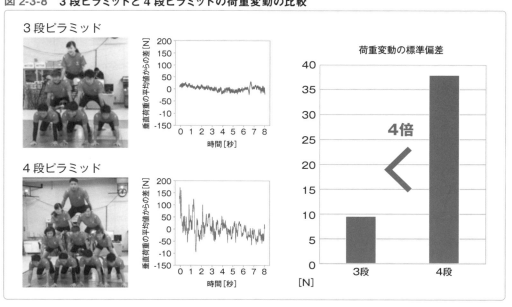

４．安全なピラミッドを実施する

（１）目的

　　危険度の低いピラミッド技を実施し事故を回避する。

（２）結論と根拠

　　負荷のかからないクイックピラミッドを実施する。

　　四つ這い姿勢で積み上げずに、タイミングを合わせて作るクイックピラミッドはけがのリスクが少ない技のひとつです。完成形は四つ這いでのピラミッドと同じように見えますが、中段の２人が中腰姿勢と実際は２段のピラミッドとなっています。組み立てるときは、６人でタイミングを合わせてパッと起き上がってピラミッドの形になります（**図 2-3-9**）。

図 2-3-9　積み上げないクイックピラミッド

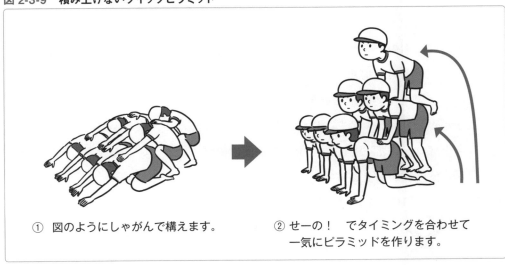

① 図のようにしゃがんで構えます。　　② せーの！　でタイミングを合わせて一気にピラミッドを作ります。

（4）肩車

ア　事故の傾向

１．持ち上げ時に土台が腰や背中を痛める事故 （2019 障 11）

２．乗り手がバランスを崩して落下する事故 （2018 障 116　2014 障 11　2018 障 8）

イ　対策

1．持ち上げ時に土台が腰や背中を痛める、乗り手が落下するのを防止する。

（1）目的

　　肩車の持ち上げ時の土台の構えを正しい姿勢にする。

（2）結論と根拠

　　土台は脚の力を使って乗り手を持ち上げる。

　　肩車を作る際に、①のように頭だけを乗り手の脚の間に入れ、背筋で持ち上げようとするケースが多いのですが、これは土台が背中や腰を痛める危険性があります。また、立ち上がる際に乗り手が後方へひっくり返る危険性が高まりますので、この姿勢で肩車を行うのは絶対にやめましょう。正しくは、②のように土台は乗り手の脚の間に頭を入れたら、しっかりとしゃがみ込みます。首を返して前を向き、背中を立てるような姿勢で構えましょう。そこから重量挙げのように、真上方向へ脚の力を使ってゆっくりと上がるようにしましょう（**図 2-3-10**）。

　　大人が子どもを肩車するのは、体格差があるため容易にすることができます。しかし、児童生徒同士で肩車を実施しようと思うと、思ったより重く感じます。土台が正しい姿勢で持ち上げずに腰や背中を痛めたり、乗り手が高い位置から受け身を取れずに落下し、頭や頸部を地面に衝突させるといった大きな事故へとつながる危険性があります。

図 2-3-10　正しい肩車の構え方および後方への落下を防ぐ方法

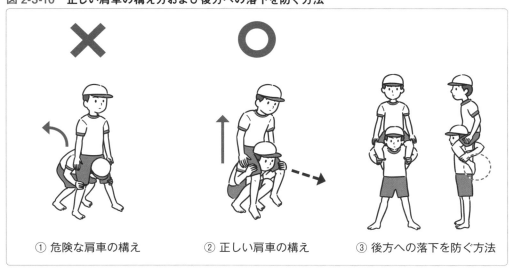

① 危険な肩車の構え　　　　② 正しい肩車の構え　　　　③ 後方への落下を防ぐ方法

２．乗り手がバランスを崩して落下するのを防ぐ

（１）目的

　　乗り手と土台をしっかりと密着させる。

（２）結論と根拠

　　乗り手の足を土台の背中に引っ掛けさせて安定させる。

　　③のように立ち上がり後、後方へバランスを崩し落下することを防ぐために、乗り手は脚の甲を土台の背中にくっつけて安定させます（**図 2-3-10**）。

（5）サボテン

ア　事故の傾向

　前方への落下時に土台が脚を離さずに転落し、頭、腕、指等の打撲や骨折をする事故（ 2006 障 162 　 2010 障 5 ）

イ　対策

１．乗り手が前のめりになり、頭部、上肢を地面に衝突させるのを防止する。

（１）目的

　　乗り手が前のめりにならないような支持をする。

（２）結論と根拠

　　土台は、乗り手の膝上から大腿部を支える。

　　膝下から下腿での支持は禁止です。この原因としては**図 2-3-11** のように、土台が乗り手の膝よりも下のすね部分や足首を持ってしまうことです。同図のように膝の上部分を支えると、乗り手が前方に落ちるときに、土台も一緒に前に引っ張られ、自然に手を離すようになります。この状況であれば、乗り手は足から着地するようになることから大きなけがを防ぐことができます。

図 2-3-11　サボテンの事故例および正しい足を持つ位置

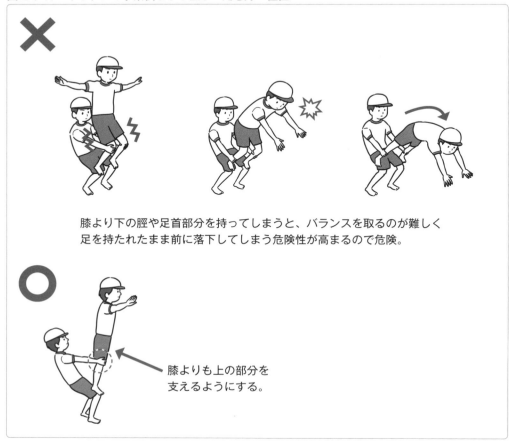

膝より下の脛や足首部分を持ってしまうと、バランスを取るのが難しく
足を持たれたまま前に落下してしまう危険性が高まるので危険。

膝よりも上の部分を
支えるようにする。

２．土台を安定させて落下、転倒を防ぐ。

（１）目的

　　乗り手が前のめりにならないように土台を安定させる。

（２）結論と根拠

　　土台を２名にして、３人組でサボテンを組み立てる。

　　サボテンを作る場合、まずは２人組で肩車を作り、そこから乗り手を土台の大
腿部に立たせてサボテンに移行するというやり方が一般的です。しかし、児童生
徒同士で肩車を実施させる場合、余程の体格差がなければ危険です。これらの肩
車の事故を防止するためには、土台を２名にして安定させたり、児童生徒同士で
補助者をつけたりして、土台を安定させる方法が有効です（**図 2-3-12**）。

図 2-3-12　**安全に配慮した 3 人組のサボテン例**

土台役を 2 人して、安定させる。乗り手は 2 人の後方から間を抜けて乗るようにする。

四つ這いの補助者をつけ、土台を安定させる。前に立つ乗り手の腰を持ち上げて乗せるようにする。

（6）飛行機

ア　事故の傾向

立ち上がる際にバランスを崩して転倒し、乗り手が地面に落下する事故（ 2014 障 10 2016 障 13 2015 障 7 ）

イ　対策

１．バランスを崩して転倒し、乗り手が地面に落下するのを防止する。

（１）目的

無理に立位姿勢での飛行機にしない。

（２）結論と根拠

土台が膝をついた姿勢で完成とする。

土台が安定するためには、乗り手が土台の上で腕立て伏せの姿勢になれる距離に土台間の距離を合わせます。立ち上がり時に土台が不安定でぐらつくことから転倒したり、タイミングが合わずに乗り手が落下したりすることが考えられます。無理をして立ち上がらずに、土台が膝をついたままでもバランスを取るのが難しく、十分楽しむことができます（**図 2-3-13**）。

図 2-3-13　無理をせずに膝をつけたままで完成とする

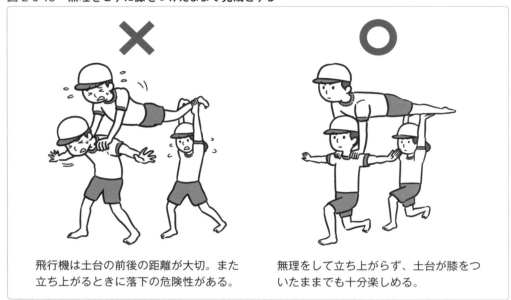

飛行機は土台の前後の距離が大切。また立ち上がるときに落下の危険性がある。

無理をして立ち上がらず、土台が膝をついたままでも十分楽しめる。

3　これからの組立体操の考え方

　組立体操は、今後、学校現場から消えてしまうかもしれません。それは、これまで重大な事故を起こしておきながら、それを見過ごしてきた過去があるからです。しかし、それは組立体操自体が危険で恐ろしい教材だったのではなく、指導者らが長い年月の経過とともに本来の組立体操の目的や運動の楽しさを見失い、児童生徒らの心身を育む教材から、高さや難しさを競い合う体育的行事の見せ物に変えてしまったからではないでしょうか。

　もう一度原点に立ち返り、安全に配慮した組立体操の指導法を見直すことができれば、組立体操は今後も学校現場で残り続けると思います。そのためには、学校の教育活動として実施するねらいを明確にするとともに、安全確保を前提条件として演技内容や構成を検討する等工夫が必要です。いろいろな組立技を組み合わせたり、音楽を活用してダンスと組み合わせたり、身体の大きな児童生徒でも複数の土台で支えて乗り手にして主役にしてあげる等、仲間同士のふれあいや達成感を味わえるような「楽しく安全な組立体操」のあり方を再構築できるはずです。

4 野球の事故

1 野球における事故の現状

　わが国の野球熱は、ベースボール発祥の国・アメリカに次いで高く、野球は、中学校から大学まで、部活動として広く行われています。学生野球から始まった野球は、現在少年野球からプロ野球まで、さらには還暦野球など生涯スポーツとしても広く親しまれています。

　しかし、その野球において、施設等の整備不足や当事者や指導者の不注意によって、生涯にわたる障害を負う事故が後を絶たない現状があります。今回、その事故を防止する方策を考えるにあたって、学校での事故に対して、災害共済給付制度を行っている日本スポーツ振興センター（JSC）に依頼し、死亡・障害見舞金給付データの提供を受け、その実態を分析し、今後の事故防止に役立つ方策を提示しました。

　もちろん、JSC の給付対象は学校での活動中（校外も含む）で、小学生や中学生が参加する学校外のクラブチームでの活動は対象外なので、すべての事故を分析したわけではありません。また、JSC の対象となる中学生の野球部活動は、大半が軟式野球です。高校野球でも一部軟式野球部はありますが、硬式野球と軟式野球で事故の発生内容に少し違いはあるものの、発生の要因や傾向はほぼ同じと考えられます。

　ちなみに、2022 年度の中学生野球部員数は 13 万 7384 人、高校生の部員数は 13 万1259 人で、ほぼ同数でした。

2 過去 10 年間の死亡事故発生状況

　JSC から提供された災害共済給付のデータによれば、2012 年度から 2021 年度までの 10 年間で、中学生、高校生の死亡事故は 20 件ありました（**表 2-4-1**）。

　20 件のうち、学校の部活動とは別の出来事による死亡事故（中学生 2 件・高校生2 件）と直接プレーに関係しない事故 4 件を除く、16 件を見ると次のとおりでした。

　まず、ランニング練習などに関する心臓系突然死が高校生 4 件、中学生 3 件でした。

このうち4件はAED（自動体外式除細動器）が装着されている報告がありましたが、詳しい時間経過は不明です。また、日頃の健康状態もこのJSCの報告では詳細を知ることはできません。

このほか、中枢神経系突然死とされた高校生は、練習試合で打者として死球を頸部に受けて死亡しています。打者用ヘルメットで覆われていない部分に当たったものと思われ、過去にあまり例のない死亡事故です。

表 2-4-1　野球事故（中学・高校）JSC 後遺障害見舞金給付内容　2012 ～ 2021 年度

死亡事故発生状況	中学生	高校生	合計
心臓系突然死	3	4	7
中枢神経系突然死	2	1	3
電撃死（落雷）		2	2
大血管系突然死	1	1	2
熱中症		2	2
その他	2	2	4
合　計	8	12	20

中学生では1件ありました。投球練習中に返球のボールを受けた後、突然よろめいて倒れ、AEDなどの救命処置をしたものの翌日死亡した事例です。中学生の大血管系突然死は、心臓の2次検診で異常が確認されたことはなかったなかで校内の試合の準備・片づけ後に突然倒れ、いったん心肺停止、入退院を繰り返し、数年後に死亡したという事例です。

このほか、落雷による電撃死が2件発生し、高校生2人が死亡しています。いずれも練習試合中の被雷でした。最近は詳細な局地予報が発表されているので、関係者は当日の天気情報に細心の注意を払うべきです。また、郊外ランニング中に熱中症で倒れ、発見が遅れた事故や、練習試合中に川に飛び込んだボールを回収しようとして足を滑らせ、通行人から知らせがあり駆け付けたが救出できず溺死した事故もありました。

3　過去10年間の後遺障害見舞金給付状況

JSCの後遺障害見舞金が給付された2012年度から2021年度までの10年間の件数は、580件で、うち小学生が3件あり、これは校内の野球型活動中で、いわゆる部活動事例ではないので、ここでは小学生の事故を除く577件と死亡事故20件を分析し

てみます（**図2-4-1**）。

　野球部活動に起因した事故の内容は、77％が高校生の事故で、その事故の大半が硬式野球です。ボールが当たる事故では、①ボールの特性として、硬く重いこと、②ボールのスピードが速いことで、事故の傾向や発生要因は概ね中学生も同じと思われます（注：JSCのデータでは硬式・軟式の区別は不明）。

　事故の要因を多い順にあげると、打球、送球、衝突、投球、その他の順となり、打球による事故が圧倒的に多く、全体の半数以上の56％を占めています。中学生では、打球事故の次に衝突による事故が多くなっています。

　中学生の衝突事故の主なものは、スイング中のバットに当たるなどが16件、守備中の野手同士の衝突が4件、野手と走者の衝突3件などとなっています。

図 2-4-1　野球事故（中学・高校）死亡事例・後遺障害事例
**　　　　　　2012 〜 2021 年度　　n=577**

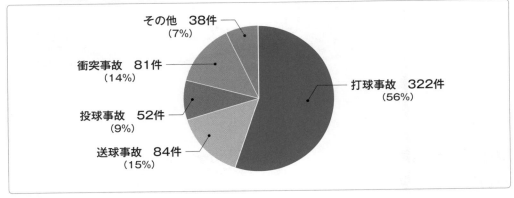

その他　38件
（7％）

衝突事故　81件
（14％）

投球事故　52件
（9％）

送球事故　84件
（15％）

打球事故　322件
（56％）

4　打球による事故

負傷の部位

　打球による事故322件中のうち、高校生の事故が258件（80％）を占めているので高校生の事故内容を中心に分析してみます。

　打球による事故は、投球や送球よりもスピードが速く、避けるのが難しいケースもあり、受傷した場合には大きなけがにつながっています。258件の負傷した部位を見ると次のようになります。

　眼・189件（73％）、歯・88件（34％）、精神・神経障害・15件（6％）、胸部腹

部・12件（5％）となっています。最も多い眼の事故では障害等級8級（1眼が失明し、または1眼の視力が0.02以下になったもの）が23件発生しています。

事故の様態

それでは、こうした打球による事故（258件）がどのようにして発生しているか要因を探ると、**図2-4-2**のようになります。

図 2-4-2　打球事故（高校）　原因別　　n=258

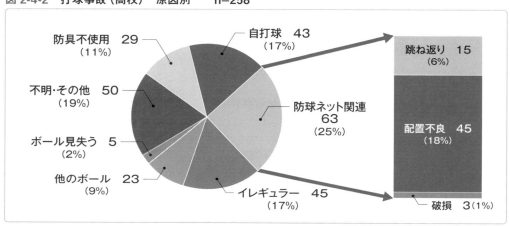

事故を防ぐ対策

（1）打撃投手の事故

公益財団法人日本高等学校野球連盟（日本高野連）では、練習時における打撃投手には、投手用ヘッドギアの着用を義務づけています（**写真2-4-1**）。着用は普及していますが、構造上、眼や歯のけがには対応できません。とにかく惰性にならずに、1球ごと集中してプレーすることが大切です。

写真 2-4-1　打撃投手用ヘッドギア

●対策

① 打撃投手は、練習時には必ず投手用ヘッドギアを装着すること。投手用ヘッドギアの耐用年数は3年とされているので、使用期間を確認すること。

② 投手前に設置する防球ネットは、本塁上に立って投手が完全に隠れるか、複数部員で確認すること。

③ 複数で打撃を行う場合は、必ずその打球が処理されたのを見届けてから順に投球すること。

④ 投手は、打球が自分のところに打ち返されてくるというイメージをもって常に投球すること。

⑤ L字型ネットを使用するときは、投球後、身体がネットに隠れるよう、留意して投げること。

さらに日本高野連は、「投手の障害予防に関する有識者会議」を設置して、「1週間で500球以内」というガイドラインを発表するとともに、有識者会議の提言を受けて金属製バットの性能の見直しに着手、安全基準を管理する一般財団法人製品安全協会で非木製バットのSG基準[1]が制定されました。打球の反発力を抑制するため、打球部の外径を現行より3mm細く、64mmとし、重量は現状と同じ900g以上としたことで、打球部の肉厚は約3mmから4mmと増えました。これにより、ボールが打球部に当たるときのトランポリン効果（衝撃による変形）が減少、現在の金属製バットより3～5％反発性能が抑制されます。

すでにアメリカで使用されているBBCOR（Bat-Ball Coefficient Of Restitution）基準とほぼ同等の反発力になります。

2024年のシーズンインから、新基準の金属製バットの使用が義務づけられます。日本高野連では、加盟校の経費負担を軽減するため、各校に2本ずつ新基準のバットを提供する予定です。

（2）野手の事故

打球による守備中の事故の多くは、イレギュラーによるもので、練習だけでなく試

1）SG基準とは、一般財団法人製品安全協会が認証する消費生活用製品の安全性品質。使用上の注意事項等に関する基準を策定しています。家具・家庭用品やスポーツ・レジャー用品など148品目の安全基準を定めています。

合でも発生しています。また、複数打撃で先の打球を処理しようとする野手に、次の打球が当たる事故もあります。このケースに似た事故は、ノックのときにも次々と打ち出す打球で守備が完了していない野手との接触も起きています。

●対策

① イレギュラーバウンドを減らし、集中力を保つために、練習では30分に1回、グラウンド整備を行うこと。

② 守備練習ではマウスガードの着用を奨励する。救急箱に歯の保存液を常備しておくこと。

③ 強い打球の練習ではフェイスガードやファウルカップを活用すること。

④ ノッカーは選手がボールに集中しているか常に確認すること。また周辺の選手や捕球者後方の選手がボールに集中しているかも確認すること。

⑤ ボールボーイやマネジャーは、ヘルメットやフェイスガードを活用すること。

⑥ 照明や太陽が眼に入ったときの捕球方法について、グラブをかざして、身体を半身にするなどの捕球方法を身につけておくこと。

(3) 打者の事故

　自打球による眼と歯のけがは、試合・練習にかかわらず起きています。43件のうち13件はバントの失敗で眼や歯をけがしています。打撃時の自打球はいわゆるスイングミスによるもので、中学生は46件と高校生より多いです。バントでのミスは、高めの速球に対してや、変化球の軌道を見誤ったものが多く見受けられます。

●対策

① ボールをしっかりミートする感覚を大切にする。

② 小中学生は重いバットではなく、軽いバットでしっかりスイングすること。

③ バント練習は、まず遅い球でポイントをつかむこと。速い球にはバントをするのではなく、目を慣らす練習とする。

　自打球の事故は、身体が開いてヘッドを返すスイングで生じています。最近の打者用ヘルメットには顎をカバーするタイプのものがSG基準として認可され、市販されていますが、眼や歯の防護は難しいかもしれません。

(4) ティ打撃のトス者の事故

　練習時間を無駄にしないためティ打撃は、他のメニューと並行して行われることが

多いです。隣の打者と十分な間
隔を取らずに隣の打球が当たる
事故も起きています。集球ネッ
トのフレームに当たった跳ね返
りが打者自身やトスを上げてい
る部員に当たっています。ま
た、トスを上げた球がコースを
外れ、無理なスイングで打つと
トスを上げている部員に当てて
しまっています。ティ打撃中の
事故は、中学生は軟球を使用し

写真 2-4-2　ティ打撃練習

ているためかほとんど起きていませんが、高校生の
場合は、ちょっとした不注意で事故を招いています
（**写真 2-4-2**）。

写真 2-4-3　守備用フェイスガード

● 対策

① トス者は防球ネットの後ろにしっかり隠れ、球
　筋が一定するよう肘を伸ばして打者にタイミン
　グを合わせてトスをすること。

② 投げ手はフェイスガードを活用する（**写真 2-4-3**）。

③ 打者は集中力をもってスイングすることを心が
　け、連続した早打ちは打ち損なう危険があり、やらないこと。

(5) 打撃マシンの補球者の事故

　打撃マシン（マシン）は、効率よく打撃練習をこなすうえで、広く高校野球で活用
されています。しかしながら、操作の誤りやマシンにボールを入れる係（以下「補球
者」）が十分な防御態勢をしていなかったことから、眼や歯をけがする重大事故が少
なからず起きています。高校野球では、10年間に15件発生しています。その多くは、
打者が打ち返した打球が、ボールが打ち出されるネットの開口部から通り抜け、補球
者に当たるというものです。もう一つは、足元のボールを拾おうとして防球ネットで
保護された範囲から出てしまい、隣の打者の打球を受ける事故です。

図 2-4-3　推奨するマシン打撃練習方法

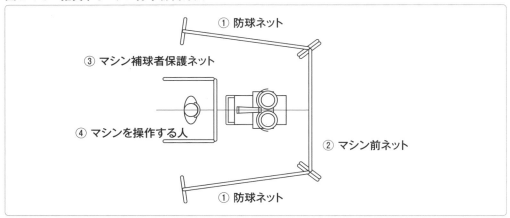

① 防球ネット

③ マシン補球者保護ネット

④ マシンを操作する人

② マシン前ネット

① 防球ネット

● 対策

① マシンの補球者は、マシン補球者保護ネットのなかからボールを補球する設備の使用を強く推奨します。打者は基本的にはセンター返しを心がけます。ですから、「マシン前ネットの開口部からは滅多に入ってこない」ではなく、むしろ狙って打ちます。補球者が、マシン補球者保護ネット内からボールを入れるようにすれば、絶対に打球を受けることはありません（**図 2-4-3**）。

② 複数打撃では、必ず先の打球の行方を確かめてから次の打者が打つこと。同時進行は極めて危険です。

③ 独立したかごがない場合は、補球者は必ず捕手用マスクまたはフェイスガードを着用するべきです。

5 送球による事故

　高校生の送球による事故は 70 件起きていますが、うち試合中（練習試合を含む）の発生は 1 割の 7 件に過ぎません。つまり、試合では一つのボールに集中しているので事故の発生は少なく、野手の捕球ミスが 3 件、悪送球によるものが 2 件、走者に当てたものが 2 件です。後遺障害等級第 7 級の重度の事故は、攻守交替で、2 塁手の守備に就こうとした野手が、3 塁手が 1 塁手に送球したボールを後頭部に受けた事故で、双方の不注意が惜しまれます。

　送球による事故では、眼の事故が 44 件（63％）、歯の事故が 19 件（27％）となっ

ており、重度の事故は、挟殺プレーで待機していた次の走者に送球が逸れて右側頭部に当たり、四肢が麻痺する重度の障害を負った事例があります。

　事故態様は、①捕球ミスによるもの（24件）、②捕球体制が十分とられていないケースでの受傷（19件）、③送球ミスによるもの（8件）の順に起きています。

　ノックの練習では、球出しの補助員や周辺にいる部員への送球によるけがが4件発生しており、うち2件は女子部員の受傷事故です。

● 対策

① 送球練習に限らず送球を受けるときには、声出しをして相手との呼吸を合わせること。

② 投手や捕手からのけん制はすばやく投げられるので、野手も走者も1球に集中して目を逸らさないこと。特に捕手の2塁への送球に対し、投手は目を逸らさないこと。

③ 並行して行う遠投練習は、隣との間隔を十分にとること。

④ ノックの球出し補助員などは、必ずヘルメットを着用すること。

⑤ 挟殺プレーの練習では、野手と走者が一直線にならないように位置取りをし、送球の目標となるようグラブを横にかざすこと。

6　投球による事故

　投球による試合・練習を含めた事故は46件で、打者が36件、捕手が9件、その他1件あります。このうち試合中は21件です。

　打者の死球によるけがは、眼、歯とも13件、いわゆる急所に当たった事故が5件あります。急所といえば、捕手が投球の捕球中に3件発生しており、ファウルカップの常用が強く望まれます。また、捕手が投球を受ける際に正しくマスクなどを装着していなかったのではと思われる事故が3件ありました。公認野球規則では、捕手が座って投球を受ける場合は、マスク、プロテクター、レガースを着用するよう義務づけられています。

　打者は打者用ヘルメットの着用が義務づけられているので、頭部に当たった事故では、死亡した1例を除いて障害の報告はありません。死亡した1例は、ヘルメットの防護範囲を外れた頸部に当たっています。しかし、眼部や口元に来た投球は防護でき

ません。最近はマウスガードの普及を奨励しているので、歯については一定の防護効果が得られるでしょう。

　投球による事故例に、マシンの投球による事故が3件あります。マシンの制球（調整）不足で思いがけず死球となった事例や、不用意に打席を横切って投球を眼部に当てた事例もありました。

●**対策**

① 打撃投手が制球を乱す要因に、投げ疲れがある。様子を見て早めの交代をさせる。

② 打者は打者用ヘルメットを必ず着用し、使用耐用年数3年以内に留意する。

③ 打者用ヘルメットも投手用ヘッドギアも一度大きな衝撃を受けたときは、当たった部分の弾性がなくなり、以後の防御性能がないので使用しないこと。

④ 捕手のファウルカップ着用は必須で、試合だけでなく、練習時からも着用すること。また内野手も必要に応じて活用が望まれる。

⑤ マシンの調整中は、打席に入らないよう注意すること。調整中であることを周囲に知らせること。

7　衝突による事故

　野手同士や走者、あるいは障害物と衝突する事故が42件発生しています。このうち多いのが、野手同士の衝突です。飛球を追って懸命にプレーする状況で起きた衝突は、かなりの勢いでぶつかるので、歯の損傷も23件と半数を占めますが、精神神経障害や腹部の強打で腎臓機能障害などの重度の障害も発生しています。

　また、周辺不注意と思われるスイングしたバットに当たる事故が14件発生しています。

●**対策**

① まず素振りをする選手は、周りをよく見てから素振りをすること。

② 次打者や素振りをする選手を横切るときは、大きな声かけをすること。

③ 野手同士の衝突を避けるには、まず双方が大きな声かけをすることと、周囲の野手もどちらの捕球かを大きな声で指示すること。

④ 走者は適当な距離からのスライディングを開始すること。野手は、走者の走路を妨げない位置取りが必要。

8 その他の事故

　その他の事故は、死亡を除き30件あり、うち8件がランニングに関する心臓系の機能障害で、現場での救急措置後、病院に搬送されて、治療を受けていますが、その後、神経系統もしくは胸腹部臓器などの障害が起きています。

　このほか、用具や設備の誤操作などで強風にあおられ倒れてきたネットで負傷するなどが3件、マシンの操作ミス2件などがあります。

●対策

　心機能障害は、突然起こる事例ですが、指導者や仲間は部員の不調に注意し、少しでも様子がおかしい場合は、本人に体調を確かめることが大切でしょう。またJSCのデータでは、倒れた後の心肺蘇生やAEDの処置がどのように行われたか不明ですが、AEDの設置場所の確認とすばやい搬送など、部員間で訓練をしておくのも大切な事故防止策となるのではないでしょうか（AEDについては、第3章「2　公道でのスポーツ事故」も参照）。

9 中学生の事故

　中学校の部活動で行われるのは軟式野球競技で、高校の硬式とは事故の内容に多少違いが見られます。事故件数も高校生の444件に対し、133件と3分の1程度です。

　そのなかでも同じように打球による事故が最も多く、66件（50％）あります。内容は、練習方法の違いでティ打撃での事故は1例のみですが、46件と打球事故の70％が自打球による眼の負傷です。歯の損傷は球種の違いか、起きていません。

　このほか、練習中、別の場所から飛んできた打球による事故が6件あります。高校で多いイレギュラーバウンドによるけがも2件と、やはり球種の違いか少なくなっています。

　中学生の事故で次に多いのが衝突で、29件（27％）もあります。バットスイングで振ったバットに当たるという事故も多く16件あります。このほか、野手同士の衝突や走者との交錯による事故も7件起きています。

　送球での事故は、うまく捕球できないケースや、思わぬところから送球されたけがなど、悪送球の事故も目立ちます。投球での事故では、ファウルカップをしなかった

捕手が2件、防具をつけていなかった捕手が同じく2件ありました。

このほかプレーに直接関係しない事故が29件あり、そのうち10件は、練習前後のふざけや喧嘩で、重度の後遺障害が起きる事故が3件発生しています。

10　まとめ

これまで、実際にどのような事故が起きているか、またその要因を分析してみました。

野球は他の競技に比べて事故件数が多く、しかも重度の障害を負うケースも相当数あることを考えると、漫然と練習をすることは許されません。

過去10年間の事故件数が577件ということは、全国で6日に一人誰かが後遺障害を伴う事故に遭っているということになります。

まず、これまでの事故に対する対策としてあげたなかに、定められた防具を正しく装着するということがあります。もちろん防具の安全点検も大事です。ルールで義務づけられている打者用ヘルメットや捕手用具のほかにも、マウスガードやフェイスガードの着用や、最近はアイガードの開発研究も行われています。これらの活用を推奨します。

次に集中力です。事故は練習で多く発生します。同時にいくつもの練習を並行して行うことは必要かもしれませんが、予期せぬところからの打球や送球は大きな事故を招きます。1球に集中する練習方法が大切になります。

集中力を維持するためには、適度な休憩時間の設定も必要です。30分に一度休憩時間を設け、グラウンド整備をしてイレギュラーバウンドを防ぐこともできます。

近年、中学生や高校生の野球部員の減少が懸念されています。全体的な生徒数の減少の波は避けがたいものがありますが、ここであげた事故などで以後野球が続けられない事態は何としても避けたいものです。

Column② 甲子園球場における高校球児の熱中症対策

　甲子園球場で開催される選抜高校野球大会と全国高等学校野球選手権大会において、1995年から主催者の要請により、理学療法士が選手の健康支援を実施しています。開始当初はけがに対する救急処置や疲労回復などが主な目的でしたが、近年では熱中症に対する対策が大きな課題となっています。

　酷暑のなかで開催される選手権大会は、ほぼ連日、湿度、日射、気温を取り入れた指数である暑さ指数（WBGT）が「運動は原則中止」の状況となります。選手の健康状態に配慮して運営されていますが、大会期間中に熱痙攣等の自覚症状に基づく熱中症様症状を訴える選手は、延べで50名以上に上ります。ポジション別の発生率はいずれも10％以下であり、明らかな差はありませんが、予選（地方大会）で熱中症の既往歴がある選手の発症率はない選手の6倍以上（あり14件／37件中、なし63件／971件中）、既往歴があった選手における大会中の再発率は9％（7件／77件中）でした（第100回全国高等学校野球選手権記念大会（2018年）の熱中症対策報告資料より）。

　生命にかかわる重症例はもちろんのこと、試合参加を困難にする熱中症の予防は重要です。以下に、大会中に実施している予防対策を示します。

試合前

　球場入りした選手に、室内練習場において体調の聞き取り調査と熱中症対策の説明を実施しています（**写真1**、**表1**）。監督や責任教師（引率する教員）にも同席いただき、情報を共有しています。室内練習場での飲水環境も整備しています。

写真1　室内練習場での調査と説明

表1　チェックリスト

☐ 熱中症の危険性について説明。
　　熱中症は生命の危険があり、発症するとチーム力も低下する。体調不良や既往がある選手は再発しやすい。
☐ 各イニングに必ずスポーツドリンクの補水をすること。
　　お茶や水だけでは足や手がつりやすくなるため、スポーツドリンクを補水すること。頭痛、吐き気、めまい、
　　筋肉のつりなどを感じたら、経口補水液を摂取する。
☐ 試合中はマイカップとし、背番号が記載されたコップで飲水すること。
☐ ベンチでは氷嚢により、頸部、腋窩など冷却を行うこと。
　　クーラーボックス内にある氷嚢で、グラブ側の手で頸部や腋窩を冷却する。
　　ベンチ内に霧吹きと扇風機と冷風機があり、攻撃機会などに送風による冷却ができる。

大会中は、全試合を通じてネット裏の大会本部に常駐している医師と看護師が、理学療法士ならびに大会本部と試合開始前に既往のある選手（背番号）の情報を共有しています。

試合中

　試合中は、攻撃機会に毎回、スポーツ飲料の摂取を促し、前兆を含めて自覚症状があれば経口補水液を提供しています。これまではベンチ内にタンクを用意し、控え選手が背番号付きのカップを手渡してきました（**写真2**、**写真3**）。しかし、近年は感染予防の観点から、背番号を表記したペットボトルの飲料をベンチ裏で冷蔵し、理学療法士が手渡す方式に変更しました（**写真4**）。

写真2　マイカップ
　　　　ホルダー

写真3　ベンチ内の
　　　　飲水環境

写真4　冷蔵庫でペットボトルのドリンクを保管
　　　　し、ベンチ裏で出し入れを管理

　また、冷却したペットボトルを手のひらに当てると深部体温が低下して熱中症を予防する効果があるため、ベンチ内やベンチ裏での実施を推奨しています（**写真5**）。さらに、ベンチ裏には大型の送風機やアイスベスト、重症例に備えてアイスバスも配備しています（**写真6**、**写真7**、**写真8**）。

写真5　ペットボトルの冷蔵　　写真6　　大型送風機と手掌冷却

写真7 アイスベスト　写真8　アイスバス

試合が長時間に及ぶことも多いため、攻守の交代においても、こまめに水分補給をする機会を促しています（**写真9**、**写真10**）。勝敗を決する試合後半には飲水を忘れることがあるため、控え選手に摂取状況を確認してもらいます。

写真9　攻守交代時には残塁の走者にも飲水　**写真10　捕手が守備につく前にも飲水**

試合後

試合終了後にも、選手が痙攣などの熱中症様症状を訴えることがあります。そこで、マスコミによる取材中も選手の水分摂取は許可されています。また、宿舎へ帰るバスにも飲料を用意しています。

まとめ

甲子園球場での全国大会を契機として、全国の高校球児に対する熱中症の予防対策が普及することが期待されます。地方大会では交代選手のない少人数チームや暑さに慣れていない野球部員以外の応援学生も熱中症の危険性が高まります。暑さに慣れていない1年生部員には無理をさせずにチームの役割分担を縦割りにする、応援団も定期的に日陰で飲水と休息をとるなどの配慮が必要です。

高校球児の熱中症の予防には、主催者と関係者による周到な対策とともに、選手個々が健康管理の方法を理解して実践する必要があります。さらにその実現には、監督と責任教師、控え選手や記録員、マネージャーなどの協力も得て、選手の健康状態を相互に確認し合うことが重要です。

参考文献

・越智隆弘監修、一般社団法人アスリートケア協会編集『アスリートケア——理学療法士によるスポーツ選手への健康支援』三輪書店、2017年。

5 水泳の事故

1 水泳の事故の現状と事故予防

　日本スポーツ振興センター（JSC）の死亡見舞金・障害見舞金事例のなかで、水泳中の事故は118件あります（死亡見舞金事例22件、障害見舞金事例96件）。

　まず、事故態様別の発生件数は**図 2-5-1**、事故態様別の発生割合は**図 2-5-2**のとおりです。プールへの飛び込みスタートに起因する事故が47件と、全体の4割を占めていること、溺水事故のすべてが死亡事例であり、重大事故といえます。また、転倒・接触による事故（水中やプールサイドでの人との接触、プールサイド等での転倒、プールの壁や床との衝突事故等）も障害件数が多く、注意と対策が必要です。

　なお、その他に分類された事例のうち、死亡事例は、すべて突然死（心臓系、大血管系、中枢神経系など）であり、障害事例は、主として急激な体調の悪化によるもので、その他には耳の痛みを訴える事例が見られます。

　また、事故態様別の発生件数を各学年別に分類すると、**図 2-5-3**のとおり、プールへの飛び込み

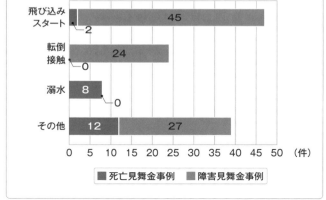

図 2-5-1　事故態様別　発生件数　2005 〜 2021 年度

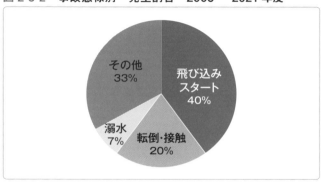

図 2-5-2　事故態様別　発生割合　2005 〜 2021 年度

スタート事故は、学年が上がるに従って増加傾向にあります。プールへの飛び込みスタート事故以外の事故態様では、ほぼ横ばいですが、溺水事故は、小学生が多い傾向にあるといえます。

　そして、プールへの飛び込みスタート事故の発生件数について、年度別に推移を見てみると、**図 2-5-4** のとおり、全体としてはやや減少傾向にあるように思われます。先人の努力により、プールへの飛び込みスタートを行うに際しての危険性についての認識が広まりつつあることを示していると思われます。

図 2-5-3　**事故態様×学年別　発生件数　2005 〜 2021 年度**

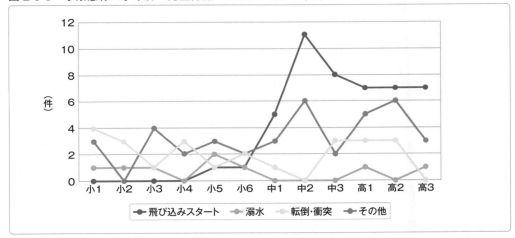

図 2-5-4　**飛び込みスタート事故事例　年度別推移　2005 〜 2021 年度**

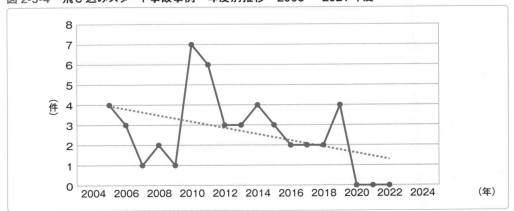

2 学校プールで注意すべき事故

（1）水底衝突事故（プールへの飛び込み事故、飛び込みスタート事故）

　前述のとおり、JSC の死亡見舞金・障害見舞金事例のなかで、最も発生件数の多い事故類型です。全体としてはやや減少傾向にあるように思われますが、ことプールへの飛び込みスタート事故については、本質的にはプールの構造上の問題であることを指摘しなければなりません。すなわち、1966 年以降、溺水事故防止の観点から、プールの水深を浅く設計するなどの対応が取られることとなり、なかでも、中央付近を最も深い水深とする構造（対称型）が多く採用され、スタート地点の水深を浅くする一方で、水深の深いプール同様にスタート台を設置して飛び込みスタートを実施した結果、水底に衝突する事故が多発するようになった、という指摘がされています。

　現在の学習指導要領では、「小・中学校及び高等学校入学年次の授業では、飛び込みによるスタート指導は行わず、水中からのスタートを指導すること」「高等学校の入学年次と次の年次以降においても、原則として水中からのスタートを取り扱うこと」とされ、小・中・高校 1 年次の体育授業では、飛び込みスタートは実施されないことになりましたが、現在でも、高校 2 年生以降の体育授業や、体育授業以外の部活動などの課外活動では、プールへの飛び込みは禁止されていません。

　また、公益財団法人日本水泳連盟は、プール公認規則の改訂で順次プールの規格を改訂しており、現行のプール公認規則では、スタート台端壁前方 6.0 m までの水深が 1.35 m 未満ではスタート台の設置を禁止しましたが、その後、水深 1.0 ～ 1.2 m 程度のプールでも公式大会を開催する必要があること等の事情を考慮し、「プール水深とスタート台の高さに関するガイドライン（2005）」を定めて、プール公認規則の基準を緩和しており、現在でも、スタート台直下の水深が 1.35 m に満たないプールでスタート台を使用した飛び込みスタートが実施されているのが現状です。実際、2020 年に日本中学校体育連盟の協力の下、全国各都道府県・政令市の中学校およそ 335 校を対象として実施したアンケート調査（有効回答数：217 校、回答率 64.8％）において、プール公認規則の基準、「プールの水深とスタート台の高さに関するガイドライン（2005）」の基準、いずれの基準も満たさないままスタート台を使用しての飛び込みスタートを行っているプールの存在が確認されています。

そして、井口らが 2016 年に開催された東京都高等学校新人水泳競技大会に参加した 2000 名を対象として実施したアンケート調査（有効回答数：1922 名、回収率 96.1％）において、水泳歴の中で身体のどこかを水底でぶつけたことがあると答えた生徒は 673 名（35％）に及びました。頭部を水底でぶつけたことがあると答えた生徒は 96 名（5％、2〜4 回 58 名、5 回以上 38 名）、顔面を水底でぶつけたことがあると答えた生徒は 96 名（5％、2〜4 回 77 名、5 回以上 38 名）、頭部頸部以外の外傷箇所として、肘、腕、肩 173 名（9％）、胸、腹 250 名（13％）、膝、足、脚 308 名（16％）、手、指 365 名（19％）、との結果が得られており、水泳選手の多くが、高確率で、水底に衝突した経験を有していることが明らかとなりました。

また、井口らが、都内中・高一貫校の技術的には幅広い（初心者から全国大会出場経験者まで）選手たちが所属する水泳部員 22 名を被験者として実施した実験（スタート時の入水直後から浮上前までの高速撮影を行い、全生徒の最深部の差、生徒個人の入水深度差を測定分析した）において、最深部の平均値は 1 m 程度でしたが、最深部が 1 m

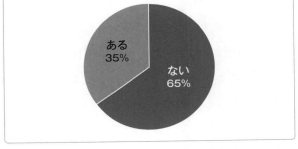

図 2-5-5　水泳歴の中で身体のどこかを水底でぶつけたことがある

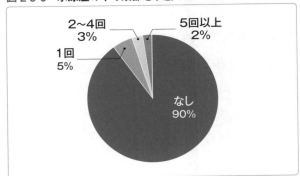

図 2-5-6　水泳歴の中で頭部を水底でぶつけたことのある回数

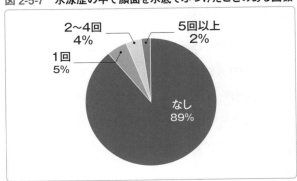

図 2-5-7　水泳歴の中で顔面を水底でぶつけたことのある回数

写真 2-5-1　通常のスタート

写真 2-5-2　突如深くなったスタート

を超えた生徒が 6 名に及び、最深部の最高値は 1.19 m に達しました。特に、最深部の最浅値と最深値との差が 53cm に達する被験者（水泳歴 11 年で東京都大会決勝進出者）が確認されました。経験値が高く練習頻度の多い選手であっても、入水深度が深くなることがあること、同一人であっても、コンディションや集中力の欠如等で、入水深度が大きく変化することが明らかとなっています。

　以上のとおり、プールへの飛び込みスタート事故については、全体としてはやや減少傾向にあるとも思われますが、引き続き、その危険性について警鐘を鳴らしていく必要があると思われます。

▶ 事故予防アドバイス

① 浅いプールでの飛び込みスタートの禁止

　井口らの調査によると、水泳選手の多くが、高確率で、水底に衝突した経験を有していることが明らかとなっています。プールへの飛び込みスタートの危険性は、水泳の熟練度を問わず、常に存在するといっても過言ではありません。「水深の浅いところに飛び込めば水底に到達する」ことは常識であり、どれほど指導を徹底したとしても、また、どれほど技能が高くなったとしても、浅いプールで飛び込みスタートを実施することは危険です。浅いプールでの飛び込みスタートの危険性を再認識し、浅いプールでの飛び込みスタートは、絶対に実施しないよう注意しましょう。

　井口らの実験によると、飛び込みスタート後の入水深度は、個人の体格（体重）、脚力、入水角度、スタート場所から水面までの高さ、入水後の姿勢制御等で大幅に変わり、泳者各自の入水深度は測定してみないとわかりません。また、同一人であっても、入水深度は一定でなく、コンディションや集中力によって大幅に変わります。疲労してからのスタート練習はできるだけ避け、スタートダッシュのような練習をさせ

るときには、その前に必ず集中して行うことが必要です。

　なお、アーティスティックスイミングの練習は、水深の深いプール（3m）で行う競技です。人の上から飛び込んだりする競技やプールサイドを走って飛び込むような演技は絶対にさせないように注意してください。

② 日本水泳連盟のガイドライン（1.35m）を過信しない

　井口らの実験によると、競泳スタートの方法を十分習得していると思われる泳者であっても、最深部は119cmに達しており、日本水泳連盟のガイドラインによる水深（1.35m）との差は15cm程度しかありません。水深1.35mであれば、下肢はプール底に衝突していたと思われ、水底到達までの余裕は全くありません。これだけ深さに到達する泳者がいるのであれば、日本水泳連盟のガイドライン（1.35m）が安全値であるとは到底いえません。日本水泳連盟のガイドライン（1.35m）の基準を満たしたプールであっても、決して油断することのないよう、安全指導を徹底しましょう。

③ その他段階的指導について

　競技の飛び込みスタートにおいては、初心者には段階的指導を心がけ、飛び込みを実施するときには指導者がプール内から導き、深く飛び込んだときには手首を引き上げて浅く飛び込むことを指導していきましょう。**図2-5-8**のイルカジャンプのように手首の上げ下げによって身体全身が浮き沈みすることを児童生徒に指導してください。浅いプールで段階的指導をする場合は、水中からの飛び込みであっても、ある程度の水深は必要です。児童生徒の胸以下の水深でプール内からの練習を実施すれば、水中内で体の一部をぶつけることになる確率も上がってきます。

　なお、スタート時に限らず、ウォーミングアップやクールダウン時、水泳部以外の

図2-5-8　イルカジャンプ（潜行、浮上を覚える練習）

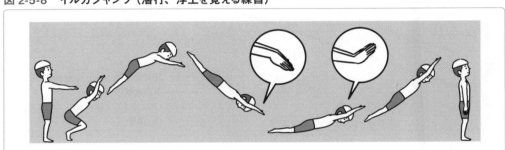

運動部の活動中などに、ふざけて不注意で飛び込みスタートによる水底衝突事故に遭った事例が報告されています。指導者は、練習開始時から選手がプールから退水し、練習終了を告げるまで気を抜かず飛び込みスタートの危険性を理解して、安易な飛び込みをしないようにすることが大切です。

（2）溺水事故について

　図 2-5-1 のとおり、JSC の死亡見舞金・障害見舞金事例のなかで、そのすべてが「死」という重大な結果に直結しているのが溺水事故の特徴です。

　溺水は、突然死や泳力の低い児童生徒だけが溺れるのではなく、泳力の高い児童生徒にも危険性があることを覚えておいてください。特に「潜りっこ」や「潜水泳法」を過度に行うと、**図 2-5-9** で示しているように、過換気の状態が続くので、脳が呼気を我慢する耐性が生まれてしまい、体内の残留酸素が低酸素状態に落ち込んでも「呼吸をしたい」という気持ちより、「まだ頑張れる」と思ってしまうようになります。そのため苦しいと思い、パニックを起こす前に、静かに眠るように水底に沈んでしまうことになるようです。「プールから退水させた後に、水底に子どもが沈んでいた」という事故を聞きますが、ノーパニック症候群の可能性が高いと考えられます。

　2012 年 7 月に京都市左京区の養徳小のプールで当時 1 年生の女児が溺れて死亡した事故から 10 年以上が過ぎましたが、この事故も児童は泳げたということから、息こらえや潜水練習が原因で起きたものかもしれません。

図 2-5-9　　ノーパニック症候群が発症するときの体内の二酸化炭素と酸素濃度の相関図

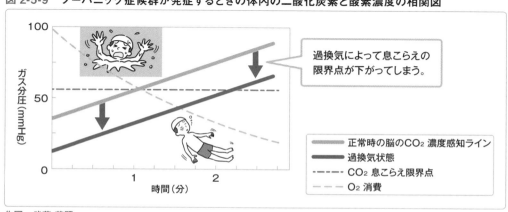

作図：武藤　芳照

▶ 事故予防アドバイス

　潜りっこや潜水練習、呼吸回数を制限する練習は、複数回繰り返し行うのを控えましょう。潜水練習は3回実施したら5〜10分の休憩をとり、ノーパニック症候群にならないように心がけてください。また、児童生徒が目標を決めて、その距離まで潜水を繰り返しているときなどは、定期的にプールサイドに上げて強制的に休ませるようにしてください。

　また、気管内吸水にも気をつけさせましょう。普通は気管の中に水が入ることはありませんが、溺れてしまったり、バタフライ、平泳ぎ等で泳いでいて、前方からの波で大量に水を飲み、その瞬間に迷走神経が伸びている心臓部、特に脈の部分に刺激を受けることがあります。その結果、普通60〜70拍／分ある脈拍が、20拍／分くらいまで下がり、脳への血流が途絶え、死亡することもあるといいます。大量の水を飲みこむことがあったら、泳ぐのをやめて呼吸を整えるように指導してください。

（3）接触・転倒事故について

　JSCの死亡見舞金・障害見舞金事例では、接触事故として、泳いでいる際にプール内の壁等に接触する事例が報告されています。具体的には、けのびをして最後の5mほどをクロールで泳いでいたとき、手を着く前に壁に頭をぶつけた事例、潜ったことで方向感覚を失い、頭がプールの底に向かって垂直になっていることに気がつかず進んでしまい、顔面をプールの底に打ち付けた事例が報告されています。また、泳いでいる際に人と接触した事故として、授業中に友人がプールサイドから飛び込んだ際、プール内にいた本生徒の顔面に友人の膝が当たった事例、他の児童生徒の肘が本生徒の右眼付近に強く当たり、負傷した事例などが報告されています。

　なお、JSCの死亡見舞金・障害見舞金事例では、泳者と泳者との衝突事故の報告はありませんでしたが、裁判例では、①レクリエーション施設内のプールで水泳中、反対側から泳いできた男性と衝突して高校2年生の女生徒が外傷性頸部症候群の傷害を負った事案（横浜地裁1991年1月28日判決）、②市立小学校で水泳授業中に児童同士が衝突して外傷性頸部動脈内膜損傷による脳梗塞により小学4年生の女児が死亡した事案（千葉地裁1999年12月6日判決）、③スポーツセンターの屋内プールのコース内を指定された右側通行で、クロールで泳いでいた56歳女性が反対側からの泳者

と衝突した事案（東京地裁 2015 年 1 月 21 日判決）などがあり、注意が必要です。

　また、転倒事故として、プールサイドを移動中等の事故事例が数多く報告されています。具体的には、プールサイドで足を滑らせて顔面を床に強打した事例、プールサイドに上がろうとしたところ、足を滑らせバランスを崩して転倒し背部・臀部等を強く打った事例、プールサイドで他の児童が転倒した際、巻き込まれて転倒した事例などが報告されています。

▶ 事故予防アドバイス

　接触事故は、泳者の前後左右の間隔を十分にとらないで泳がせた結果、前を泳ぐ児童生徒のスイムキック時に接触し、頭部や背部を蹴られたり、隣のレーンを泳ぐ児童生徒に腹部を蹴られるといった事例が報告されています。接触事故を防止するには、授業や練習に入る前に必ず約束事項として、前の泳者が 5 m を越えたら次の人が泳ぎ出すことや、泳力の低い児童生徒が前を泳ぐときには、追いつかないように心がけ、泳いでいる途中で抜いて前に出るようなことをしないように、指導してください。泳ぐ順番を変えるときは、必ずスタート時か、ターンのときに行うように指導してください。また、レーンロープを越えるようなことがないように泳ぐことと、コースラインを中心に右側通行で泳ぐことなども約束事項に入れてください。

　転倒事故は、濡れているプールサイドやシャワールーム、更衣室で滑って転倒する事例が多数報告されています。最近は、気温の上昇によってプールサイドが高温になっていて、プールへの入退水時にその暑さに驚いて転倒する事例も報告されています。プールサイドが高温になることを想定し、入水する児童生徒にはソールが滑りにくいサンダルをプールサイドに用意し、必ず履かせて行動するようにしてください。また、時間に余裕をもち、プールサイドやシャワールームを走らせることがないように注意してください。更衣室やシャワールームが狭い施設の場合は、5 分間早く退水させ着替えさせるなどの人数制限を行ってください。

(4) その他の事故（突然死等）について

　水泳は、水の中で全身を使い、水温、気温の影響を受けながら展開される運動のため、児童生徒の健康状態によっては事故につながりやすいことを留意しなければなりません。前述のとおり、JSC の死亡見舞金・障害見舞金事例のなかで、最も死亡事例

の多い事故類型が突然死です。死亡事例に限ると、プールへの飛び込みスタート（死亡事例2件）や溺水（8件）を超える件数（12件）が報告されています。

▶ 事故予防アドバイス

プール入水前の健康チェックや入水中に体調不良を起こしたときには、直ちに練習をやめてプールサイドで休むように、指導を徹底させてください。少しでも体調異変を感じたら友達や教員に伝え、事故防止に努めていく必要があります。

水泳シーズンに入る前に、保護者、児童生徒に対して健康管理についてしっかり指導しておきましょう。睡眠時間や食欲、病的症状の有無、精神的な健康についても管理表を作成し、チェックできるようにしておきましょう。

中学校、高等学校では見学の児童生徒にも協力を求めて監視役を設けるなどして、監視役には電子ホイッスルを持たせて、水泳を行っている児童生徒に少しでもおかしいと思うことがあれば電子ホイッスルを鳴らして教員に伝えるように指導しておきましょう。

また、入水前からバディシステムを指導し、自分のペアに異常を感じたときには、指導者に伝えるように指導しておきましょう。

さらに、教員が児童生徒の行動に異常を感じたとき、その児童生徒の健康をチェックできるように、OKマークや危険を伝える指でのマークも決めておくようにしましょう。

溺水者が心肺停止状態であったとき、速やかに胸骨圧迫、人工呼吸を開始し、届き次第、AEDを使用します。その際、二次災害としての「感電」を避けるため、溺水者の身体水滴を拭き取り、乾いた場所に移動させてからAEDを使用するように心がけてください。

6 跳び箱運動の事故

1 跳び箱運動における事故の現状と事故予防

（1）器械運動の特性

① 非日常的な運動

　器械運動は、マットや跳び箱、鉄棒、平均台などを使って多様な技に取り組み、その技の達成や技能の向上、演技の発表などを楽しむ運動領域です。その器械運動で取り上げられる運動は、腕で身体を支持したり、支持をして移動したり、前方や後方・側方に回転したり、懸垂したり、懸垂で振動したり、腕支持で跳び越したり、高いところで回転したり、バランスをとったりすることなどが課題となります。取り組む技の多くは非日常的な運動であり、主に体育授業のなかで上達を保証することが求められています。

② 技の達成の保証

　器械運動は具体的な技の達成が明確であるだけに、達成の喜びとともに達成できないときの意欲の低下も大きいものです。したがって、技の達成を保証するために類似の運動感覚を味わうことのできる運動を準備すること、達成が容易になるような場や課題の設定を工夫すること、達成の容易な技から難しい技へと学習が進むような資料を準備しておくこと等が重要になります。

（2）跳び箱運動で対象となる主要な技

　学習指導要領に示されている跳び箱を使った運動遊び、跳び箱運動（発展技を含む）の系統については**表 2-6-1** のとおりです。

　ここでは主要な「切り返し系」「回転系」について確認しておきます。

① 切り返し系

　「切り返し系」は、踏み切って手を着くまでの腰を上げる動きを、手を着いた後に上体が起きるように動きを切り返して安全に着地する運動です。開脚跳びはその代表的な運動で、脚を閉じて跳び越す技がかかえ込み跳びです（**図 2-6-1**、**図 2-6-2**）。小

表 2-6-1　跳び箱運動の技の系統

跳び箱を使った運動遊び	跳び箱運動		
支持でのまたぎ乗り またぎ下り	切り返し系	開脚跳び → 大きな開脚跳び → 開脚伸身跳び	
		かかえ込み跳び → 屈身跳び	
支持での跳び乗り 跳び下り	回転系	台上前転 → 伸膝台上前転	
		→ 首はね跳び・頭はね跳び	
踏み越し跳び		前方屈腕倒立回転跳び → 前方倒立回転跳び	
馬跳び・タイヤ跳び		→ 側方倒立回転跳び	
（小学校低学年）	（小学校 中・高学年）　　（中学・高校）		

図 2-6-1　開脚跳び

図 2-6-2　かかえ込み跳び

学校だけでなく高校生でも開脚跳びの練習中に傷害事故が発生しており、跳び箱運動での傷害事故を少なくするためには「安全に・安定して開脚跳びができること」が重要な課題となります。

② 回転系

「回転系」は、足で踏み切って腰が上がる回転を着地まで続ける運動です。小学校で取り組む中心的な技が跳び箱の上で前転をする台上前転であり、小学校や中学校でも台上前転で傷害事故が発生しています（**図 2-6-3**）。

図 2-6-4 の頭はね跳びは小学校学習指導要領解説で示されており、頭で身体を支えた後に身体を反らせて回転する技です。また、台上前転の途中で後頭部から肩のあたりで身体を支えた後で身体を反らせる首はね跳びもあります。

図 2-6-3　台上前転

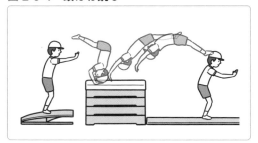

図 2-6-4　頭はね跳び

（3）跳び箱運動での傷害事故・重篤事故の発生割合

意外に思われるかもしれませんが、小学校では跳び箱運動が傷害事故の発生割合・第1位になっています。また、球技等での傷害事故の多くは部活動中に発生していますが、跳び箱運動の事故のほとんどが体育授業中に発生しています。したがって、跳び箱運動の傷害事故を検討する際は体育授業での指導のあり方が問題になるということです。

また、学校で起きた事故で通院に支払われる給付金3万円以上（4割の自己負担なので7万5000円以上の医療費）の運動は**表 2-6-2**のとおりです。

7万5000円以上の医療費がかかる事故ですが、骨折や重度の関節障害等でなければこのような給付額にはなりません。しかも、小学校・中学校ともに跳び箱運動が給付金の第1位です。いかに跳び箱運動で重篤事故が多く発生しているかが理解できます。中学校では1・2年生のいずれかでマット運動に生徒全員が必ず取り組むことになっており、跳び箱運動は器械運動領域での選択の1つ（跳び箱運動・鉄棒運動・平均台運動のなかから1つ選択）ですから、小学校のように生徒全員が跳び箱運動に取り組むわけではありません。それでも重篤事故の発生件数は跳び箱運動が第1位に

表 2-6-2　重篤事故の発生割合

	第1位	第2位	第3位
小学校	跳び箱運動 27.39%	鉄棒運動 11.14%	体操（組体操） 8.30%
中学校	跳び箱運動 15.77%	サッカー・フットサル 12.36%	バスケットボール 11.25%
高校	サッカー・フットサル 20.98%	バスケットボール 19.58%	柔道 8.28%

なっています。

▶ 事故予防アドバイス

　教員は跳び箱運動の事故の多くが体育授業中に発生していること、しかも重篤事故が多いことを理解しておくことが必要です。さらに教員は、これから述べていく跳び箱運動の運動局面での傷害発生件数や傷害発生部位の実態について小学校・中学校・高校別に把握し、学習環境の安全確保、個別の指導・段階的学習も含めた周到な授業計画、授業中の適切な指導等、具体的な対応を準備しておかなければなりません。

2 跳び箱運動における特徴的な事故とその予防

（1）運動局面別の傷害発生件数・割合

　跳び箱運動は、①踏切、②第１空中局面、③着手、④第２空中局面、⑤着地の５つの運動局面に分けることができます。先程の開脚跳び・イラストの５枚の動きがそれにあたります。

　５つの運動局面で最も傷害発生が多い局面は着地のときで、全体の６割以上を占めています。状況としては、回転不足、回転の過多、着地時のバランスの崩れ等です。傷害発生の状況から、技の実施の不安定さが着地の不安定さに表れているようです。特に中学校で発生割合が７割以上と高く、小学校で取り組んだ技に加えて、回転系等の新たな技への挑戦と未習熟な技能レベルの生徒の存在が影響していると思われます。

図 2-6-5　運動局面別の傷害発生件数

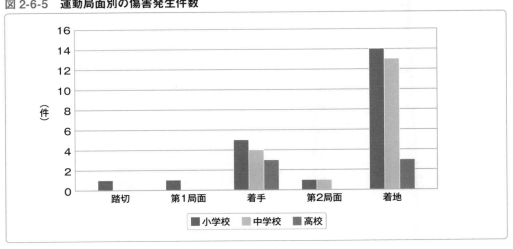

次に多いのが着手のときで、他の意識すべきポイントに気を取られたのか、きちんとした着手ができていませんでした。特に小学校では、手が滑った、着手時に身体のバランスを崩した、左右の手の着手・離手がバラバラだった等、基本的な着手ができていないと思われる理由が目につきました。

中学校・高校では傷害の多くが着手・着地の局面で発生しています。教員はこのことを生徒に事前に伝え、指導場面でも注視・指導するべきです。特に傷害事故6件中3件が着手で起きている高校では、正確な着手の指導が求められているといえます。

高校では生徒が球技や陸上競技等の複数領域から特定の領域・種目を選択して履修します。高校・器械運動の傷害発生件数が6件と少ないのは、器械運動領域を選択する生徒が少ないことも理由だと推察されます。

（2）傷害発生部位の件数

傷害発生部位の件数で全体として最も多いのが上肢で、腕や肘、手首の傷害です。適切な着手・安定した着地ができていないこと、技の実施が不安定であること等が原因と思われます。

次に多いのが脊柱です。上肢でも骨折や捻挫という重篤事故が起きていますが、後遺症を伴う傷害で最も危険なのが脊柱、とりわけ頸椎の損傷事故です。これは他の運動領域・種目ではまれにしか起きない器械運動特有の事故といってよいでしょう。特

図 2-6-6　傷害発生部位の件数

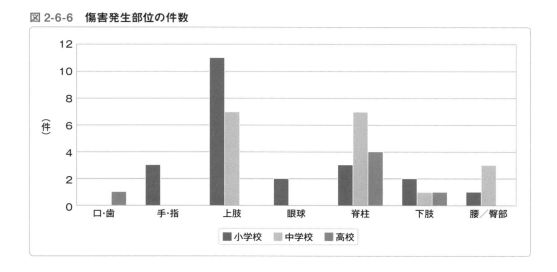

に、取り組む技が難しくなっていく中学校・高校で、背中や首からの落下が原因となる脊柱の事故が増えていると思われます。脊柱傷害14件で、取り組んでいた技は、台上前転2件、開脚跳び2件、前方宙返り2件、不明8件という結果でした。前方宙返りは中学1年（選択授業で宙返りで跳び箱を跳び越した）・高校1年（授業前に跳び箱の上から遊びで宙返りを行った）の事故でした。また、中学の7件中の2件は勢いのつけすぎが原因で着地を失敗し、脊柱を痛めていました。

中学校の腰・臀部の3例はいずれも着地時に起きたものです。

小学校での眼球の2例はいずれも着地がうまくいかず膝が目に当たったことが原因でした。また、手・指の災害3例はいずれも着手のときに起きたもので、中学校・高校では報告がありません。

▶ 事故予防アドバイス

跳び箱運動のすべての事故を減らす努力をしなければいけませんが、特に脊柱傷害のうち、生命の危機・半身不随等を引き起こす可能性のある頸椎への損傷事故をなくすよう努力することが最も重要だと思われます。そのためには、学習環境の安全確保、個別の指導・段階的学習も含めた周到な授業計画、授業中の適切な指導等が必要になります。

3 体育授業で安全に跳び箱運動を楽しむために

先述したように、球技等では災害事故の多くが部活動中に発生していますが、跳び箱運動では46事例のうち、部活動中の事故は小学校5年・中学3年・高校2年の3名の女子が着地で失敗した事例があるのみです。したがって、跳び箱運動の場合は「体育授業で、安全に」楽しむことが重要になります。そのために考えておきたいいくつかのことを確認しておきます。

(1) 安全に配慮した指導の3つの観点
① マット等の活用

児童生徒が、硬くて高い跳び箱や取り組む技の実施への不安感等で跳び箱運動に対して不安感を抱くと失敗しやすく、事故につながることもあります。そこで、跳び箱の横にマットを設置して台上前転等で落下する恐怖心を和らげるとともに、落下した

場合の痛みを軽減させます。また、着地に柔らかいマットを準備することで実施に安心感をもたせ、着地で事故になりにくくします。

② 短い助走

技能的に未熟で実施に不安を抱いている児童生徒が、いつもよりも勢いのある助走にすると、より大きな事故につながりやすくなります。脊柱傷害のあった中学の2件は、いずれも勢いのつけすぎが原因でした。そこで「必要最小限の助走」にする指導が重要になります。特に指導の初期では助走を3〜4歩と限定したり、跳び箱を壁に近く準備することで助走距離を制限するような場づくりも必要になります。

③ 仲間の適切な補助

開脚跳びの感覚づくりのために馬跳びに取り組ませることがあります。

一見簡単に思える馬跳びですが、不安定な台だったために跳び越した児童生徒が肘から転倒した事故の例があります。膝・肘を伸ばしたぐらつかない台の作り方の指導が曖昧だったことが原因と思われます。また、前方倒立回転跳びで着地を失敗した中学2年生の裁判例があります（鹿児島地裁1989年1月23日判決）。裁判所は県に約290万円の支払いを命じましたが、児童生徒の運動技能に応じた段階的な指導を行う必要があること、補助についた2名の児童生徒に対する補助の仕方の説明が不足していたこと等を指摘しています。

授業中に教員が1人の児童生徒につきっきりで指導をするわけにはいきませんから、技能向上に向けて仲間相互で補助を行わせることはよくあることです。例えば、台上前転の練習で跳び箱の両側に仲間を配置させて横への落下を防ぐとともに回転不足を補うだけでなく、台上前転を行う者に落下を防いでくれているという安心感をもたせることができます。

仲間とかかわりながら学習を進めていくことは教育的にも価値が高いことです。問題になるのは、補助の仕方を丁寧に説明し、巡視の際に技能だけでなく補助の仕方も指導していたかどうかということです。

（2）感覚づくり・動きづくりを大切にした指導

①跳び箱を使わない跳び箱運動に関連した学習

跳び箱運動の動きに慣れていない児童生徒に、跳び箱運動に必要な動き・感覚を跳

び箱を使わないで経験・習得させ、跳び箱運動に安全に取り組めるようにします。感覚づくり・動きづくりのための運動は、小学校だけでなく中学校・高校でも準備運動として毎回取り上げる必要があります。

　切り返し系と回転系で具体的に述べてみます。

②切り返し系

　切り返し系の「両脚踏み切り～着手（腕での体の支え）～（切り返し）～着地」という動きの習得をねらって、頭が腰よりも低い位置になり腕で体を支えて移動する「手足走り」や「手押し車」「うさぎ跳び」「反復馬跳び」等に取り組ませるとよいでしょう。先述したように、跳び箱運動の授業で準備運動として継続して取り上げると効果があります。

　前述の腕で身体を支える運動のなかで、特に「うさぎ跳び」と「反復馬跳び」は切り返し系の動きの習得に有効な運動です（**図2-6-7**、**図2-6-8**）。さらに通常の「反復馬跳び」だけでなく、開脚跳びと同様に踏み切りから着手までの第1局面を意識した「2人馬跳び」まで行えるようにするとよいでしょう（**図2-6-9**）。

図2-6-7　うさぎ跳び

図2-6-8　反復馬跳び

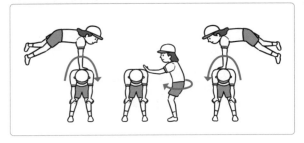

図2-6-9　2人馬跳び

③回転系

回転系の「頭越しの感覚」（腰が頭より高くなり越えていく感覚）を経験するのに適した運動として「手押し車からの前転」や「うさぎ跳びからの前転」があります（図2-6-10、図2-6-11）。

「手押し車からの前転」は両腕支持からゆっくりと前転が経験できます。小学校低学年から実施可能なので、友達と協力して楽しみながら行うことが可能です。また「うさぎ跳びからの前転」は足（ジャンプ）・手（両腕の支え）・足・手を連続して前に進みながら前転を行うことで「台上前転」に近い動きを経験することができます。

図 2-6-10　**手押し車からの前転**

図 2-6-11　**うさぎ跳びからの前転**

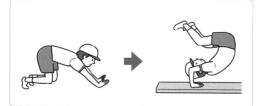

（3）跳び箱運動の評価の対象から「高さ」を外す

跳び箱運動の授業で、わかりやすいということで「跳び箱の高さ＝何段の跳び箱を跳び越せたか」ということが児童生徒の学習のめあてに、また教員の評価の対象になることが珍しくありません。つまり、高い跳び箱を跳べた子どもは上手な子どもで、低い跳び箱に挑戦している子どもはうまくない子どもである、という評価です。そうなると、ある高さの跳び箱で技ができた子どもはより高い跳び箱で挑戦することになり、多くの子どもはいずれ技ができない高さの跳び箱で取り組むことになります。挑戦しようとする跳び箱が高ければ高いほど、また、助走で勢いをつければつけるほど、失敗の際の傷害事故の出現や重篤度が増す可能性が大きくなることにつながります。

40年も前の裁判例ですが、身長151cmの高校3年生の女子生徒が体育の授業で高さ122cmの7段の跳び箱を開脚跳びした際に着手で右手首を捻って頭から落下して頸髄損傷の傷害を負った事例がありました（大阪地裁1985年2月4日判決）。裁判所は7段を跳ばせる指導の妥当性に疑問を付しつつも、違法ではないとしました。現在、同じ状況の事故が起きたとして、果たして児童生徒の肩ほどもある122cmの跳び箱の高さは疑問が付くだけで済むでしょうか。

今回の傷害事例のうち、小学校2年生男子が7段の跳び箱で、6年生男子が8段の跳び箱で傷害を負う事例がありました。授業でどのような跳び箱を準備するかどうかは教員の判断・知識の有無にかかっています。

　一方、開脚跳びで低い跳び箱で開脚跳びを行うと着手から着地までの第2局面が取りにくく切り返しができなくなります。跳び箱が低いためにかえってうまく跳び越すことが難しくなるのです。

　多様な児童生徒が、それぞれに余裕をもって・安定して跳び越す跳び箱の高さや長さは多様であるはずです。「跳び箱の高さを評価の対象から外す」と述べましたが、跳び箱運動の評価の他の観点としては以下が適当です。いずれも観察している仲間・教師からの評価（他者評価）とします。

「安定性」…一連の動き（助走・踏み切り～着手～着地）のなめらかさ
「雄大さ」…特に、第1局面（踏み切り～着手）の雄大さや余裕、腰の高さ（肩よりも高い）、第2局面（着手～着地）の余裕
「定着度」…安定性・雄大さがある技の繰り返しの再現
「習得した技の種類」
「学び方、学ぶ態度」…運動のポイントや関連した動きの理解、仲間の動きの観察と情報の伝達、用具の準備・片付けの積極性　等

(4) 個々に合った課題の準備

　たとえ同じ開脚跳びであっても個々の児童生徒によって、横にした跳び箱・縦にした跳び箱、違う高さの跳び箱、技の安定性（第1空中局面や第2空中局面のゆとりや安定した着地、それらがいつでも余裕をもって行えている）等に違いがあります。また、同じ切り返し系でも開脚跳びもあればかかえ込み跳びもあります。さらに、運動技能は順調に高まっていくわけではなく、昨日できたことが今日はできなくなることがあるというように、行きつ戻りつしながら高まっていくことを理解して指導する必要があります。

　40年近く前の裁判例ですが、中学校2年生の男子生徒が体育の授業で前方倒立回転跳びをした際に、跳び箱上部に頭頂部をぶつけて、頭からほぼ垂直に転落して頸髄

損傷等の傷害を負った事例があります（静岡地裁富士支部1990年3月6日判決）。教員は児童生徒の技能や習熟度を具体的に確認することなく、実技指導も行わないまま跳箱運動を行わせました。裁判所は、前方倒立回転跳びが中学2年生にとっては相当高度な難しい技であって、高い危険性を有する種目であるとし、教員は安全を確かめながら段階的な練習、指導を十分すべきであるとともに、技能の劣る児童生徒に対して教員または他の児童生徒を指導して補助すべきとして教員の過失を認めました（約9800万円の支払い）。

（5）技の順番への配慮（「切り返し系」から「回転系」へ）

跳び箱運動の「回転系」は跳び箱の手前に着手し、回転するために腰を高く上げます。一方、上体が起きるようにする「切り返し系」は跳び箱の先のほうに着手します。したがって、「切り返し系」と「回転系」では技のポイントの多くは逆であり、「切り返し系」で手前に着手し腰を上げたら、ほとんど落下するしかないといってよいでしょう。

同じ1時間の授業のなかで、「回転系」と「切り返し系」を指導する必要がある場合は、先に「切り返し系」の運動を、後で「回転系」の運動を取り上げるようにしたほうが安全です。特に技能がおぼつかない児童生徒の場合は指導の順番に気をつけたいものです。

学校現場では、1時間の授業のなかで切り返し系と回転系を同時に指導することを禁じている小学校もあります。

4　まとめ

学校現場で指導している教員は、今まで怖かった跳び箱運動も一度できてしまうと後は簡単に実施でき、自分自身に対する自信・やればできるという有能感が児童生徒のなかに生まれることを何度も味わっています。その一方で、指導を誤ると重篤事故が起きる可能性があるのも跳び箱運動であるということをしっかりと認識し、事故が起きないための具体的な内容・方法を考えて指導に臨んでほしいと切に願っています。

7 ヘディングの事故

1 ヘディングと頭部外傷

　欧米では、子どもたちがサッカーをする際にヘディングを禁止するルールを打ち出す国が出てきています。公益財団法人日本サッカー協会（JFA）も頭部への悪影響を懸念し、後述するように、幼児期から15歳までのヘディング指導についてガイドラインを出しています。このルールの背景とともに、サッカーにおける頭部外傷の状況、事故対策や予防について検討しました。

2 サッカー事故とヘディングをめぐる事故の現状

　日本スポーツ振興センター（JSC）のデータベースを調べてみると、2005年度から2021年度までに給付されたサッカー関連の災害共済給付が死亡見舞金42件、障害見舞金455件あることがわかりました。死亡事故と障害事故（重大事故）を合わせると、全部で497件に上ります。死亡事故42件中、心臓系突然死が29件（69%）で最も多く、次いで熱中症3件となっています。ヘディング関連の死亡事件が1件（「ヘディングで競り合った際、ふらつくようにその場に倒れ込んだ」）あります。なお、小学生の年代での死亡事故は見られませんでした[1]。

　表 2-7-1 を見てわかるとおり、サッカー事故の多くは、ボールによる外傷と対人間の衝突事故が占めています。ボール外傷事故の場合、圧倒的に頭部に集中した事故（93%）が多いことがわかります。そのなかでも、サッカーボールによる「視力・眼球運動障害」は、重大事故全体の3分の1を占めています。また、これら障害の原因は、至近距離から蹴ったボールが当たったケースが多く見られます。転倒・着地による外傷の場合は、単独で転んだ場合もあれば、相手と競り合っている最中に転倒する場合も含まれています。対物事故は、ボールを追いかけながら支柱やフェンスなどの

---

1) 本稿では、溺死、焼死、けんかといったサッカー関連事故とは直接関係しないと思われる事故については除外しました。

表 2-7-1　サッカー・フットサル重大事故の事故態様

外力による外傷		件数	構成比率
ボールによる外傷	目	156件	39.0%
	歯	6件	1.5%
	目と歯以外の頭部	21件	5.2%
	頭部以外	14件	3.5%
	小計	197件	49.2%
転倒・着地による外傷		38件	9.5%
衝突による外傷	対人	149件	37.2%
	対物（サッカーゴールを除く）	8件	2.0%
	小計	157件	39.2%
サッカーゴール関係外傷		8件	2.0%
合計		400件	100%

設置物に衝突したというものです。サッカーゴール関係の外傷事故は、ゴールポストに衝突したものやサッカーゴールが倒れて下敷きになった事故などがあります。

　年代別に見てみると、重大事故件数は、小学生26件、中学生148件、高校生251件と、年代が上がるにつれて事故件数が増大しています。特にこの傾向が顕著なのが、対人間の衝突事故です。小学生5件、中学生37件、高校生105件と、年代が上がるにつれて事故件数が増大しています。対人間の衝突事故で脳震とうの症状を示すものが2件ありました。

　小学生の事故で最も多いのが、ボールによる外傷事故12件です。そのうち、「視力・眼球運動障害」が8件報告されています。その原因の多くが、至近距離から蹴ったボールが当たったケースです。その次に多いのが、対人間の衝突事故（5件）、転倒・着地による外傷（5件）と続きます。

　中学生になると、ボール外傷事故が87件に増加します。そのうちの多くが頭部に集中しています。「視力・眼球運動障害」を伴う事故が71件と、ボール外傷事故の約9割を占めています。対人間の衝突事故も37件と、小学生よりも増えています。転倒・着地による外傷は10件程度です。

高校生になると、ボール外傷事故が100件に増加します。そのうちの多くが頭部に集中していますが、頭部以外の事故も中学生では4件であったものから10件に増えています。「視力・眼球運動障害」を伴う事故は、77件とそれほど増加していません。高校生の事故では、対人間の衝突による事故が105件と最も多くなります。

表 2-7-2　サッカーにおける障害事故態様　精神・神経障害

態様	件数	構成比率
対人　頭部衝突	15件	65％
対ボール　頭部衝突	5件	22％
対物　頭部衝突	1件	4％
転倒着地	1件	4％
心臓疾患など	1件	4％
合計	23件	
内ヘディング関係	5件	22％

また、障害別事故で見てみると「精神・神経障害」事故については、対人間での頭部衝突を原因とするものが、全体の約3分の2を占めています。ヘディング関係の事故も5件あり、これはいずれも高校生による対人頭部衝突事故が原因でした（**表2-7-2**）。授業中や練習中でのヘディング事故も発生しており、本来、避けることができた事故も存在しているかもしれません。

これまで見てきたように、サッカー関連の事故の多くは、ボール外傷と対人間の衝突事故に集中しています。事故予防の観点からすると、ボール外傷の原因の多くは、至近距離から蹴ったボールが被害生徒の顔面に当たったケースです。年代が上がるにつれて、至近距離から蹴ったボールが顔面に当たり、「歯牙障害」や「聴力障害」となるケースも増えています。至近距離からのボールの頭部直撃を防止することも重要な視点といえます。団子状態の集団のなかで思いきりボールを蹴らせるのではなく、パスやドリブルなどの足技を使った技術指導が重要となってきます。

サッカーはコンタクトスポーツとも呼ばれるように、対人間の接触事故はある程度避けることはできないといえます。もっとも、欧米のように、子どもの頃からポジショニングや戦術をきちんと教えていくことで、不必要な事故は一定程度避けることは可能と考えられます[2]。

小学生、中学生の障害事故では、ヘディングを原因とした事例はほとんど見られませんが、高校生に入るとヘディングに伴う「障害」事故が発生しています。そのほと

んどの事故原因が他の選手との接触事故（33件）でした。「脊髄損傷を負い、両下肢麻痺が残存した」という重篤なケースも見られました。事故予防の観点からは、周囲を見ながらヘディングができるような技術の習得が必要といえます。

表 2-7-3　サッカーヘディング関連事故態様

態様	件数	構成比率
ボール：目	1件	3％
対人衝突	33件	87％
転倒	3件	8％
心臓疾患など	1件	3％
合計	38件	

3　ヘディング規制の動き

● 欧米でのヘディング規制の動き

　USユースサッカーは、2015年11月に10歳以下のすべてのプレーヤーに対して、試合や練習で直接ボールをヘディングすることを禁止するルールを発表しました（規則305.3）[3]。また、彼らが試合において意図的にヘディングした場合には、ペナルティとして相手チームに間接フリーキックが与えられます。さらに、11歳、12歳の選手についてもヘディング練習は週25回に制限されます。

　イギリスにおいても、同様にヘディング禁止の動きが見られます。2020年にイングランドサッカー協会は、原則、11歳以下の子どもたちのヘディング練習を禁止しました[4]。さらに13歳以下についても、原則、ヘディングを禁止とし、必要がある場合に月1回、5回程度のヘディング練習に限定しています。17歳以下までは似たような制

2）なお、小学校5年生の体育の授業において、サッカーボールが男子生徒の左眼に当たり、視力低下の後遺症を負った事故について、担当教師には過失がないとした裁判例（大分地裁1985年5月13日判決）があります。体育の教科書などでは、小学校5年生のサッカー授業においては、概ね7〜9名を1グループとし、これらグループ内で役割分担をし、ポジションを決めて練習ないしゲームをする方法が示されていましたが、実際の授業では、1チーム15名以上の多数でかつポジションを決めることなくゲームさせていました。裁判所は、「サッカーにさほど経験のない児童に対し、例えポジションを決めてやっても、結局は各人が蹴りたい一心で全員がボールに密集することになり、そもそも能力的にポジションの意味を理解させるのは困難である」ことなどから、教員側の過失はないと判断しています。さらに、この程度の危険は、「児童に危険予知やその回避能力を養成し社会生活上必要なものを体得するという児童の体育授業の意義や効用に寄与するもの」と述べています。しかし、**表 2-7-1** が示すように、サッカーボールによる眼球障害事故が重大事故の約3分の1を占めているという状況を踏まえると、「意義や効用」に寄与するからといって、許されるものではないと考えます。

3）US YOUTH SOCCER POLICY ON PLAYERS AND PLAYING RULES 出典

限が課せられています。イングランドサッカー協会は、さらにプロ選手を含めた成人男性に対してもロングパスなど衝撃の強いヘディング練習は週最大10回程度に制限するルールを推奨しています。イギリスでも2022年から試験的に12歳以下の子どもたちのサッカーの試合では、意図的なヘディングが禁止されることになりました[5]。

　欧州サッカー連盟（UEFA）は、2020年6月に「年少選手たちへのヘディング・ガイドライン（Heading Guidelines for youth players）」を発表し、ヘディングを禁止するのではなく、制限する方向を打ち出し、アメリカやイギリスとは別の方向性を示しました[6]。

● 日本におけるヘディングガイドライン

　2021年4月にJFAは、「育成年代でのヘディング習得のためのガイドライン」[7]を発表しました。これは欧米でのヘディング規制の流れのなかで、JFAとして独自の方針を発出しました（**表2-7-4**）。

　JFAの基本方針は、「現時点ではヘディングに関わるリスクについては、その科学的な根拠は十分ではない。」として、「『禁止』するのではなく、『正しく恐れ』より適切な方法によるヘディングの習得を目指す。」としています。JFAは、「子どものサッカーにおいて、ヘディングの頻度は低く、ゲームでの最重要の要素ではないが、安全の観点も含めて正しい技術の習得が将来に向けて必要である。またコーディネーションの発達、技術習得の観点から、幼児期からヘディング習得のためのトレーニングや指導は必要である。」としています。

　JFAは、「子どもの安全を守るために、全ての指導者がこのガイドラインを理解し、指導することが大切である。」としています。JFAは、U-8までのヘディングは禁止しているようですが、U-11から4号球を使ったヘディングの導入を認めています。U-8とU-9では、ヘディング練習においてサッカーボールの使用を明確に禁止していないようにも見えます[8]。

---

4) イングランドの Heading Guidance 出典

5) HEADING IN MATCHES TRIAL 出典

6) UEFA, Heading Guidelines for youth players 出典 これら海外におけるヘディング規制の詳しい動向については、別稿を予定しています（中京ロイヤー39号）。

7) JFA「育成年代でのヘディング習得のためのガイドライン」 出典

表 2-7-4　**JFA　育成年代でのヘディング習得のためのガイドライン（幼児期〜 U-15）**

	U-6	U-7	U-8	U-9	U-10	U-11	U-12	U-13	U-14	U-15
ヘディング練習の必要性	×	×	×	△	△	○	○	○	○	○
ソフトサッカーボールの導入	◎	◎	◎	◎	◎	○	○	△	△	△
キャッチボールの導入	◎	◎	◎	◎	◎	◎	◎	◎	◎	◎
ヘディングフォームのチェック	—	○	○	◎	◎	◎	◎	◎	◎	◎
ペンデルボール[9] の導入（ボールネット）	—	○	○	◎	◎	◎	◎	◎	◎	◎
ワンバウンドボール（回数／週）	—	—	—	5	5	10	10	15	15	15
リフティング（回数／週）	—	—	—	—	—	10	10	20	20	20
ペアの投げたボール（回数／週）	—	—	—	—	—	5	5	10	10	10
ジャンプヘディング	—	—	—	—	—	△	△	○	○	○

表 2-7-5　**サッカーボールの重量**

サイズ	重量	軽量級重量
3 号	300-320g	
4 号	350-390g	180-300g
5 号	400-450g	340-410g

4　今後の対策のあり方

　ヘディングに関しては、脳震とうに対する対策と慢性外傷性脳症（CTE）対策を分けて考えていく必要があります。アメリカやイギリスのヘディング禁止ガイドライ

8）前掲JFA「ガイドライン」では、小学3、4年生について「4号球でのヘディングは負荷が大きい」と述べるにとどまっています。3号球も含めサッカーボールの使用については明確には禁止していないようです。

9）JFA「ガイドライン」によれば、ペンデルとは、ネットに入れて吊り下げて静止させたボールのことで、柔らかいスポンジやソフトボールを使った練習を推奨しています。

ンは脳震とう予防というよりも、繰り返し脳に衝撃を加えることで生じるとされる CTE 対策の一環です。CTE に対する対策はできる限り、ヘディング回数を減らして、脳への衝撃を低減していくことしか方法はないといわれています。一方の UEFA や JFA のガイドラインは、脳震とう予防として正しいヘディング習得を念頭に置いています。確かに、ヘディングを原因とする脳震とう事故は、現状では少ないといえます。先述したように、高校でのヘディングによる接触事故が 26 件発生していたように、年代が上がるにつれ、対人間の接触による（脳震とう）事故が増えていきます。その意味では、この年代での対人接触事故をいかに減らしていくのかということが重要な視点になってきます[10]。

　また、小中学校での事故事例からは、至近距離で蹴ったボールが顔面に当たることでの「視力・眼球運動障害」の割合が高いようです。至近距離で蹴ったボールが頭部に当たっていることで、脳へのダメージも相当程度あるものと考えられます。そのため、子どもたちにやみくもにボールを蹴らせるのではなく、ドリブルやパス回しといった基本的な技術指導が必要になってきます。イギリスではヘディング練習を禁止する一方で、ボールさばきの練習を優先するように勧めています。この点で、ヘディング禁止ルールは有効に機能するかもしれません。

　そして、JFA が『正しく恐れ』と言うように、もう1つ重要な点が教育プログラムです。アメリカにはリーステット（Lystedt）法と呼ばれる法律があります。アメフトの試合中に 13 歳のリーステット少年がタックルを受けて頭部を打ち、試合に復帰しプレーしましたが、試合後に倒れ、意識不明となりました。幸い、一命はとり止めましたが、4年間寝たきりの状態が続きました。ワシントン州は、選手が脳震とうの疑いがある場合に医師の同意なしにプレーには復帰できないとする、リーステット法を制定し、これが全米に広がっていきました。同法は、シーズン開始前には必ず選手と保護者が脳震とうについての教育を受けることを義務付けました。わが国でも、選手、保護者、指導者が脳震とうの症状や CTE の危険性について知っておく必要があるといえるでしょう。

---

10) 例えば、アイスホッケーでは、けがや脳の障害を防止するとともに、パックコントロール技術の上達を促すために、小学生以下の選手の出場する大会でのボディチェックを禁止するルールを定めています。 出典

1991 年に J リーグが発足し、1992 年から実際に試合が行われるようになり、早や 30 年が経過し、初代 J リーガーたちも中高年の域に入ってきています。アメリカやイギリスのようにわが国においても、元選手たちの診療記録を集めつつ、CTE を含めた健康状況をモニタリングしていく時期にきているといえます。また、今回の JFA ガイドラインを絵に描いた餅に終わらせないためにも、ガイドラインがどの程度、浸透・実施されているのか調査していく必要もあると思われます[11]。

安全なヘディングの指導方法について —— 身体づくりを中心に

● ヘディングの基本的動作

ヘディングは頭をボールに接触させて扱うことであり、多くは浮き球の対応をするときに行います。安全なヘディング習得のためには、指導者・保護者・そして児童生徒自身がヘディングを正しく恐れ、ヘディングを制限する理由や習得のためのトレーニングの必要性の理解が必要です。ここではヘディングの構成要素、経験者と未経験者の動作の違い、実際の事故実態を説明し、そのうえで小学生と中学生に必要な身体づくりについて、発育・発達の視点を交えて述べていきます。基本的となる、前方からの浮き球に対するヘディングの一連の場面を**図 2-7-1** に示します。

動作においては、インパクトをする前に予備動作が必要になります。その後、額でインパクトをしてボールを狙った方向へ飛ばします。次にサッカー経験者（小学校 3 年生男子）と初心者（小学校 3 年生女子）のヘディングを比較します。

経験者は予備動作時にボールをよく見て全身を使ってためを作り、額でボールへインパクトしています。一方、初心者は予備動作時にボールから目を離してしまい、予備動作時に全身を使ったためは作れていません。落下地点の予測が不十分であり、頭頂部でインパクトしています（**図 2-7-2**）。

表 2-7-1、**表 2-7-2**、**表 2-7-3** のとおり、ヘディング関連事故は最も多いようです。

11）アメリカでは、US ユースサッカー等がヘディング禁止ルールを発表して、各チームの遵守状況に関する全国調査が行われました。全米の関係者に対するオンライン調査で回答者 8104 人のうち 92.5% が同ガイドラインを採用していると答えています（Thomas W. Kaminski et al., Purposeful heading in U.S. youth soccer players: results from the U.S. soccer online heading survey – epidemiological evidence, 2019. 出典）。

図 2-7-1　ヘディング動作

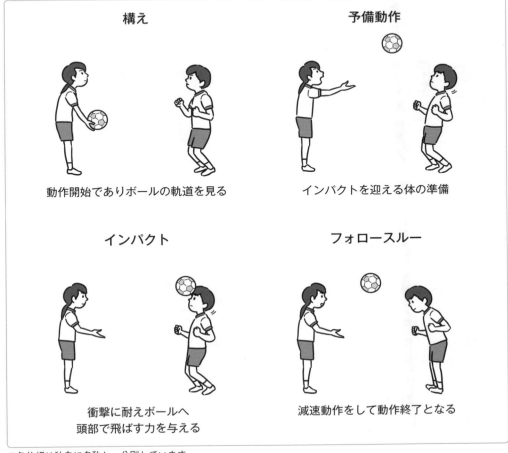

構え

動作開始でありボールの軌道を見る

予備動作

インパクトを迎える体の準備

インパクト

衝撃に耐えボールへ
頭部で飛ばす力を与える

フォロースルー

減速動作をして動作終了となる

※各位相は独自に名称し、分別しています。

　事故の要因は必ずしも同様ではありませんが、例えば、予備動作時にボールから目を離し、身体を縮こませてしまうと、周囲の状況の認知は難しくなります。したがって、初心者はヘディングにおいて対人衝突や転倒のリスクが生じることと予測されます。また、報告件数は1件ではありますが、目の外傷はアイガードの装着で防止の期待ができるという観点も今後の検討事項になります。

● ヘディング動作習得のための身体づくり

　ヘディング事故の対策として、正しい動作の習得が必要となります。小学生・中学生におけるヘディングは脳への微細損傷のおそれがあるため、発育・発達に応じたヘディングのための身体づくりが必要です。具体的には、小学生では基礎的な身体機能

図 2-7-2　サッカー経験者と初心者の比較

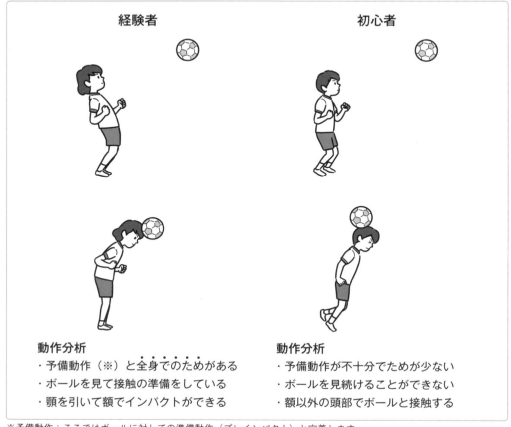

※予備動作：ここではボールに対しての準備動作（プレインパクト）と定義します。

向上を目的とし、体育授業場面では基礎体力や筋力の向上のための運動を推奨します [12]。中学生では専門的な身体の強化をすることを目的とし、部活動やクラブ活動など、高度なサッカー技術獲得のためには、特に頸部や体幹の専門的な身体強化を推奨します。**図 2-7-3、図 2-7-4** に小学生・中学生の具体的な運動の一例を示します。

---

12) 中村和彦『運動神経が良くなる本』マキノ出版、2011 年。

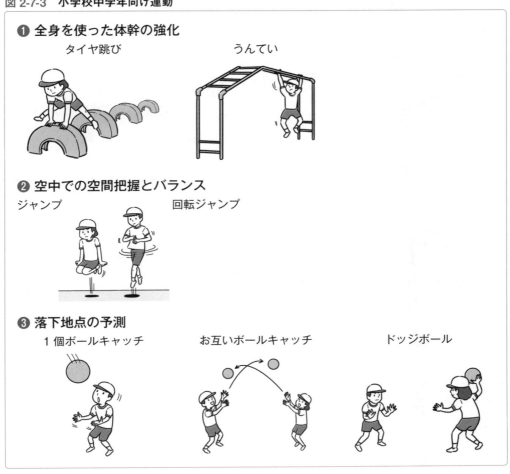

図 2-7-3 小学校中学年向け運動

❶ 全身を使った体幹の強化

タイヤ跳び

うんてい

❷ 空中での空間把握とバランス

ジャンプ

回転ジャンプ

❸ 落下地点の予測

1個ボールキャッチ

お互いボールキャッチ

ドッジボール

　特に身体が発展途上な時期である小学生・中学生においては、発育・発達に合わせた基礎的な身体機能向上が必要です。成長に応じて徐々に専門的なトレーニングを行い、安全なヘディング動作の習得につなげることが必要だと考えます。ヘディングを制限する理由や身体づくりの指導方法が、サッカーにかかわるすべての指導者ならびに保護者への一助になれば幸いです。そして、児童生徒自身が「ヘディングを正しく恐れ」安全な動作習得をする必要性を理解したうえで、実践につながればと願います。

図 2-7-4　中学生向けトレーニング

❶ 体幹強化

プランク

易しい　　　　難しい

サイドプランク

易しい　　　　難しい

❷ 頸部強化：セルフトレーニングと頸部と体幹協調トレーニング

徒手抵抗

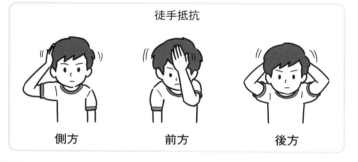

側方　　　　前方　　　　後方

ボール

壁

8 体育館における事故

1 体育館における事故（以下「体育館事故」）の現状

（1）体育館事故の日本スポーツ振興センター（JSC）災害給付データの分析

　JSCデータのうち、体育館で起きた学校種別ごとの場合別死亡・障害事例は、**図2-8-1**のとおりです。2005年度から2021年度までの1237件（うち死亡102件）のうち、小学校・幼稚園・保育園が201件（13件）、中学校が446件（33件）、高校／高専が590件（56件）でした。場合別では、課外指導（クラブ活動）547件（45件）と授業・保育中509件（33件）が多くを占めますが、小学校／幼保では課外指導での障害は少なく、死亡事例もありませんでした。

　態様別の死亡・障害事例は**図2-8-2**のとおりです。1237件（102件）のうち、衝突が578件（2件）と半数近くを占めますが、死亡事例は多くありません。その内訳では、ラケットやボール・シャトルなどのモノが人に衝突が

図2-8-1　体育館　場合別死亡・障害件数　1237件（2005〜2021年度）

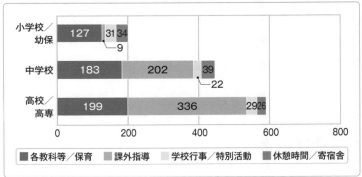

図2-8-2　体育館　事故態様別死亡・障害件数　1237件（2005〜2021年度）

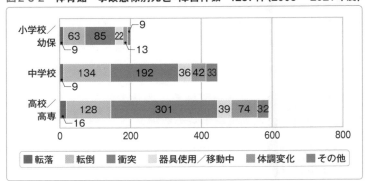

269件（1件）、人同士の衝突226件（0件）と多く、人がモノ（壁、扉、用具入れ等）に衝突57件（1件）、自分の身体に衝突26件（0件）と続きます。次いで、転倒325件（10件）、体調変化（熱中症を含む）129件（78件）、器具の移動・設置中51件（0件）、器具の使用中46件（1件）、転落34件（3件）などです。

（2）裁判例の分析

　体育館内で発生した事故の民事責任が争われた事案として確認できる47件の裁判例を分析します（ 出典 を参照）。

　まず、事故類型別に分類しますと、多いものから順に、①転倒（舞台等からの飛び降り、器具の使用中の転倒、格闘技等の技による転倒を含みます）22件、②衝突（人同士の衝突、人と物の衝突を含み、器具の設置・移動時の当該器具との衝突は除きます）13件、③体調変化（熱中症を含みます）5件、④器具の設置・移動時4件、⑤高所からの転落（器具使用中は除きます）3件となります。

　次に、競技別に分類しますと、多いものから順に、<u>体操</u>（跳び箱、組体操を除きます）9件、<u>バレーボール</u>8件、<u>バスケットボール</u>7件、<u>柔道</u>5件、<u>跳び箱</u>4件、<u>バドミントン</u>3件、剣道2件、卓球2件、<u>組体操</u>1件、トランポリン1件、合気道1件、<u>ラグビー</u>1件、<u>サッカー</u>1件、ハンドボール1件、鬼ごっこ1件、コマ1件となります（下線の競技については、競技別の各項目を参照）。

（3）体育館事故の予防のための視点

　本稿では、JSCデータや裁判例のほか、消費者安全調査委員会報告や報道事例をもとに、体育館での事故のうち施設・設備の不具合が要因となる、以下の項目を取り上げます。

① キャットウォーク（ギャラリー）：転落事例のあるキャットウォーク等の高所については、施設・設備の安全性確保とともに、高所への立入の規制も必要です

② 仕切りネット：重大事故は多くありませんが、安全対策（ボールの逸脱防止）自体が転倒等の別の傷害事故の要因となっており、対策が必要です

③ バスケットゴール：老朽化が要因と考えられる施設・設備の落下に伴う傷害事例が発生しています

④ 木製床（フロア）：消費者安全調査委員会の報告書では、多くの学校で適切とは言えない維持管理がなされ、木製床が原因の傷害事例も確認されています

⑤ 設備や器具・用具の取扱い：設置中の器具の不具合による事故事例および取扱方法が適切でない事例が見られます

2 体育館事故の予防策

(1) 共通事項

学校の体育館は、普段の体育授業や部活動、入学式・卒業式等の学校行事だけでなく、災害時の避難施設や休日夜間の地域活動に使用されることもあります。その場合、使用者は児童生徒だけでなく、乳幼児や高齢者、障害者なども含まれます。

体育館の安全について点検、改修を計画する際には、こういった点にも留意する必要がありますが、学校当局や教育委員会だけで対応するのではなく、日頃から自治体の防災部局や生活部局等と連携を図ることが重要です。

(2) キャットウォーク（ギャラリー）

ア　施設の概要

体育館のフロア周りの高い位置にある施設で、キャットウォークあるいはギャラリーと呼ばれています。本稿では、保守点検等一時的な使用のみを目的とするものをキャットウォーク、人が一定時間以上そこに滞留して使用するもの（観覧席等）をギャラリーと呼びます。

実際の学校運営において、その区別は曖昧な運用となっていることが多く見られますが、幅1m程度のもの[1]はキャットウォークとして児童生徒の立入は原則禁止とすべきです。特に、転落防止用の手すり壁・柵等の高さが1.1m未満[2]の場合は全面立入禁止とする必要があります（詳細はイ2．参照）。

---

[1] 建設省住指発第115号「床面積の算定方法について」（1986年4月30日）出典

[2] 建築基準法施行令第126条（屋上広場等）出典

イ　キャットウォークの安全対策

１．立入規制

　キャットウォークは児童生徒の立入は原則禁止であり、後述する作業での滞留や一時的な立入の場合も、自由に立ち入るのではなく状況に応じた安全対策と規制が必要です。ルール作りだけでは十分ではなく、場合によっては、施錠できる扉やロープで閉鎖するなどの物理的な規制が必要となります。

　災害時の避難者や地域活動の参加者で乳幼児がいる場合、物理的規制は必須といえます。自治体の防災部局や生活部局等と情報を共有し、共通のルール作りや予算の確保を図りましょう。

　また、児童生徒が、階段ではなくはしごで昇降することは避けるべきです。ほかに階段等がない場合、物理的な規制を行い全面立入禁止が必要です。

２．一定時間滞留する作業の安全性

　入学・卒業式、文化祭などの学校行事の照明や競技時の撮影、記録などのため、児童生徒が一定時間キャットウォークに滞留する場合には、危険でない環境を確保するとともに、滞留する児童生徒と安全ルール（禁止事項や腕章着用など）について話し合い、立入時は動きやすい服装でヘルメットを着用する必要があります。

　危険でない環境の目安（転落）を**表 2-8-1**に示しますが、学校種別（小中高等）や体育館の施設・設備などの状況に応じて、それぞれの学校現場で外部の専門家の活用などで、転倒や衝突などのリスクも含めて安全対策を評価（リスクアセスメント）する必要があります。

３．授業や部活動での一時的な立入時の安全性

　換気のための窓開閉やボールの回収など学校運営のためにキャットウォークに児童生徒が一時的に立ち入ることは望ましくありません。立ち入る場合には、教職員などの大人が見えるところにいて監督する必要があります。予算が確保できるならば、ボールがキャットウォークに上がらない防球ネットが有効です。十分な強度があれば、万が一の転落防止用のネットとしての効果も期待できます。

表 2-8-1　キャットウォークの危険でない環境の目安（転落）

条件1	フロア側の柵（縦さんが望ましい）の高さ	高さ 1.1m 未満		×施錠等で立入を禁じる
		高さ 1.1m 以上		条件2へ
条件2	低い位置（高さ 1.1m より下）の窓の状態	大きく開く（10cm 以上）	柵・横さん等がないまたは高さ 1.1m 未満	×施錠等で立入を禁じる
			柵・横さん等がある（高さ 1.1m 以上）	条件3へ
		窓がないまたは窓の閉鎖等※		条件3へ
条件3	高い位置（高さ 1.1m より上）の窓の状態	大きく開く（10cm 以上）	足がかりがある（小段、横さんなど）	×場合によって施錠等の物理的規制
			足がかり無し	△一定時間滞留する作業は不可
		窓がないまたは窓の閉鎖等※		条件付○安全ルールの下で一定時間滞留する作業（危険でない環境）

※窓の閉鎖等：窓を閉鎖またはストッパー等で10cm以上開かなくする対策（本稿において同じ）

写真 2-8-1　低い窓の対策

写真 2-8-2　窓ストッパー

（3）仕切りネット

ア　施設の概要

仕切りネットとは、体育館を仕切って、ボールが逸脱しないよう張られているネットです。多くの学校では、ネットの開閉のため天井に張られたワイヤーから吊るされており、その下端は床にたるませた状態が見られます。たるんだネットは、児童生徒が足を滑らせたり、つまずいたりして転ぶリスクがあります。

しかし、上部のワイヤーの高さが一定でないことや下端をたるませないとボールが逸脱してしまうなどのため、多くの場合、対策が講じられていません。ボールの逸脱が日常的なのに比べればネットによる転倒の頻度は小さいかもしれませんが、安全でない状態を放置していいわけではありません。

イ　仕切りネットの安全対策

1．抜本対策

水平に設置できる大型のカーテンレールを設置すれば、ネットを床にたるませずに高さを一定に保つことができます。ボールの逸脱防止のためには、ネットの下端に、ぶつかってもけがをしない重り（砂袋や柔らかいもの）が必要です。

2．すぐできる対策

小型カラビナなどを使って、ネットを自在にたくし上げます。このとき、S字フックのような器具を使わないことが重要です。突出した尖端にぶつかってけがをするといった新たなリスクが発生するからです。抜本対策と同様、ネット下部にボール逸脱防止の重りが必要です。

写真 2-8-3　大型カーテンレール
（展開式の登り綱の例）

図 2-8-3　仕切りネットのすぐできる対策　写真 2-8-4　仕切りネットのすぐできる対策

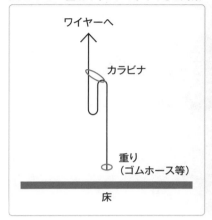

(4) バスケットゴール

ア　施設の概要

　2021 年 4 月、福岡県北九州市の中学校で伸縮式のバスケットゴールが落下し、生徒が負傷する事故が発生しました。原因は溶接部の破断と考えられ、同市では全中学校で緊急点検を実施しました（第 1 章参照）。

　しかし、溶接部の不具合を確実に発見することは専門家でも難しく、教職員による目視での点検は実効性のある対策とはいえません。

イ　バスケットゴールの安全対策

　点検で異常が見つけられない場合、対応は 3 通り考えられます。

1．定期的な更新・交換（抜本的対策）

　異常の有無にかかわらず、設置後、一定期間（例えば、標準使用期間[3]）を経過した施設はすべて更新・交換する方法です。これには大変な費用がかかります。

　一方で、適切な維持管理を行うことにより、施設・設備の長寿命化を図ることが求められています。特に、標準使用期間などを経過したものについては、専門家による点検・リスクアセスメントを行い、メリハリのある対策（更新を含む）を実施していく必要があります。

3）遊具または体育施設・設備の標準使用期間とは、通常の使用条件および適切な維持管理状況のもと、安全上支障なく使用することができる期間として、製造者が設計・製造時に設定する期間であり、設置後の状況により実際に使用できる期間は変動します。

2．落下防止装置（すぐできる対策）

　溶接部の不具合を点検等で見つけて対応するのではなく、破断しても下まで落ちずに人に当たることを防止する対策です。設置当初から、溶接やボルトで固定した部材同士または部材と基部をチェーンやワイヤー、ロープなどで連結することによって、老朽化以外も含めて、万一溶接部が破断等しても大きな落下を防ぐことができます。

　また、バスケットゴールだけでなく、高所に取り付けられた照明などのさまざまな機器に応用することで、落下による事故を予防することができます。

3．ボルト・ナットのゆるみの点検

　2022年3月、福岡県北九州市の小学校で更新したばかりの吊下式バスケットゴールのボルトが落下し、児童に当たる事故が発生しました。児童にけがはありませんでしたが、ボルトの締め付けの際にゆるみがあったことが原因と思われます。

写真 2-8-5　照明器具の落下防止装置

図 2-8-4　合いマークの概念図

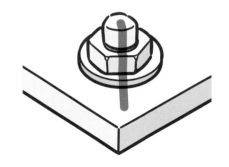

　溶接部に比べてボルト・ナットの点検は比較的容易で、専門家が工具で回して締め付け具合を確認することができますが、専門家でなくても目視だけで点検できるさらに簡単な方法があります。それは「合いマーク」[4]という方法で、専門家の点検の際にボルト、ナット、座金、プレートにまたがって見やすい色の線を引きます。それ以降の点検では合いマークがずれていないかを目視で確認するだけです。**図 2-8-4** の合いマークは、高所に上がらず目視だけで点検できるため教職員で対応でき費用も安

4）国土交通省道路局「附属物（標識、照明施設等）点検要領」2019年3月改訂付 7-2 頁 出典

価です。

(5) フロアの床板

ア　施設の概要

　2017年、消費者安全調査委員会より「体育館の床板の剥離による負傷事故」[5]についての報告書が出され、多くの学校の体育館フロアで適切とはいえない維持管理（清掃管理、保守管理、改修（リフォーム））が行われていると分析されています。これを受けて、文部科学省・スポーツ庁から防止対策の通知[6]が出されています。

　この報告書では、2015年までの10年間に7件の事故が報告されているほか、JSCデータにも障害事例があり（第3章「9　バレーボールの事故」参照）、あらゆる木製床の体育館において同様の事故が発生するリスクがあるとされています。

イ　木製床（フロア）の安全対策

　体育館の木製床の安全対策では、維持管理が重要で、以下の注意点があります。

1. 木製床の劣化の要因である水分の影響を最小限にするため、水拭きおよびワックスがけは禁止とされています。

2. 木製床の塗膜の耐用年数は10年程度で、20年以上塗装面の改修を行っていない場合には、床板の不具合が生じるおそれがあります。その間にポリウレタン樹脂塗料の重ね塗り、再塗装などの計画的な改修が必要です。

3. 補修や改修の記録だけでなく、日常点検・定期点検の記録もあわせて保管し、分析することによって、適正で無駄のない長期的な改修計画を作ることができます（「3（3）1.メンテナンス台帳」参照）。

(6) 設備や器具・用具の取扱い

1. 体育器具・用具については、標準使用期間があることを確認し、日常・定期・保守点検やメンテナンスを行い、使用していくことが必要です。また、取扱説明書の内容をよく確認し、保管を行います。

5）消費者安全調査委員会「体育館の床板の剥離による負傷事故」報告書、2017年5月 [出典]

6）文部科学省・スポーツ庁「体育館の床板の剥離による負傷事故の防止について（通知）」2017年5月 [出典]

2．取扱説明書の内容について、準備や設置方法、使用方法などは児童生徒たちとの共有も大切です。

3．安全な運搬を行うために、専用の運搬器具の活用、安全な運搬・移動方法の検討、身体への負担が少ない身体の使い方を考えることが大切です。

　詳細については、「＜コラム④＞体育器具・用具の取扱い」を参照してください。

3 まとめ

（1）危険が潜む場面・場所を見つけよう

　それぞれの学校で事故を予防するためには、事故の発生件数が多いものや重大事故につながりやすいものを見つける必要があります。しかし、学校ごとに状況が違うため、教職員や専門家による安全点検だけで具体的な危険個所や場面を見つけることは簡単ではありません。

　このような危険個所や場面を見つける方法が、ハインリッヒの法則を利用した「ヒヤリハットの見える化」です。教職員等による安全点検に加えて、児童生徒へのアンケートや安全授業（学校の「危ない」を探そう！）のほか、保健室での処置記録なども含めて、ヒヤリハット等の位置図（危険個所）や、時間帯や年・月・曜日ごとの表・グラフ（危険な場合）に表示します。重大事故のリスクの特に高い危険個所や場面を抽出して対策を講じることで、重大な事故の予防につなげます。児童生徒自身が危険個所・場面を探索することにより安全への力をつけて成長することも期待されます。

図 2-8-5　ハインリッヒの法則

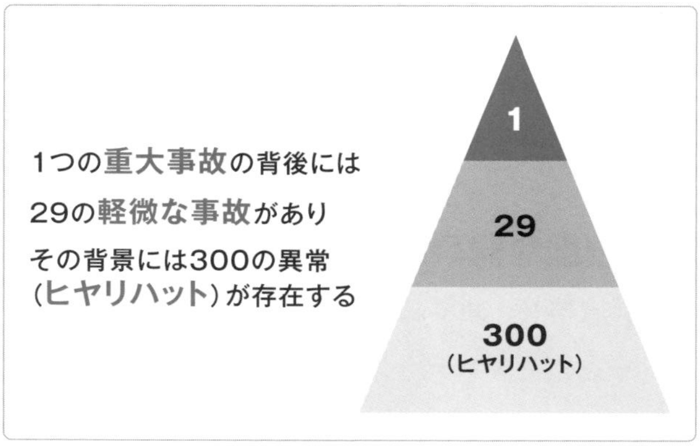

1つの重大事故の背後には29の軽微な事故がありその背景には300の異常（ヒヤリハット）が存在する

1
29
300
（ヒヤリハット）

（2）メンテナンス情報を共有・活用しよう

１．メンテナンス台帳[7]

　2021年4月、宮城県白石市の小学校で木製の防球ネットが倒れ、児童2人が死傷する事故[8] がありました。このネットの設置記録は残っておらず、業者に依頼している年1回の遊具の点検の対象外でした。

　学校で設置した施設・設備（備品台帳）だけでなく、児童生徒の安全にかかわるすべての施設・設備について、点検結果、補修・改修の履歴、耐用年数一覧、傷害事例、ヒヤリハット事例等も含めて施設・設備にヒモ付けて記載されたメンテナンス台帳が事故の予防には重要です。

　メンテナンス台帳では、点検時の入力項目を必要最小限にして、その場もしくは少なくともその日のうちに入力できるものにしなければ、情報が更新されず意味がありません。明日入力しようと思っても「明日という日は永遠にやってきません」。

　学校ICTを有効活用して、タブレットで入力可能な電子台帳とすることで学校現場での点検作業の簡素化が図れます。さらに、写真を含む点検結果の記録、集計、報告が自動的にできるシステムを導入すれば、施設・設備の管理に関する作業の大幅な削減が期待できます。

２．施設・設備の補修・改修・更新のための予算

　点検だけでは、老朽化した施設・設備は元に戻らず、安全でない施設・設備の危険がなくなるわけではありません。教育委員会等は、人の生命にかかわるこれらの補修・改修・更新を計画的に実施する予算を確保する必要があります。万が一これらの対策が間に合わない場合も、学校では現場でできる工夫なども含めて最低限必要な応急処置をすぐに実施して、児童生徒の安全を確保しなければなりません。

7）子どもの安全研究グループ「学校施設の安全点検に関する一考察」安全工学シンポジウム2022講演予稿集、440-443頁 出典

8）「ネット支柱倒れ小6死亡　宮城・白石」朝日新聞2021年4月29日朝刊

安全点検の種類と特徴

　2023年3月、消費者安全調査委員会から「学校の施設又は設備による事故等」についての報告書[1]が出されました。これに対して、文部科学省から都道府県教育委員会等に対応が要請[2]されています。

　学校では、設備・器具等の日常点検、定期点検をはじめ、重大事故発生時の緊急点検など多くの安全点検が実施されています。安全点検は点検表を使って実施されることも多いですが、有効な点検のために点検の種類と特徴について知っておくことが重要です。

　施設・設備は必ず老朽化します。学校施設の安全点検は、老朽化の点検と老朽化以外の点検に大別されます。老朽化の点検でチェックするのは、「破損・故障」のほか「経年劣化」（ヒビ、摩耗、脆くなるなど壊れやすくなる）、「整備不良」（ねじ・ナットのゆるみ、注油の有無など）があります。

　老朽化以外の点検では、次のようなチェックを行います[3]。

A)　安全基準への適合：そもそも安全でない（基準がない場合を含む）、または基準が新たに制定、改正されることもある

B)　運用変更時の点検：当初想定されていない屋上、キャットウォークへの立入容認時など学校活動の運用の変更に伴い新たなリスクが発生していないか
　　事例[4]：2008年6月、都内小学校屋上での授業中に天窓が割れ、転落した児童が死亡しました。校舎建築時には屋上は立入禁止でしたが、屋上に立ち入る運用変更時の点検で事故は防げたかもしれません

C)　施設導入・更新時の点検：児童生徒の行動様式の変化に伴う新たな事故の可能性
　　児童生徒の行動様式はすぐには変わらないこともあるので、一定期間後（1週間、1か月、3か月、1年等）にも点検が必要（B）運用変更時も同様

D)　外部環境の変化時の点検：例えば、グループ学習やICT学習など学習内容の変化、感染症の流行に伴う新たなリスク、また、長期休校などで児童生徒の運動能力や特性が変化して事故につながる可能性

---

1)　消費者安全調査委員会「学校の施設又は設備による事故等」報告書、2023年3月 出典

2)　文部科学省「消費者安全法第33条の規定に基づく意見等について（周知）」2023年3月 出典

3)　子どもの安全研究グループ「学校施設の安全点検に関する一考察」安全工学シンポジウム2022講演予稿集、440-443頁 出典

4)　NPO法人失敗学会「校舎天窓落下事故」失敗知識データベース 出典

これらの点検の特徴を表に示します。老朽化の点検は期限切れ点検、老朽化以外の点検は時代遅れ点検と覚えておくとわかりやすいでしょう。

老朽化の点検（期限切れ点検）では、点検表を活用して同じ施設・設備の同じ項目を繰り返し点検します。点検結果を記録、集計することにより、地域、学校間の比較や時系列的な分析も可能です。異常があれば機能や性能を元に戻す「補修」が必要です。

表　安全点検の種類と特徴

	老朽化の点検（期限切れ点検）	老朽化以外の点検（時代遅れ点検）
いつ	定期点検（繰り返し点検）	不定期（一度だけのことも）
点検項目	定型的（同じ項目）	その都度（非定型）
異常時対応	補修（元に戻す）	改修・改善（元に戻すだけではダメ）
点検表	具体的な点検表が有効	固定的な点検表では対応困難

老朽化以外の点検（時代遅れ点検）では、運用の変更時や施設導入時などに危険がないか点検しますが、安全基準の改正時などを除いて、一連の点検を定期的に繰り返す必要はありません。安全でないことがわかれば、より安全なものに「改修・改善」する必要があります。

重大な事故が発生した場合に、全国、自治体内、学校内で緊急点検が実施されることがあります。このような点検は、老朽化の点検もあれば老朽化以外の点検もありますが、日頃から通常の点検結果を当該の施設にヒモ付けて記録しておくと、緊急点検を円滑かつ簡単に実施することができます（第2章「8　体育館における事故」「3（2）1. メンテナンス台帳」参照）。

冒頭にあげた消費者安全調査委員会報告書では、実効性のある点検やリスクアセスメントを実施するために外部の専門家の活用を提言しています。これに対して、学校医のように地域の技術者が学校運営における技術的課題に対してアドバイスを行う「かかりつけエンジニア」という仕組み[5]が「かかりつけエンジニア（学校での傷害予防を目指して）」[6]において構想され、一部の学校ではモデル的な取り組みが始まっています。

5）子どもの安全研究グループ「学校施設の安全点検に関する一考察」安全工学シンポジウム 2022 講演予稿集、440-443 頁 出典

6）「かかりつけエンジニア（学校での傷害予防を目指して）」出典

体育器具・用具の取扱い

1. 点検について

　体育館内には、体育の授業等で使用される体育器具・用具も多く保管されています。これらの器具・用具についても、故障・破損が放置されたまま使用されると、大きな事故やけがにつながるリスクがあります。購入時には取扱説明書が付属されており、点検内容について記載されているものもある[1]ので、参考にするとよいでしょう。

　体育器具・用具の安全管理については、教職員、学校、教育委員会の連携が重要です。予算の確保の課題はあるかと思いますが、速やかに修理や交換・購入が可能になることや、積極的に専門的な外部人材を活用することも望まれます。

2. 運搬について

1）設置時の事故

　日本スポーツ振興センター（JSC）のデータには、体育器具・用具の運搬時における事故の報告もいくつかあがっています。バレーボールで使用する支柱（詳しくは、第3章「9　バレーボールの事故」参照）や卓球台の運搬時の事故（ 2006 障 231 ）などがあります。部活動などでは、児童生徒のみで卓球台の設置を行っていることがあるかもしれませんが、多くの卓球台の取扱説明書[2]には、「大人2人で」という記載がされています。

　事故予防のためには、管理者は取扱説明書の内容を確認し、児童生徒とも共有しておくことが大切になってきます。

2）運搬器具の使用

　器具・用具の運搬については、専用の運搬器具があるものもあります。それらの運搬器具を正しく使用することで、事故の予防になることもあります。

3）運搬器具を使用しない場合

　運搬器具を使用しない場合の運搬については、以下の点を確認して行うことでより安全に運搬が行え、事故や傷害の予防につながります。

- **運搬に十分な人数**：運ぶ器具・用具に応じて、十分な人数で運搬することが身体への負担軽減にもつながります。

- **身長が近い者で行う**：身長差が大きいと、重さが分散されにくくなり、思わぬ事故

1）　トーエイライト（株）「跳び箱　取扱説明書」 出典

2）　トーエイライト（株）「卓球を安全に楽しんでいただくために」 出典

写真 2-8-6　跳び箱　跳び箱運搬車

提供：トーエイライト（株）ホームページ

写真 2-8-7　サッカーゴール運搬車

提供：（株）エバニューホームページ

や傷害につながることもあります。身長が近い者で運搬すると、より安全に行えます。

● **声かけ・誘導するリーダーを1人決める**：持ち上げる際のタイミングを合わせる声かけや移動方向への誘導をするリーダーがいることで、協調して運搬が行えます。

● **横移動で運搬する**：後ろ向きでの移動は、地面の状態の確認もしにくく、つまずいて転倒してしまう可能性が高くなります。後ろ向きでの移動とならないように横移動をすると、転倒事故の防止につながります。

● **身体の使い方**

　床から用具を持ち上げる際には、腰部への負担がかかりやすくなります。厚生労働省から示されている腰痛予防対策指針[3] にもあるように、身体の使い方に気をつけることが、傷害・腰痛予防につながります。

① 脚は肩幅程度に開いておくことで、体を支える面が増加し、動作が安定します。

② 持ち上げるとき・降ろすときには、腰部が曲がりすぎないようにします。

図 2-8-6　　身体に負担の少ない持ち上げ方

良くない持ち上げ方
（デリック姿勢）
①膝を伸ばしたまま
②背中を丸めている
③物との距離が遠い

✕

良い持ち上げ方
（スクワット姿勢）
①膝を曲げる（腰を落とす）
②背中を伸ばす
③物に近づく

◯

3)　厚生労働省「職場における腰痛予防対策指針」2013 年 6 月 出典

123

第 **3** 章

学校体育・スポーツ事故の現状と事故予防（2）
—— 事故データを詳細に分析した12事例

施設・運動場等の複数同時使用に関連した事故

1 施設・運動場等の複数同時使用に関連した事故の現状と事故予防

　日本スポーツ振興センター（JSC）の死亡見舞金・障害見舞金事例のなかで、施設・運動場等の複数同時使用に関連した事故は63件あります。

　このうち、死亡事例は1件、障害事例は62件です。なお、施設や運動場等での部活動・遊戯中に施設・運動場等の構造物に単独でぶつかった事例や、単一の競技・遊戯内での事故事例は除いています。

　学校種別ごとに、授業、課外活動および休み時間別で分類をすると**図3-1-1**のとおりです。事故件数としては、小学校と中学校における事故が76％と大半を占めています。

　小学校では、休み時間中の事故が最も多く、施設・運動場等の複数同時使用に関連した小学校全体での事故の97％と大半を占めています。中学校、高校では、部活動中の事故件数が多く、施設・運動場等の複数同時使用に関連した中学校全体での事故の63％、高校でも75％となっています。

　死亡・障害事例の幼稚園・保育園・小学校・中学校・高校全体における場面別の

図3-1-1　複数同時使用死亡・障害事例　2005 〜 2021年度

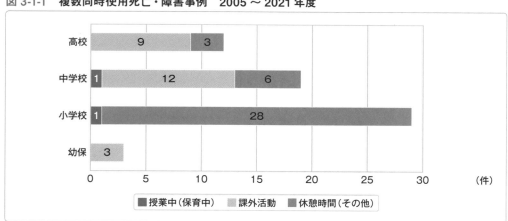

データは**図3-1-2**のとおりです。

　1番目に多いのが、人との衝突による事故で、43％を占めています。なかでも、小学校での事故件数が20件となっており、全体の74％を占めています。特に、鬼ごっこの際に、鬼ごっこに参加していない他の児童と衝突した事故事例（2018 障 43、2018 障 47 等）が7件で、小学校での事故件数の24％を占めています。

　2番目は、ボールが身体に当たる、ぶつかる事故で、32％を占めています。なかでも、高校では、高校全体での施設の複数同時使用に関連する事故件数の58％を占めています。事例としては、野球やソフトボールのボールが他の競技者等に当たる、ぶつかるという事例（2006 障 350、2007 障 338 等）が大半を占めています。

　3番目は、砲丸が身体に当たる事故で、8％を占めています。陸上競技部の活動中に、投げた砲丸がその近くで他の活動していた生徒に衝突する事例が多くなっています（2005 障 166、2012 障 129、2013 障 131、2015 障 149）。

　4番目は、野球部やソフトボール部の活動中に、バットが身体に衝突する事故で、5％を占めています。具体的には、バレーボール部が走り込みの練習をしていた際、近くで活動していた野球部の生徒が素振りをしたバットがバレーボール部員の口部に当たり歯牙障害を負った例があります（2016 障 154）。

図 3-1-2　**事故態様別死亡・障害事例　2005 ～ 2021 年度**

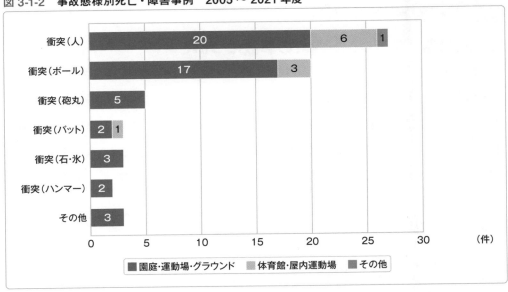

5番目は、石などの物体が身体に衝突する事故で、5％を占めています。具体的には、生徒同士でふざけて石などを投げていた際に、投げた石が他の活動をしていた生徒の身体に衝突する事例となっています（ 2005 障 71 、 2012 障 71 ）。

　6番目は、ハンマーが身体に衝突する事故で、3％を占めています。具体的には、陸上競技部員によるハンマー投げの練習の際に、投げたハンマーが他の生徒に衝突する事例で、死亡事例もあります（ 2018 死 44 ）。

　事故の発生場所としては、園庭・運動場・グラウンドが81％で大半を占め、休み時間等（部活動中および授業中以外の時間）が29件、部活動中が20件、授業中が2件です。体育館・屋内運動場での事故については、休み時間等（部活動中および授業中以外の時間）が10件、部活動中および授業中はともに0件になります。

▶ 事故予防アドバイス

　施設・運動場等で複数の活動が競合する場合、①運動や遊びをしている者と他の者との間に危険はないか、②運動や遊びの種類と場所に危険はないか、③休み時間から学習時間に移るときの児童生徒の行動に危険はないか、④人目につきにくいところで運動や遊びをしている者に危険はないか、⑤新しく児童生徒の間に流行している遊びで安全上の問題となるものはないか、といった観点から安全点検を行い、必要な措置をとることが事故予防の観点から求められます[1]。

2　事故の傾向と対策

（1）運動場・グラウンド内での事故について

● 事故の傾向

　運動場・グラウンドでの事故件数が多い理由としては、①複数の部活動で運動場・グラウンドを同時に使用していること、②運動場・グラウンドを主に使用する野球部・ソフトボール部のボールの行方に規則性がないこと、③休み時間中に運動場・グラウンドで遊ぶ児童生徒がそれぞれに異なる運動・遊戯を行っていることなどがあげられます。

　休み時間中の事故の裁判事例としては、小学校の昼休み中に、運動場で遊んでいた

1）　文部科学省「学校安全資料『生きる力』をはぐくむ学校での安全教育」2019年3月、61頁。 出典

児童と、一輪車で走行中の別の児童が衝突し、衝突された児童が頸椎捻挫のけがを負った事案があります（東京地裁2005年9月28日判決）。この事案では、校長が、一輪車に乗車した児童が他の児童と衝突し、傷害を負わせる危険性を十分予見し得たと判断し、事故発生防止のための適切な措置をとっていなかったことを理由として、設置者である地方公共団体の責任を認めました。

　また、部活動中の裁判事例では、サッカー部の活動中に、同じグラウンドで練習中の野球部員が打った打球がサッカー部員の側頭部を直撃した事案があります（福岡地裁小倉支部2013年12月10日判決）。この事案では、教員は、野球部員の打球がサッカー部の活動中に飛んでくる可能性を予想でき、サッカー部と野球部が同時にグラウンドを使用して活動しないようにする措置をとることが可能であったことなどを理由として、設置者である地方公共団体の責任を認めました。

　さらに、 2018 死 44 の事故事例は、学校のグラウンドにおいて、陸上競技部の投てき練習中に、1・2年生の女子生徒に指導をしていた3年生の男子生徒が、女子生徒にフォームを教えるために、女子用のハンマーを投げたところ、グラウンドの南半面で練習をしていたサッカー部員が、北半面にボールを拾いに行った際に、同ハンマーが頭部に直撃し、亡くなった事例です[2]。当時のグラウンドの使用状況は**図3-1-3**のとおりです。

● **休み時間中の事故予防のアドバイス**

　休み時間中に行われる運動場・グラウンドでの運動・遊戯のすべてについて教員が監視することは現実的ではありません。教

図 3-1-3　 2018 死 44 **の事故事例の**
当時のグラウンド状況

出典：「群馬県立藤岡中央高等学校におけるハンマー投げ事故検証委員会報告書」2018年8月、5頁から抜粋

2)「群馬県立藤岡中央高等学校におけるハンマー投げ事故検証委員会報告書」2018年8月、2頁。 出典

員が遊びのゾーンの範囲を設け、児童生徒に対し、その趣旨を認識、理解させることも事故防止の観点から有効です。また、児童生徒自身に、休み時間中の運動・遊戯の状況を考えさせる機会を設け、自校の現状や施設に応じた事故防止策を考えさせることも有効といえるでしょう。

● 部活動中の事故予防のアドバイス

2018 死 44 の事例の事故検証委員会においては、投てき練習を行う際に、グラウンドを共有する陸上競技部とサッカー部がどのような活動をしているかをお互いに把握することが重要であるところ、教員同士で練習内容の確認や情報共有をする体制が十分でなかったことが問題点として指摘されています[3]。同委員会では、複数の部活動が行われるグラウンドにおける安全対策として次の3つの提言を行っています。

①狭いグラウンドでは投てき練習を行わず、広いグラウンドであっても確実に安全な状態で投てきを行える十分な広さの場所を確保できない場合は、投てきを行わない練習にとどめ、投てき練習は他の部活動が活動していない時間に行うというように練習メニューを時間帯で分ける策を講じる。そのうえで、投てき練習を行う際には、投てき物が落下する可能性のある場所には人が侵入しないようにする、②複数の部活動がグラウンドを使用する場合は、グラウンド使用に関するルールを明確に定め、ルールについて生徒に理解させたうえで遵守することを徹底させる指導を行う。そのうえで、投てき練習を行う日はその時間と場所を明記した紙を運動部員等が利用する掲示板に張り出すとともに、最後の授業終了後に校内放送で全生徒、教員に周知する、③日没後にグラウンドで活動する場合には、視認性を高める意味も含めて十分な照度の屋外照明施設のもとで行う必要があり、そのための照明施設の点検・整備を遵守するという3つの提言です[4]。

投てき練習のみならず、野球部やソフトボール部の活動と他の部の活動の練習が、同一施設内でやむを得ず競合してしまう際には、ボールの行方を追う人の役割も重要になります。このボールの行方を追う人に関する指導の徹底も必要といえます。

また、①ボールの飛来などの際の声かけや笛での警告を徹底する、②指導者同士が

3）前掲注2の14頁
4）前掲注2の20頁、21頁

互いに練習メニューを確認し合い、広いスペースを使用したい日を事前に決めるなどの対応も必要といえるでしょう[5]。

運動部活動中、指導者は生徒の活動に立ち会うことが望ましいですが、やむを得ず活動に立ち会えない場合には、他の指導者と連携、協力したり、あらかじめ指導者と生徒との間で約束された安全面に十分に留意した内容や方法で活動すること、部活動日誌等により活動内容を把握すること等が事故防止の観点からも求められます[6]。

(2) 体育館・屋内運動場内での事故について

● 事故の傾向

体育館・屋内運動場での複数同時使用の事故件数は、16%と一定の件数が発生しています。事故の内容としては、人との衝突、ボールとの衝突の2つに分けられ、休み時間中の事故件数がすべてを占めています。

● 休み時間中の事故予防のアドバイス

児童生徒のみでの体育館・屋内運動場の使用を禁止することだけが事故予防のための唯一の方策ではなく、使用基準を設けたうえで、児童生徒に対する指導を徹底することでも事故予防は可能です。

裁判例としては、小学校の体育館内で、高学年の児童と低学年の児童が衝突し、転倒して、床面で右側頭部を強く打ち、児童に後遺障害が残った事案があります（甲府地裁2003年11月4日判決）。同事案の判断内容から、小学校では、低学年と高学年とで、体格やスピードの差に顕著な違いが生じるので、時間帯または曜日によって体育館の使用可能な学年を定めたり、行ってよい遊戯・運動の種類あるいは体育館内で同時に使用してよいボールの個数を制限するといった方法を取るという事故予防策が考えられます。

● 部活動中の事故予防のアドバイス

2005年度から2021年度のJSCの死亡見舞金・障害見舞金事例では、複数の部活動で体育館・屋内運動場を使用した際の事故事例は見当たりませんが、事故予防のため

5) 東京都教育委員会「部活動中の重大事故防止のためのガイドライン〜日常の活動に潜む危険を予見し回避するための安全対策〜」2012年5月、17頁。 出典

6) 文部科学省「運動部活動での指導のガイドライン」2013年5月、8頁。 出典

に、関係部活動の指導者間の会議、部長・マネージャー会議などを開催し、各部活動の情報やルール等の共有を図っていくことが求められます。

3 まとめ

　同一の施設・運動場等で複数の部活動や運動・遊戯が競合したとしても、各教員間で危険性を理解し、学校内で情報を共有してルール化したうえで、同時に使用する際の基準等を設け、児童生徒に周知を徹底していくことによっても、事故予防は可能です。

　また、教員が児童生徒に対してルールを与えるのみならず、児童生徒自身が自分たちのこととして考える、対応することも事故防止のために重要といえます。そこで、児童生徒たちに、多くの学校で発生している事故の現状や原因、安全使用のルールなどを調べさせたり、知らせたりして理解させること、自校の現状や施設に合わせた事故防止策を考えさせることも事故防止の観点から必要なことといえるでしょう。

2 公道でのスポーツ事故

1 公道でのスポーツ事故の現状と事故予防

　日本スポーツ振興センター（JSC）の死亡見舞金・障害見舞金事例のなかで、公道でのスポーツ活動中の事故は64件あります。

　学校種別ごとに、体育の授業・運動部活動・競技大会の3つに分類すると、**図3-2-1**のとおりです。高校／高専、中学校とも運動部活動の割合が多いですが、体育の授業や競技大会での事故も一定数発生しています。

　これらの事故の多くは、公道におけるマラソン大会や部活動等でのランニング中のものですが（53件）、自転車による事故も10件あります（その他に事故態様不明なもの1件）。

　そして、ランニング中の事故の内訳は、**図3-2-2**のとおり、心肺停止や意識消失が41件と多く（このうち突然死が19件）、このほかに転倒、熱中症もあります（その他に不明なもの1件）。

　また、自転車による事

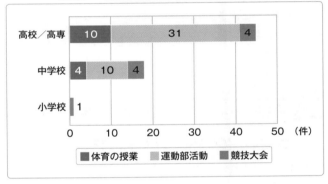

図 3-2-1　公道でのスポーツ事故　死亡・障害事例 2005 ～ 2021 年度

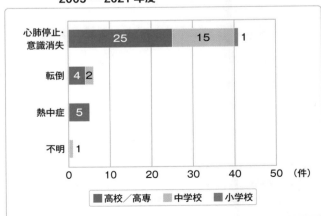

図 3-2-2　公道でのランニング中の事故の内訳 2005 ～ 2021 年度

故10件はすべて高校でのもので、自転車部活動中9件のほか、ランニング伴走中にも1件起きています。事故態様の内訳は、停車中等の自動車への衝突が最も多く、側溝への前輪の落下や走行中の他の自転車への接触による転倒、カーブを曲がり切れず道路からの転

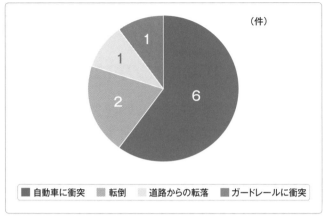

図 3-2-3　公道での自転車の事故の内訳
2005 ～ 2021 年度

（件）

■ 自動車に衝突　■ 転倒　道路からの転落　■ ガードレールに衝突

落、下り坂でガードレールへの衝突もあります（**図 3-2-3**）。

　判例集に掲載された学校活動に伴う公道でのスポーツ事故は10件ありました。いずれもマラソン大会などで公道をランニング中の衝突事故や熱中症、突然死などです。

2　道路に関連した特徴的な事故とその予防

（1）ランニング中の心肺停止や意識消失

　ランニング中の心肺停止や意識消失は、突然死につながりかねない重大な事故です。これらを防ぐためには、児童生徒の健康観察や体調不良者の自己申告（保護者含む）など事前の健康チェックを徹底することが肝要です。特に、心疾患の既往症のある児童生徒に対しては十分な配慮が必要です[1]。

　万が一、心肺停止や意識消失した児童生徒が出た際には、躊躇なく、一刻も早くAED（自動体外式除細動器）を使用できるよう、救護体制を整えておく必要があります。JSC の死亡見舞金・障害見舞金事例でも、公道におけるスポーツ活動中の事故でAED を使用している事例が16件あります。

1）『体育活動時等における事故対応テキスト～ ASUKA モデル』（さいたま市教育委員会　2012 年 9 月30 日）では、児童生徒の重大事故を未然に防止するための確認項目が詳細に整理されていて、参考になります。

● AED の手配が遅れた事案

　このなかの1つに、高校の全校生徒が参加する強歩大会（長距離を歩行ないし走行する大会）で生徒が倒れて死亡した事故で、AEDの手配が遅れたことが問題になった裁判例があります（さいたま地裁2018年12月14日判決。 2015死35 ）。この事故では、被災生徒がゴール地点の手前約1600mの時点で倒れたのを目撃した別の生徒からの報告で、50mほど離れた場所で待機していた教員らがすぐに被災生徒のもとへ駆けつけました。そして、救急車を要請するとともに心臓マッサージ、人工呼吸を行い、大会本部に準備していたAEDが現場に届いた後は心電図解析が開始されました。しかし、除細動適用外と判断され、被災生徒は死亡しました。この事案について裁判所は、救護体制の構築とこれに従った救護活動が不十分であったとして、学校側の注意義務違反を認めました（ただし、両親らからの損害賠償請求は、注意義務違反と被災生徒の死亡との因果関係がないとして、認められませんでした）。

　裁判所は、強歩大会中の生徒に心肺停止の事態が生じた場合に備えて、学校側には次のような対策を取っておくべき義務があるとしました。

① 緊急事態における指揮監督者を決めておくこと、

② 教職員全員に携帯電話を持たせるなど即時の通報手段の確保を徹底すること、

③ 緊急事態を認識した者がどのタイミングでいかなる情報を通報するかを決めておくこと、

④ 指揮監督者の指示に従って、誰がどのルートおよび方法でAEDを事故現場へ搬送するかという救護体制を検討・周知すること。

　この件では、AEDが準備されていた本部から被災生徒が倒れている現場までわずか1600mでした。ところが、教員らは各人がバラバラに行動して相互の連携がとれず、組織的な指揮統制が機能していなかったことから、AEDの手配までに約15分、これが現場に到着するまでさらに約5分かかってしまいました。

● 看視体制が問題となった事案

　また、学校側は、救護体制の前提として、体調不良者が発生した場合には速やかに発見できる看視体制を構築しておくことも求められます。別の裁判例では、高校のマラソン大会において、被災生徒がスタート地点から100ないし150m走行した場所で倒れた後、発見されるまで約1時間35分かかり、被災生徒は死亡した事故が問題に

なりました（静岡地裁富士支部1988年10月4日判決）。学校側は、相当数の教職員を20か所余りの要所に配置して生徒の走行状態の看視などに備えてはいました。しかし、裁判所は、教職員らは配置場所付近から生徒の走行状態を見届けるだけでなく、適宜移動して、被災生徒が転倒した場所のように死角となる場所についても落伍者等の有無を調査、確認すべきであるのにこれをしなかった安全保護義務違反があると認定しました（ただし、両親からの損害賠償請求は、安全保護義務違反と被災生徒の死亡との因果関係がないとして、認められませんでした）。

▶ 事故予防アドバイス

児童生徒の事前の健康チェックを徹底していても運動中の心肺停止の発生を完全に防ぐことは困難ですが、これに対してはAEDによる除細動（電気ショック）が有効です（**写真 3-2-1**）。公益財団法人日本AED財団によれば、除細動が1分遅れるごとに救命率は約10%ずつ低下するとされていますから、AEDによる迅速かつ適切な救護活動が実施できるよう、常日頃からの準備が重要です[2]。

また、『学校における突然死予防必携-改訂版-』（日本スポーツ振興センター [出典]）40頁では、ある高校がマラソン大会を実施した際に留意した点があげられています。このなかでは「事故に対応できる救急体制」として「学校医と養護教諭が自動車で最後尾を移動し、コースの係員と連携し、緊急時に対応できるようにしておく」、「コースへの人員配置」として「事故が起きたとき、3分以内で確実に心肺蘇生法を実施できるようなコース取りと人員の配置をする。具体的には300

写真 3-2-1　AED（自動体外式除細動器）

2）AEDの使用方法などについては、日本スポーツ振興センター作成の動画「運命の5分間　その時あなたは〜突然死を防ぐために〜」[出典] が参考になります。

～ 400 mの間隔でコース係を配置する。教職員だけでは足りないため、PTAに協力要請をする」と記載されています。これらも参考にしながら、具体的なコースの状況などを踏まえ、安全確保の体制を構築することが求められます。

(2) ランニング中の衝突事故

　JSCの死亡見舞金・障害見舞金事例では、ランニング中の児童生徒が歩行者や自動車等と接触した事故はありませんでしたが、裁判例では、①マラソン練習で校門から走り出た小学6年生が自動車と衝突し、右膝関節打撲傷などの傷害を負った事案（福岡地裁1970年6月17日判決）、②高校野球部員が校外でランニング中に、横断歩道を渡ろうとした通行人（68歳）に衝突して転倒させ、左大腿骨頸部骨折の傷害を負わせた事案（大阪地裁1980年7月11日判決）、③ハンドボール部の中学2年生が校外でランニング中、老女（76歳）に気づかずに衝突し、老女が人工骨頭置換術を受けるなどの傷害を負った事案（福岡地裁久留米支部1992年6月8日判決）などがあります。

　③の事故の直接的な原因は、生徒が下を向いたまま走り、前方を注視していなかったことにありました。これについて福岡地裁久留米支部は、指導教員には、生徒に対して進路の安全を確認しながら走行するように指示すべき義務があったとしました。しかし、控訴された福岡高裁は逆の判断をし、進路前方をも視野に入れながら走る走法は、一般の中学2年生であれば自然に体得し得るものだから、教員はその前提で指導すれば足りるとしました（福岡高裁1993年2月9日判決）。

　③の事故で一審と控訴審とで裁判所の判断が分かれたように、公道をランニングする児童生徒の衝突事故を防ぐために、何を、どの程度まで指導しなければならないかを一律に考えることは困難です。児童生徒の年齢や経験、公道の交通量や歩行者の状況などに応じて指導していくことが求められます。

▶ 事故予防アドバイス

　このように、公道をランニングする児童生徒に対する指導は、児童生徒の年齢や経験などに応じて工夫する必要がありますが、必ず指導しておくべき事項もあります。例えば、マラソン練習で夜間に道路中央部を走行していた中学2年生が自動車にはねられ、いわゆる植物状態になった事案で、道路中央部を走っていた被害生徒にも

15％の過失があるとした裁判例があるように（東京地裁1983年9月26日判決）、基本的な交通法規の指導は必須です。また、走行ルート中の危険な箇所（交通量の多い場所、見通しの悪い交差点など）や、高齢者など衝突回避の動きをとっさにとることができない歩行者も公道上にいることなども、児童生徒と確認しておくべきことです。

これらに加え、児童生徒の日頃の走行体勢や走行スピードなどにも気を配り、児童生徒が公道上での危険性を予知しながらランニングできているかを常に確認しつつ指導することで、衝突事故の発生を未然に防ぐことができるでしょう。

（3）自転車走行中の事故

自転車競技は、高校生でも時速40kmを超えるスピードが出ることも珍しくないにもかかわらず、ヘルメットとグローブ以外の体を守るプロテクターを身につけていません。そのため、ひとたび転倒や衝突事故が起きると重大事故になりやすいという特徴があります。JSCの死亡見舞金・障害見舞金事例でも、停車中の自動車に衝突して死亡した事故（ 2009 死 46 、 2010 死 51 ）や、カーブを曲がりきれずに道路から杉林に転落し死亡した事故などがあります（ 2006 障 29 ）。

2015年5月には、自転車競技部に入部直後の高校1年生が、下り坂のカーブを曲がりきれず、ガードレールに衝突したはずみで側溝に転落して歩行できなくなるなどの後遺障害を負った事故がありました。この件は裁判になり、裁判所は、教員には、まだ高校1年生で技量の劣る生徒を上級生と一緒に走行させないことや、普段より遅い速度で走ることを上級生に特別に指導するなどの注意義務があったと判断しています（京都地裁2023年2月9日判決）。自転車競技は高校生から始める生徒が大半ですから、競技経験の浅い下級生に対してはもちろん、上級生に対しても、下級生を気遣った練習を行うよう、よりきめ細かな指導が求められます。

また、単純な前方不注視による衝突事故も起きています。例えば、下を見ながら走行していたり（ 2012 障 357 ）、メーターを凝視して走行していたことで（ 2019 障 320 ）、前方への注意が疎かになり事故となった件もあります。そもそも自転車の運転者は前傾姿勢をとるため前方の視野が狭くなりがちですから、常に前方を注意するという基本的な指導も怠ってはなりません[3]。

集団走行では、後ろの走行車は、前の自転車を風よけにして体力を温存するために、前の自転車との車間を詰めがちになります。しかし、そうすると、前の自転車が自動車等に衝突するとその後ろの自転車も続いて衝突する事故となったり（ 2009 死 46 、 2010 死 51 ）、前の自転車の後輪と後ろの自転車の前輪が接触して転倒する事故（ 2018 障 356 ）となってしまいます。このような事故防止のために、自転車間の距離の取り方についての指導も重要です。

▶ 事故予防アドバイス

公益財団法人全国高等学校体育連盟自転車競技専門部は『自転車競技における事故防止のガイドライン』（2018 年 2 月 出典 ） 8 頁で、公道での自転車競技で事故につながる要因として下記のものをあげています。

- 側道から進入してくる車両や歩行者との接触
- 前方不注意による相互接触で転倒
- 路肩の凹凸、段差でバランスを崩して転倒
- 下り急コーナー部で曲がり切れず転倒
- 集団走行中の急減速による相互接触で転倒
- 疲労、高温、水分不足、エネルギー不足による体調不良
- 車体の故障・破損や整備不良

指導者はこれらを常に念頭に置きながら、活動のコースとしては交通量が少なく、見通しのよい道路を選ぶとともに、下り坂やカーブ、交差点、スピードの上げ下げや車間距離などの走行方法の確認を、生徒の競技経験や技量も踏まえて入念に行う必要があります。また、道路上に凹凸やグレーチング（道路側溝の格子状の蓋）があれば、これらで転倒などしないように注意喚起すべきです。

自転車競技ではヘルメットの着用は当然の前提ですが、例えば、ランニングに自転車で伴走する際などはどうでしょうか。2023 年 4 月施行の道路交通法改正により、自転車利用者全員にヘルメットの着用が努力義務となりました。道路交通法上は努力

---

3) サイクリング行事で道を走行していたところ、歩行者（60 歳男性）に衝突し、死亡させた事故では、行事の主催者にコース監視員を配置していなかったことを理由に責任が認められました（広島地裁尾道支部 2007 年 10 月 9 日判決）。

義務ですが、学校管理下の活動中に児童生徒がヘルメットを着用しないまま自転車を運転し、転倒などして頭部にけがをした場合、学校には児童生徒に対する安全配慮義務違反が認められる可能性があります。今後は、指導者はいかなる場面でも自転車を運転する児童生徒に対して、ヘルメットを適切に着用するように指導するべきです。

3 まとめ

　校内の運動場等や体育館とは異なり、公道では一般の歩行者や自動車に気をつけなければなりません。しかし、児童生徒は、ランニング中や自転車走行中には走ることに夢中で、これらと衝突する危険性にまでは考えが及ばないことがあります。指導者には、走行コースとして安全な道路を選択するとともに、なおかつ危険な箇所などを十分に把握したうえで、児童生徒とその情報を共有して事故予防に取り組むことが求められます。

3 海・湖・川・水路／ハイキング・遠足での事故

1 海・湖・川・水路の事故

(1) 海・湖・川・水路の事故の現状

ア　日本スポーツ振興センターの災害給付データ

日本スポーツ振興センター（JSC）の死亡見舞金・供花料・障害見舞金・歯牙欠損見舞金事例のなかで、スポーツ・体育的活動[1]中の海・湖・川・水路の事故[2]は33件（死亡見舞金または供花料22件・障害見舞金件11件・歯牙欠損見舞金0件）あります。

学校種別ごとに、授業（保育を含みます）、課外活動および学校行事で分類をした結果は、**図3-3-1**のとおりです。高校／高専での事故が26件に上り、全事故のうち78%を占めています。他方で、中学校、小学校および幼稚園・保育園での事故は、多少の差はありますが、概ね同程度の件数（中学校2件、小学校2件、幼稚園・保育園3件）です。

次に、事故態様ごとに、発生場所（海、湖、川または水路）で分類をした結果は、**図3-3-2**のとおりです。事故態様の1位は溺水であり、全体

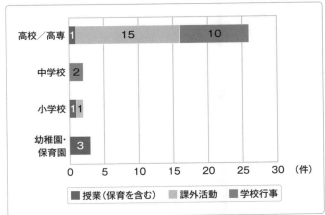

図3-3-1　海・湖・川・水路　死亡・障害事例　2005 〜 2021 年度

（凡例）■授業（保育を含む）　▨課外活動　■学校行事

---

1) ここでいう「スポーツ・体育的活動」とは、体育的行事や体育的部活動だけでなく、身体運動を伴うレクリエーションや遊び（例えば、総合的な学習の時間における野外活動等）も含みます。

2) ここでいう「海・湖・川・水路の事故」とは、発生場所が「海・湖・沼・池」、「河川」または「その他」である事例のうち、海や川に特有または特徴的な事故のことをいいます。

に占める割合は63％です。事故態様の2位は物との衝突であり、小舟のパドルやサーフボードが人にぶつかる等の事故があります。事故態様の3位は転倒です。川で転倒する、飛び込み台でバランスを崩す等の事故があります。その他は、生物毒1件（遊泳中にクラゲに刺された事案）と、

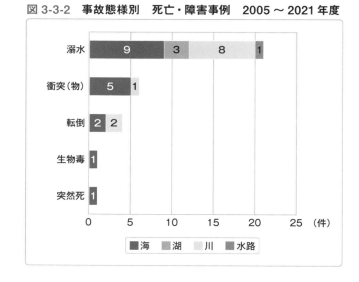

図 3-3-2　事故態様別　死亡・障害事例　2005～2021年度

突然死1件（遊泳中の突然死）です。

　最後に、溺水の事案を、事故時の状況ごとに、具体的な溺水の原因で分類をした結果は、**図 3-3-3** のとおりです。溺水事故に多く見られる類型は、遊泳中に溺れる（7件）、水遊び中（足が届く水深）に溺れる（6件）、球技中に川・水路に落ちたボールを取ろうとした際に溺れる（3件）、小舟の操縦中に転覆する（3件）等です。

図 3-3-3　溺水時の状況・原因　2005～2021年度

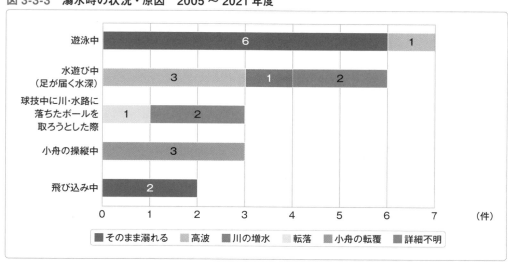

足が届く水深の場所や、海・湖・川・水路とは無関係の活動中であっても、溺水事故が多く発生しています[3]。なお、溺水の事案はすべて死亡事故であり、溺水が非常に危険な事故類型であることがわかります。

イ　裁判例

　判例集に記載されている海・湖・川・水路の事故の裁判例は、①海で遊泳中の溺水事故4件、②湖で遊泳中の溺水事故1件、③川で水遊び中の溺水事故2件、④遠足中に岸辺から川に転落した溺水事故1件の計8件があります。

(2) 海・湖・川・水路の事故に特徴的な類型とその予防

ア　海・湖・川での遊泳中、水遊び中、飛び込み中等の溺水事故

　裁判例としては、①河口に近接する海岸での水泳訓練中の中学1年生〜3年生100余名が澪筋（澪と呼ばれる深みが筋状に形成されている場所）における異常な潮の流れにより溺れ、うち36名が死亡した事案（津地裁1966年4月15日判決）、②修学旅行中の海水浴の時間に、遊泳区域の範囲外において遊泳していた高校3年生3名がリーフカレント（離岸流に似ているが、さんご礁の外礁の切れ目から海水が流出する際に沖向きの強い流れを生ずるさんご礁海域特有の現象）により流され、うち2名が溺死した事案（横浜地裁2011年5月13日判決）、③自由参加の学級ピクニック中に、湖で遊泳していた中学3年生が両足にこむら返りを起こして溺死した事案（京都地裁1979年1月19日判決）、④公民館が主催する野外活動キャンプ中に、川で水遊びをしていた児童2名が溺死した事案（高松高裁2012年2月23日判決）、⑤高校の遠足中に、川の岸辺の岩盤上に立っていた高校1年生が、自身の足を滑らせたまたは足を滑らせた同級生を助けようとしたことにより、川の本流に落ちて溺死した事案（東京地裁1971年11月20日判決）、⑥子ども会のハイキング中に、川遊びをしていた小学4年生が、指示された場所の範囲を超えて岩場伝いに上流へ向かっている際に、直下の淵に水没して溺死した事案（津地裁1983年4月21日判決）等があり

---

3) なお、スポーツ・体育的活動中の事故ではないため、本書では取り上げていませんが、通学中に川や水路に転落したり流されたりする溺水事故も多く発生しています。JSCの2005年度から2021年度までの17年間の死亡見舞金・供花料・障害見舞金・歯牙欠損見舞金事例のなかには、通学中の溺水事故の事例が8件あります。

ます。

　JSCの事例としては、①遊泳中、水遊び中または飛び込み中に、周囲が見ていない間に溺れ、死亡した事案（ 2006死36 、 2006死37 、 2014死37 、 2017死27 、 2018死53 、 2019死36 、 2020死20 、 2020死21 ）、②遊泳中または水遊び中に、高波にさらわれて溺死した事案（ 2007死37 、 2007死38 、 2009死33 ）、③遊泳中または飛び込み中に、周囲が見ている状況にもかかわらず溺れ、救助が間に合わず死亡した事案（ 2007供15 、 2008死31 ）、④足が届く水深での水遊び中に、急な増水により川に流されて溺死した事案（ 2012死48 ）等があります。

▶ 事故予防アドバイス

　上記①および②の裁判例において、裁判所は、教員に（ⅰ）事前に遊泳場所等の調査を実施して危険箇所の有無等を確認するべき義務、（ⅱ）参加者に対する警告・安全指導を実施するべき義務、（ⅲ）遊泳中の監視・救助体制の整備等の事故予防措置を講じるべき義務等があると判断しています。そのため、海・湖での遊泳や水遊びを実施しようとする場合には、これらに留意して、事故予防に取り組む必要があります。

　上記（ⅰ）～（ⅲ）の具体的な内容としては、事前の準備（下記①～⑤）、活動中の対策（下記③～⑦）、および事故発生時の対応（被害者最小限にする意味での事故予防。下記⑤および⑦）が考えられます。

① 事前に、遊泳や水遊びを予定している場所（海水浴場、湖水浴場、河川）について、地方自治体のホームページ等で公開されている最新情報を入手し、適切な安全管理が行われている場所を選ぶとともに、考えられるリスク回避の対策を前もって立てる。例えば、海水浴場であれば、自然海岸等の一般海岸は避けて、遊泳区域が明示され、ライフセーバーや監視員等が配置されている場所を選ぶ。川であれば、公益財団法人河川財団ウェブサイト「全国の水難事故マップ」 出典 を確認して、水難事故が多く発生している場所は避ける。

② 事前に、実地踏査を行い、現地の状況や安全の確認、地理的環境や所要時間など

4）スキューバダイビングや小舟の操縦等、技術的な指導を必要とする活動を行う場合には、指導を行う現地施設の従業員や協力者等の確保は必須です。

を把握するとともに、それらに基づいて現地施設の従業員や協力者等[4]との事前の打ち合わせを十分に行う。

③遊泳や水遊びにおいて、一般的に危険な行動や場所、それらの行動や場所が危険な理由について、児童生徒等に対して教授・教育する。

④ 上記①で立てた対策および上記③を踏まえて、行動や場所の制限・ルールを策定し、児童生徒等に対して周知指導を徹底する。

⑤ 引率教員は必要十分な数[5]を確保するとともに、引率責任者を明確にするなど、その指導組織や事務分担を明らかにし、万が一の事故に備えて監視体制や救助体制を整える。

⑥ 気象情報を常に確認して、高波や増水のリスクを把握し、天候その他の異変の際は、予定を変更・中止する。例えば、海であれば、海上保安庁ウェブサイト「海の安全情報」[出典]を確認する。川であれば、国土交通省ウェブサイト「川の防災情報」[出典]を確認する。

⑦ 遊泳以外の活動においては、ライフジャケットを着用する[6]。

　なお、活動の種類別のより具体的な対策については、以下のウェブサイトが参考になります。

・海上保安庁ウェブサイト「ウォーターセーフティガイド」[出典]

・国土交通省ウェブサイト「河川水難事故防止ポータルサイト」[出典]

・公益財団法人河川財団ウェブサイト「子どもの水辺サポートセンター」[出典]

・公益財団法人河川財団「水辺の安全ハンドブック」（2020 年 7 月）[出典]

・政府広報オンラインウェブサイト「水の事故、山の事故を防いで海、川、山を安全

---

5) 具体的に何人であれば必要十分な数といえるかは、ケースバイケースです。そのため、個別の活動ごとに、児童生徒等の年齢・学年（年齢・学年が低いほど事故発生のリスクが高まるため、必要な引率教員の数は多くなる）、児童生徒等の数（引率教員 1 名が監視できる人数には限界があるため、児童生徒等の数が多いほど、必要な引率教員の数は多くなる）、活動の内容（事故発生のリスクが高い活動であれば、必要な引率教員の数は多くなる）、活動場所の範囲（引率教員 1 名が監視できる範囲には限界があるため、児童生徒等の活動場所の範囲が広いほど、必要な引率教員の数は多くなる）、教員以外の引率者・監視者の有無・数（現地にガイドや監視員がいない、または少ない場合には、必要な引率教員の数は多くなる）等の事情を考慮して、引率教員の数を決定する必要があります。裏を返せば、確保できる引率教員および教員以外の引率者・監視者の合計数に応じて、安全性を十分に保持できる範囲内で、活動の内容や活動場所の範囲を決定する必要があります。

6) 児童生徒等の体型に合った大きさのものを着用すること、正しい方法で着用すること等が重要です。

に楽しむために」出典

イ　小舟の操縦中の溺水事故

　JSC の事例として、①高校 2 年生が、川でのカヌー実習中に、他のカヌーを避けようとしてバランスが崩れ転覆し、水中に投げ出されて溺死した事案（2005 死 56）、②中学 1 年生が、湖でのカッター訓練中に、荒天によって波が高くなり、漕艇不能となって転覆したボートの中に取り残され、溺死した事案（2010 死 16）、③保育園児が、川遊び中に、いかだが転覆して川に投げ出され、溺死した事案（2014 死 50）があります。

▶ 事故予防アドバイス

　基本的には、上記アの事故予防アドバイス①〜⑦と同じですが、小舟の操縦の場合、遊泳ではないため、ライフジャケットの着用（上記アの事故予防アドバイス⑦）は必須です。また、それらに加えて、事前に小舟の種類に応じて、操縦の基本技術や転覆した際の基本技術を身につけることも必要です。

ウ　球技中に川・水路に落ちたボールを取ろうとした際の溺水事故

　JSC の事例として、①高校 1 年生 2 名が、サッカー部の活動中、川に落ちたボールを取りに行ったが、そのうち 1 名は途中で戻り、残りの 1 名が 20 分経っても戻らなかったため、他の部員が様子を見に行ったところ、溺死していた事案（2006 死 41）、②サッカー部の試合中、試合に出ていなかった高校 1 年生が、空きスペースでボールを蹴っていたところ、防球ネットを越えて農業用水路に落ちたボールを取りに行ったまま戻らず、溺死した事案（2013 死 40）、③高校 1 年生が、野球部の試合中、川に落ちたボールを取る際に足を滑らせて川に転落し、通りかかった人から知らせを聞いて顧問が現場に着いたときにはまだ泳いでいたが、救助できず、119 番通報している間に沈み、溺死した事案（2018 死 46）があります。

▶ 事故予防アドバイス

　事故予防としては、①ボールが川や水路に落ちた場合、複数名で取りに行き、かつ、ボールを取りに行くことを教員や他の児童生徒等に伝えておくよう児童生徒等に指導することは最低限必要ですが、上記で紹介したとおり、それだけでは事故を防ぐことができない可能性のある事案も発生しています。そのため、②上記の JSC の事例のような事故が過去に発生していることを児童生徒等に周知し、基本的には、③川

や水路にボールが落ちても児童生徒等だけで拾いに行かず、教員がいない場合はあきらめるよう指導するべきです。

2 ハイキング・遠足の事故 [7)]

(1) ハイキング・遠足の事故の現状

ア 日本スポーツ振興センターの災害給付データ

　JSC の死亡見舞金・供花料・障害見舞金・歯牙欠損見舞金事例のなかで、ハイキング・遠足の事故[8)] は 15 件（死亡見舞金または供花料 2 件・障害見舞金 13 件・歯牙欠損見舞金 0 件）あります。

　学校種別ごとに、課外活動および学校行事[9)] で分類をした結果は、**図 3-3-4** のとおりです。中学校での事故が 8 件（53%）と最も多く、次いで小学校での事故が 5 件（33%）と続きます。高校での事故は 2 件（13%）です。なお、幼稚園・保育園での事故は 0 件でした。

　次に、事故態様ごとに分類をした結果は、**図 3-3-5** のとおりです（このグラフでは、事故の結果が死亡か障害かも記載しています）。事故態様の 1 位は転落・落下の 7 件（46%）であり、そ

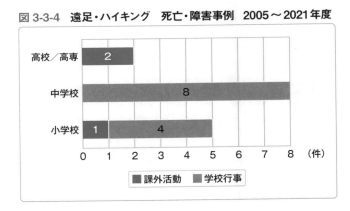

図 3-3-4　遠足・ハイキング　死亡・障害事例　2005〜2021 年度

---

7)　本書においては、学年全体等の課外活動や学校行事におけるハイキングや遠足を対象とし、山岳部の活動等の専門的な登山は対象外とします。なお、専門的な登山の場合には、本書に記載している事故予防策に加えて、さらに厳重な対策が必要であることはいうまでもありません。

8)　ここでいう「ハイキング・遠足の事故」とは、「遠足」「修学旅行」「文化的部活動」「その他集団宿泊的行事」「その他健康安全・体育的行事」または「その他」の場合であり、発生場所が「山林野」または「その他」である事例のうち、ハイキングや遠足に特有または特徴的な事故（ただし、水難事故は、上記（1）の海・湖・川・水路の事故に含まれるため、除きます。また、炊事活動はスポーツ・体育的活動ではないため、炊事活動中の火傷等の事故も除きます）のことをいいます。

9)　ここでいう「課外活動」とは、部活動、林間学校等であり、「学校行事」とは、遠足、修学旅行、その他集団宿泊的行事等です。

の具体的な態様は、崖や岩の上からの転落・落下、斜面からの転落等です。ハイキング・遠足の事故において2件存在する死亡事故は、いずれも転落・落下の事案です。以下、2位は転倒（4件）、3位は落石（3件）と続きます。なお、その他の1件は、下

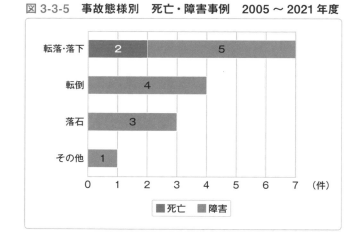

図 3-3-5　事故態様別　死亡・障害事例　2005 〜 2021 年度

山中に両足が痙攣し始め、帰宅後も激しい痙攣が発生したという事案です。

イ　裁判例

　判例集に記載されている遠足・ハイキングの事故の裁判例は、①崖や岩からの転落・落下の事案4件、②落石の事案1件の計5件があります。

（2）遠足・ハイキングの事故に特徴的な類型とその予防

ア　ハイキング・遠足中の崖・岩・斜面からの転落・落下事故

　裁判例としては、①小学校の遠足において、登山中の小学5年生がソフトボールくらいの大きさの石に乗り上げ、またはつまずいて転倒し谷へ転落して死亡した事案（東京高裁 1988 年 8 月 18 日判決）、②中学校の教育課程内活動である合宿訓練において、登山中の中学1年生が、風に飛ばされた帽子を取ろうとして山頂から崖を下り始めたところ、足を滑らせて絶壁を転がり落ちて 80m 転落して傷害を負った事案（松山地裁今治支部 1989 年 6 月 27 日判決）、③小学校の遠足において、小学4年生が、昼食後走り回って遊んでいたところ、崖から転落して死亡した事案（浦和地裁 1991 年 10 月 25 日判決）、④小学校の遠足において、小学3年生が、自らの進む道が本道ではないこと、および傾斜が急で危険な箇所に来てしまったことに気がつきながら、他の同学年の児童とともに本道に引き返さないで進行し、斜度 90 度、高さ 15m の崖から転落して傷害を負った事案（岡山地裁 1992 年 5 月 26 日判決）があります。

　JSC の事例としては、①崖や斜面から転落・落下した事案（ 2007 障 183 、 2010 障 392 、 2011 死 17 、 2016 障 127 、 2018 死 52 ）、②岩の上から転落した事故（ 2005 障 45 、 2006 障 55 ）等があります。

▶ 事故予防アドバイス

　上記③の裁判例において、裁判所は、校長や遠足に携わる教員に、（ⅰ）事前に目的地等の調査を実施して危険箇所の有無や現地の状況等を正確に把握したうえで、児童生徒等に昼食や自由行動を指示するにあたっては、それにふさわしい安全な場所を選ぶ義務があると判断しています。また、上記④の裁判例において、裁判所は、引率する教員に、（ⅱ）児童生徒等の安全を図るために、危険に遭遇しないように適切な指示を出し、指示を守らせるように努める義務があると判断しています。

　上記（ⅰ）～（ⅱ）の具体的な内容としては、事前の準備（下記①～⑥）、活動中の対策（下記③～⑧）、および事故発生時の対応（被害者最小限にする意味での事故予防。下記⑤および⑧）が考えられます。

① 事前に、ハイキング・遠足の対象山林野について、最新情報（山岳情報、気象情報、火山情報等）を入手し、適切な安全管理が行われている場所を選ぶとともに、入山中に考えられるリスク回避の対策を前もって立てる。

② 事前に、実地踏査を行い、現地の状況や安全の確認[10]、地理的環境や所要時間などを把握するとともに、それらに基づいて現地施設の従業員や協力者等との事前の打ち合わせを十分に行う。

③ ハイキング・遠足において、一般的に危険な行動や場所、それらの行動や場所が危険な理由について、児童生徒等に対して教授・教育する。

④ 上記①で立てた対策および上記③を踏まえて、行動や場所の制限・ルールを策定し、児童生徒等に対して周知指導を徹底する。

⑤ 引率教員は必要十分な数[11]を確保するとともに、引率責任者を明確にするなど、その指導組織や事務分担を明らかにし、万が一の事故に備えて監視体制や救助体制を整える。

10）携帯電話の通信状況も確認し、通信ができない場所がある場合は、本番の活動時に通信可能な通信機器（トランシーバー等）を持参するべきです。

⑥ 児童生徒等の参加人数の多い場合は、できるだけ大集団の行動を避け、適当な人数の集団 [12] に分けるなどの方法をとる。

⑦ 気象情報を常に確認して、視界不良（霧の発生等）、足場不良（降雨によるぬかるみ等）、落石（降雨による土砂崩れ等）のリスクを把握し、天候その他の異変の際は、予定を変更・中止する。

⑧ 転落・落下の危険がある場所においては、ヘルメットを着用する。

なお、具体的な対策については、以下のウェブサイトも参考になります。

・山岳遭難対策中央協議会「夏山登山の警告文」（2019 年 7 月）[出典]

・政府広報オンラインウェブサイト「水の事故、山の事故を防いで海、川、山を安全に楽しむために」[出典]

イ　ハイキング・遠足中の落石事故

裁判例としては、高校の学校行事において、高校 3 年生が、学校指定外のコースを自主的に選択して登山をしたところ、落石が後頭部を直撃して傷害を負った事案（神戸地判 1992 年 3 月 23 日判決）があります。

JSC の事例としては、登山中に落石が頭や手に当たった事案（ 2006 障 179 、 2017 障 129 、 2020 障 115 ）があります。

▶ 事故予防アドバイス

基本的には、上記アの事故予防アドバイス①～⑧と同じですが、その場でのとっさの対処が転落・落下事故よりも難しい分、落石の危険の有無の事前確認（上記アの事故予防アドバイス①および②）、児童生徒等への教授・教育や周知指導（上記アの事故予防アドバイス③および④）、落石の危険がある場所でのヘルメットの着用（上記アの事故予防アドバイス⑧）は、特に重要です。

11）具体的に何人であれば必要十分な数といえるかはケースバイケースであり、個別の活動ごとにさまざまな事情を考慮して引率教員の数を決定する必要があること、裏を返せば、確保できる引率教員等の合計数に応じて活動の内容や活動場所の範囲を決定する必要があることは、前掲脚注 6 のとおりです。なお、ハイキング・遠足の場合、児童生徒等の進行する速度の違いにより集団が前後に間延びすることから、引率教員の数だけでなく、その配置（例えば、集団の先頭・中団・最後尾のそれぞれに引率教員を配置する等）も事前に決定しておいたほうがよいでしょう。

12）児童生徒等の体力差等も踏まえて、集団を編成するのがよいでしょう。

3 まとめ

　上記のとおり、海・湖・川・水路での活動やハイキング・遠足においては、事前の実地踏査はもちろん、活動中においても状況を継続して注視する必要があります。また、場所や時間によって刻々と状況が変化していく自然環境のなかでの活動である以上、たとえ万全の事故予防策を講じていたとしても、状況によっては、活動自体の変更や中止を決断[13]しなければならない場合もあります。ここが、他の体育・スポーツ活動とは異なる特徴といえるでしょう。

---

13) 上記事故予防アドバイスのとおり、活動自体の変更や中止を決断する責任者も事前に決定しておきましょう。

4 乳幼児 (0 ～ 6 歳) の事故

1 乳幼児 (0 ～ 6 歳) の事故の現状と事故予防

　就学前の乳幼児（0歳の乳児、1～6歳までの幼児）は、同じ子どもであっても、小学校以降の児童生徒とは発達段階が大きく異なり、事故状況も特有です。この時期の子どもは、危険を認識する能力や危険を回避する能力が低い一方、自らの好奇心の

赴くままに行動するという特徴が見られます。したがって、事故による傷害の内容や予防策についても、児童生徒とは分けて考える必要があります。本稿では、運動やスポーツと直接の関係はありませんが、乳幼児の保育環境下で取り上げるべき事故類型として、特に睡眠時や窒息等に関する事故も取り上げます。

図 3-4-1　乳幼児に関連した死亡・障害事例の事故発生場所　2005 ～ 2021 年度

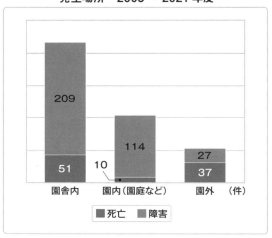

図 3-4-2　乳幼児に関連した死亡事故の原因　2005 ～ 2021 年度

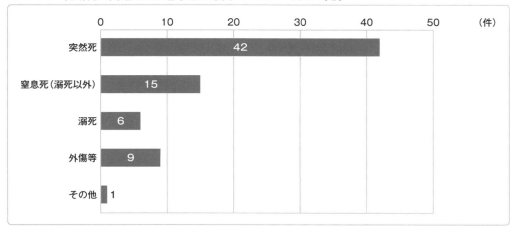

日本スポーツ振興センター（JSC）の死亡見舞金・障害見舞金事例のなかで、乳幼児に関連した事故は448件あり、発生場所別および死亡・障害別に分類したグラフは、**図 3-4-1**、**図 3-4-2** です。安全な場所と考えられがちな園舎内で起きた事故が約60%を占めており、園舎内であっても具体的な事故予防を図る必要が高いことがわかります。

　死亡事例では、発生数が最も多いのは「突然死」です。突然死の多くは「睡眠中の突然死」であり、2016年に内閣府等から出された「教育・保育施設等における事故防止及び事故発生時の対応のためのガイドライン」（以下「内閣府等ガイドライン」 出典 ）にも「重大事故が発生しやすい場面」の1つとして「睡眠中」があげられています。

　「窒息死（溺死以外）」は15件発生しており、食品に起因する事故が9件と60%にのぼります。切らない丸のままのミニトマトやぶどう、白玉団子、節分行事で使われる炒り豆などによる窒息が原因ですが、これらの食品は、内閣府等ガイドラインでは「使用しないことが望ましい」とされています。また、遊具での窒息事故は、すべり台の手すりの突起にポンチョが引っかかって首が吊られた状態になった事例（ 2008 死 63 ）や、うんていの支柱とはしごの間にできたV字状の隙間に首が挟まれた事例（ 2018 死 71 ）などがあります。

　「溺死」も6件起きており、このうちの2件は保育活動中に河川で起きており、これらは事前の天候チェックやライフジャケット着用等で予防できたはずです。

　次に、乳幼児に関連した障害事故の内容は、**図 3-4-3** です。事故の原因は、転倒・

図 3-4-3　**乳幼児に関連した障害事故の障害内容　2005 ～ 2021 年度**

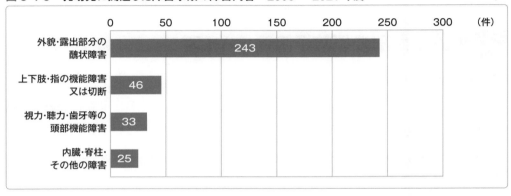

転落・衝突等による外傷が中心ですが、具体的には、幼児同士のひっかきや、振り回した道具が顔や身体にぶつかる事故などもあり、事故状況は多岐にわたります。

具体的には、幼児が園庭に出る際に勢いよく飛び出したため敷いてあった人工芝のマットにつまずいて転んで頬に線状痕を負った事例（ 2021障319 ）、大型遊具から転落して顔面に醜状瘢痕（しゅうじょうはんこん）が生じた事例（ 2019障356 ）、園舎に入る玄関先で保護者と接触・転倒して後頭部を床に強打するとともに保護者の靴のかかとが転倒した幼児の前額部に当たって線状痕が生じた事例（ 2020障393 ）、友人が使っていた玩具を取ろうとして頬をひっかかれた事例（ 2020障389 ）、室内遊びの時間に窓ガラスを両手で強く叩いたためにガラスを突き破って両腕を傷つけた事例（ 2015障431 ）、加湿器のコードを引っ張ったことで倒れた加湿器内のお湯を浴びて頬から顎、胸にかけて熱傷を負った事例（ 2010障446 ）などがあり、原因もさまざまです。

障害内容の内訳を見ると、「外貌・露出部分の醜状障害」が最も多く、約70％を占めており、これは、頭部、顔面部、首、上肢・下肢などの露出面に目立つ傷跡が残ったことを意味します。目立つ傷跡は、機能障害がなかったとしても心に暗い影を落とし、長期間に渡る心身のケアが必要になる可能性があります。その他、機能障害を負うけがも多数発生しています。人生の始まりの時期に、防ぐことができたけがによってその後の人生に大きな負荷がかかる事態は、本人はもちろんのこと、家族や周囲の人々のためにも防がなければなりません。

判例集で検索をしたところ、乳幼児の窒息に関する裁判例は19件ありました。乳幼児突然死症候群が争われた事例、うんてい事故（後掲）などがあります。また、乳幼児の溺水に関する裁判例は9件あり、プール事故（後掲）や園外学習の川遊びでの事故（後掲）などがあります。

2 事故類型別の事故予防アドバイス

（1）お昼寝中の突然死

上記のとおり、突然死の多くは睡眠中に起きています。多くの保育施設で毎日行われているお昼寝中の突然死のすべてを予防することはできませんが、以下のような対策を取り、事故予防につなげましょう。

▶ 事故予防アドバイス

① あおむけに寝かせる。

② 乳幼児の顔が沈み込まない固さの布団を使う。

③ 呼吸チェックを行いつつ、センサなども活用する。

④ 乳幼児が寝ているそばにぬいぐるみなどを置かない。

⑤ 乳幼児の顔のまわりにひも状のものを置かない。

⑥ お昼寝用の部屋には何も置かない（スタンドや花瓶などの転倒や、たんすの引き出しなどの飛び出しによる衝突事故の予防）。

⑦ 乳幼児が別の子の上に乗りかからないよう、布団やベッドの間の距離を取る。

(2) 食事やおやつのときの窒息事故

　窒息死では、食事や食品による窒息や誤嚥がよく見られます。例えば、節分行事を行って炒り豆を食べた後、歌を歌ったり遊んだりするなかで突然うつ伏せに倒れて緊急搬送されたものの死亡した事例（ 2020 死 44 ）などがあります。食事や食品摂取時に注意すべき事項は、内閣府等ガイドラインをよく読み、過去に窒息や誤嚥などが起きた食材は使用しないことが原則です。具体的には、以下のような対策を取り、事故予防につなげてください。なお、遊具での窒息死については、別項で後述します。

▶ 事故予防アドバイス

① 食事やおやつの際には、まず水分を与える。

② 食事中にびっくりさせない、大泣きや大笑いをさせない（驚いたときや泣ききった後などに息を強く吸い込むと、口の中の食べ物が喉の奥に吸い込まれることがある）。

③ 口の中に食べ物が入った状態で立ち歩かせない（転んだ拍子にびっくりして息を強く吸い込むと、口の中の食べ物が喉の奥に吸い込まれることがある）。

④ ミニトマトや大粒のぶどうは4つに切った上で食べさせる。

⑤ 園庭でミニトマトの栽培をしない。

⑥ 収穫体験活動を行う場合、ミニトマトや大粒のぶどうの収穫はしない。

⑦ 節分の豆まきの際は、豆の代用として紙を丸めたものなどを使用する。

⑧ 豆を家庭に持ち帰らせない。

（3）水遊び中の事故（プール、河川）

　幼児のプール活動中にプールサイドに散乱したビート板・遊具の片づけに保育者が気を取られ、幼児が溺死した事故では、裁判所は、保育者と園長に3100万円超の賠償を命じました（横浜地裁2017年4月13日判決）。プールの片づけに際し、保育者は、①幼児を監視して生命身体の安全に配慮すべき義務があり、②プールサイドに散乱したビート板・遊具の片づけに気を取られて、プール内の幼児の動静を注視せずに幼児が溺れていることに気づくのが遅れるようなことがあってはならないとされました。また、園長については、プール活動の指導内容は一緒にプール活動をしていた別クラスの担任である他の保育者に任されていたことや、園長が具体的な指導内容を指示せず、また確認していないことなどの事実を全体的に考え、園長が事故発生防止のために相当な注意をしたとは認められないとして、保育者と連帯して賠償責任を負うとされました。この裁判所の判断は、控訴審（東京高裁2018年2月15日判決）でも是認されています。

　保育者の不注意でプールで溺死事故が生じた他の例には、プール活動中に自由時間として自由に遊ばせている間、担任保育者2名がそれぞれ階下へカメラを取りに行ったり、日誌に記入をするなどしていたところ、被災幼児がプールで仰向けの状態で浮いていることに気づき、救急搬送等したものの結果的に死亡した事故（ 2015 死 63 ）があります。

　この他にも、幼稚園のお泊まり保育での川遊び中に増水が生じて幼児が流されて1名が死亡し、他に負傷者も生じた事故（松山地裁2016年5月30日判決（刑事）、園長に罰金刑の有罪判決）など、乳幼児の溺水関連の事故は多く発生しています。保育者の責任の分析と同種の事故を防ぐこととは、分けて考えなくてはいけません。屋内外を問わず、プールでの溺れを防ぐには見守りだけでは不十分です。水中での幼児の動きを感知してアラームを鳴らすシステムの導入など、テクノロジーの活用も必要です。

▶ 事故予防アドバイス

　消費者庁は、上記の横浜地裁のプール溺死事故発生後の消費者安全調査委員会による調査（教育・保育施設等におけるプール活動・水遊びに関する実態調査、平成30年）を受け、プール活動・水遊びを行う際に園長や保育者が活用できるチェック

リストを作成して公表しています（プール活動・水遊びに関するチェックリスト、園長用（2019年4月）、監視を担当するスタッフ・職員用（2019年4月）、監視のポイント（2020年5月）[出典]）。こうしたチェックリストを、ミーティングなどで活用し、以下のような対策を取るように心がけてください。

① プール活動では、監視者は監視に専念し、呼ばれても対応しない。

② プール活動では、監視者は監視エリア全体をくまなく監視できるよう、プールの周囲を歩いて見回る。

③ プール活動では、可能であれば監視者を複数人配置し、多角度から監視をする。

④ プールが見渡せる位置にカメラを設置し、後で保育者の監視体制や行動を確認する。

⑤ 施設内には、水の溜まるところを作らない（乳幼児は数センチの水で溺れることがあるため）。

⑥ 園外活動で川や海に行く場合は、乳幼児も保育者も必ずライフジャケットを着用する。

(4) 遊び以外での転倒・転落などの事故

すでに述べた事例のほかにもこの類の事故は多く、トイレの帰りに友人と先を争って廊下を走って転倒し、壁の幅木の角に顔面を強打して負傷した事例（2009 障 462）や、すべり台を逆から登るなかで声をかけられて振り向いたはずみで転落した事例（2010 障 463）などがあります。

岐阜県岐阜市の幼稚園では、幼児たちが遊具を片づけるために遊戯室の外の道具箱へ行き来していた際、遊戯室から走ってきた幼児と他の幼児が衝突し、一方は前歯が折れ、他方は頭を強く打って内斜視の障害が生じた事故が2017年に起きました。裁判所は、道具箱が遊戯室から死角になる場所に置かれており、園は幼児たちの衝突事故が発生する危険を予見することが十分にできたとして、近くで監視監督する保育者を置くべきであったとして、園に対して2000万円超の賠償を命じました（岐阜地裁2023年4月26日判決）。しかし、幼児同士の衝突事故を防ぐために監視監督する保育者を置くことは現実的ではありません。道具箱が遊戯室から死角になる場所に置かれていたのであれば、道具箱の設置場所を変えたり、壁に大型のミラーを取り付けて

他の幼児の動きが見えるようにするなど、事故が起きないような環境へと変えることが必要です。

　また、東京都武蔵野市の幼稚園で鬼ごっこ遊戯中に児童が倒れ、玄関ポーチの縁止め部分のタイルレンガに額をぶつけて傷跡が残った事故が訴訟になりましたが、裁判所は、縁止め部分が直角で硬いレンガを設置すれば、転倒した児童に重大な傷害が生じる可能性があり、そのような転倒事故が生じることも当然予想されるから、設置に十分な注意が払われていないとして1920万円超の賠償を命じました（東京地裁1998年12月7日判決）。幼児の転倒は通常予想されるため、場所の利用目的に応じて設置する部材の素材や形状等に十分注意する必要があります。

▶ 事故予防アドバイス

　幼児に「転ばないように落ち着いて歩きましょう」「高いところに登ってはいけません」などと指導しても、実際にそのとおりに行動することは期待できません。そこで、以下のような対策を取り、事故が発生しないようにしながら、転んだり、高いところから落ちたりしても、障害が残るようなけがをしない環境づくりをする必要があります。

① 幼児が転落すると重大なけがを引き起こす場所（ベランダなど）には立ち入れないようにしておく。

② 窓の近くに踏み台となるもの（棚、本箱、椅子、電子ピアノなど）は置かない。

③ 幼児が転倒しても重大なけがにつながらないよう、「角」「突起」「段差」を極力減らしておく。

④ 幼児が飛び降りたり転落したりしても重大なけがにつながらないよう、棚や遊具の周りには緩衝材となるマットや砂を敷いておく。

（5）遊具での事故

　遊具での障害事故は、上記のとおりですが、死亡事故では、縄跳びの縄を自分の首に結びつけ一方をすべり台の滑り口のアームに結び、仰向けのまま滑って首を吊った状態となり死亡した事例（ 2005 死 80 ）や、すべり台の手すりにポンチョが引っかかって窒息して死亡した事例（ 2008 死 63 ）などの痛ましい事故が生じています。

保育所の園庭に設置されていたうんていのV字開口部に幼児の頸部が挟まり窒息死した事故の裁判（高松地裁2020年1月28日判決）では、裁判所は、うんていの一部に幼児の頸部が挟まる危険を認めつつも、担任保育士や、見守りを担当していた別の保育士、当時の園長については、賠償責任を否定しました。他方で、うんていの危険箇所を解消せずに放置した点について、法人の組織的な過失として、法人には賠償責任を認めました。遊具で遊ぶ幼児の見守りをする保育者や、園の園長に求められる具体的な認識や義務に関して参考になる事例ですので、裁判所の判断を具体的に見ていきましょう。

　担任保育士は、原則として①担任幼児の行動を把握すべきですが、例外的に②遊具での事故発生の可能性があるならば、担任がその場を離れるときには他の保育者に個別に注意を促す必要があり、③そのような事故の可能性がないのであれば、他の保育者に見守りを委ねることで足りるとされ、本件では③で足りると判断されました。

　他に見守りを担当する保育者は、事故が起きたうんていを気にかけており、幼児がうんていのはしごの上に登るなどの動きがあれば、これを止めに行ける程度の監視を行っていたことなどから、見守りの義務を果たしていたと判断されました。

　園長は、①遊具の安全性を確認し、認識できた遊具の危険を取り除くなどの義務があり、また、②乳幼児の安全を守るために適切な監視体制を築く義務を負います。裁判所は、事故が起きたうんていの危険性は一見しただけで気がつくようなものではなく、また、0歳児クラスの保育者もうんてい付近で見守りをするように指導がされていたなど、保育者間でコミュニケーションを取りながら適切な配置を保つことで、遊具の本来の用法から離れた危険な遊びが始まった場合には速やかに発見できる程度の監視を行う体制があったとして、園長自身の違反は否定しました。

▶ 事故予防アドバイス

　遊具の安全基準やガイドラインについては、教育・保育施設の遊具に特定したものはありませんが、「都市公園における遊具の安全確保に関する指針（改訂第2版）」（国土交通省 出典 ）と、「遊具の安全に関する規準 JPFA-SP-S：2014」（一般社団法人日本公園施設業協会）を参照することが必要です。一般に、保育施設等に設置された遊具は、この安全基準を満たしていますが、手作りの遊具や施設が独自に発注した遊具、また、既存の遊具に後付けで板などを付け加えた遊具によって重大な事故が起

きていることにも注意を払い、
以下のような対策で事故から乳
幼児を守ることが必要です。
① 手作りの遊具は使わない。
② 既存の遊具に後付けで部品
　等を加えることはしない。
③ 遊具の周りには緩衝材とな
　るマットや砂を敷くなどし
　て、幼児が転落しても重大
　なけがにつながらないよう
　にしておく。
④ 専門業者による定期点検を
　実施する。

写真 3-4-1　ジャングルジムとうんていとの距離が近い例

ジャングルジムから転落し、うんていのコンクリート製
台座部分に衝突すると、重大なけがを負う可能性がある

出典：独立行政法人日本スポーツ振興センター　学校災害防止調査
　　　研究委員会「学校における固定遊具による事故防止対策」
　　　72 頁より抜粋

⑤ 点検時は、腐食や破損だけでなく、上記安全基準に基づき、隙間に頭や指が入ら
　ないか、入ったら抜け出すことができるかなどを確認する。
⑥ 遊具で遊ぶ際は、ひも、リボン、フードの付いた服を着ない。通園バッグ、水筒、
　自転車ヘルメットなどストラップのある物を身につけない。
⑦ 遊具や廊下（帽子かけ用フック等）に、ひも状の物が引っかかるような突起がな
　いかを確認する。

3　まとめ

　乳幼児（0歳から6歳まで）の特殊性から、スポーツ以外の睡眠時や窒息等の事故
も取り上げ、具体的な予防策を説明しました。
　また、事故予防に欠かせない前提として、事故に関する報告が非常に重要です。
2016 年 4 月 1 日から、教育・保育施設等は、死亡事故だけではなく、治療期間が
30 日以上の負傷等を伴うすべての事故について、地方公共団体を通じて国に報告す
ることとされました（特定教育・保育施設等における事故の報告等について、内閣
府・文部科学省・厚生労働省等通知）。ところが、2022 年に実施された国の委託調査
によれば、この報告を正しく認識している施設は全体の約 60% に留まることがわか

りました（令和3年度子ども・子育て支援調査研究事業、教育・保育施設等における重大事故防止対策に係る調査研究、令和4年3月付け株式会社日本経済研究所による報告書）。

　事故報告の目的は、施設や管理者などを罰するためではなく、事故の内容を精査・検証して公開し、再発予防のための知見として共有することです。施設管理者は、事故予防の第一歩は事故情報の共有から始まることを理解し、報告対象とすべき事故の報告を怠らないようにしなければなりません。

5 熱中症に関連した事故

1 熱中症に関連した事故の現状

日本スポーツ振興センター（JSC）の死亡見舞金・障害見舞金・供花料事例のなかで熱中症に関連した事故は32件あります。

熱中症に関連した事故について、学校種別ごとに、「授業」「課外指導」「学校行事」「その他」で分類をすると、**図3-5-1**のとおりであり、課外指導（そのほとんどが部活動）における事故が大半を占めていることがわかります。

また、部活動が基本的にはない保育園や小学校での事故は少なく、中学、高校と、学年が上がってくるにつれて、発生件数が増えていることもわかります。一概にいえるものではありませんが、部活動や体育の授業における運動強度が上級学年になるにつれて高くなっていることが一因と推測されます。

競技別の事故割合については、**図3-5-2**のとおりです。屋外競技では、特にランニング等の体温上昇を生じさせやすい練習がメニューに組み込まれている競技の事故が多くなっています。例えば、野球およびサッカーの事故事例はすべてランニングやダッシュ等の走る練習に付随して熱中症を発症している事例です。

具体的には、サッカーの練習で、校舎外周を30分（約5km）ランニングしたこと

図 3-5-1　**熱中症に関連した死亡・障害事例　2005 ～ 2021 年度**

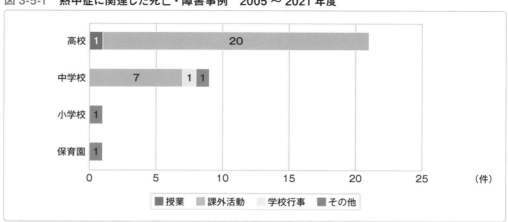

に起因して熱中症となった事故（ 2008 死 268 、 2013 供 405 ）や、ランニング（約 9.5km、40 分から 60 分コース）中に熱中症となり意識を失った事故（ 2017 死 832 ）等があります。

　一方で、屋外競技だけでなく、剣道や柔道、バスケットボールといった屋内競技でも熱中症に関連する事故が発生している点は注目に値します。

　具体的には、バスケットボールの練習として、体育館で 2 時間に渡るランニング、ストレッチ体操、筋トレ、ドリブル、ダッシュ等を行っていた際に熱中症を発症したと考えられる事故（ 2008 死 177 ）があり、屋内競技でも運動強度の高い練習によって熱中症が生じることがあります。

　また、剣道部員の生徒が、活動中に熱中症または熱射病を発症し、生徒が亡くなった裁判例があり、「剣道は、身体から発生する熱の放散を妨げる防具を着て運動する競技であり、熱中症が起こりやすい競技特性を有しているから、剣道の指導者は、熱中症につき、特に慎重な予防対策が求められる」として、熱中症が起こりやすいという剣道の競技特性に言及している点が注目に値します（大分地裁 2013 年 3 月 21 日判決）。

図 3-5-2　**事故態様別死亡・障害事例　2005 〜 2021 年度**

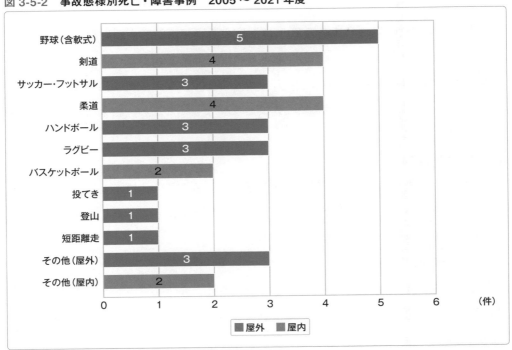

屋内競技だからといって、熱中症発生のリスクが低いというわけではなく、運動強度や競技特性に配慮する必要があるという点を、指導者はしっかりと認識する必要があります。

なお、判例集に掲載されている学校現場における熱中症に関連した事故の裁判例は、34件あり、競技別に見ると、剣道に関連した裁判例が最も多く6件、次点が野球に関連した裁判例で5件あります。その他、ラグビー、マラソンや駅伝等のランニング競技、相撲等、複数の競技の事例が確認できます。

2 熱中症に関連した事故の予防と対応

（1）熱中症が起こるメカニズムと原因

熱中症の発生要因としては、大きく、「外的な環境（気温および湿度）」、「運動の強度」および「からだの状態」の3つに分けて考えることが可能です。実際の事故は、これらの要因が複合的に絡み合って発生していることが多いです。

ア　外的な環境（気温および湿度）

熱中症というと、気温が注目されがちですが、実は湿度の影響が大きいということはあまり知られていません。

具体的には、熱中症のリスクの70％は湿度の影響で、20％が輻射熱（地面や建物から受ける熱）、残りの10％が気温と考えられています。

体温を下げるのに最も効果的なのは汗をかくことですが、湿度が高いと汗が蒸発しにくいので、体温を十分に下げることができなくなってしまい、結果として、熱中症の症状が現れることになります。

イ　運動の強度

基本的には、運動強度が上がれば上がるほど、児童生徒の体温が上昇します。そのうえで、適宜、休憩や水分補給等を行わない場合には、かかる上昇した体温をうまく下げることができないため、熱中症を誘引することになります。

ウ　からだの状態

高温・多湿の環境のなかで長時間運動を続けると、人体においては、体温の上昇と脱水が生じ、循環不全となり、ついには脳神経の障害、肝臓・腎臓等内臓の障害、血液凝固機能の障害、筋肉の融解が起こります。

この点、水分の補給等により、うまく体温を下げることができれば、熱中症リスクを減らすことができますが、体調不良の状態（睡眠不足、発熱、風邪等）にある場合には、体温調節能力が低下してしまいます。

（2）熱中症に関連した事故の予防

熱中症予防の観点から、公益財団法人日本スポーツ協会は、「スポーツ活動中の熱中症予防5か条」を掲げています。

1．暑いとき、無理な運動は事故のもと
2．急な暑さに要注意
3．失われる水と塩分を取り戻そう
4．薄着スタイルでさわやかに
5．体調不良は事故のもと

これらの5か条も参考にしながら、「精神力で頑張る」のではなく、科学的にそして安全を確保しながら指導を行う必要があることを、指導者はしっかり認識する必要があります。

まず、「1．暑いとき、無理な運動は事故のもと」および「2．急な暑さに要注意」の観点からは、指導者はその日の気温や下記で説明する WBGT 値（暑さ指数）[1] を参考に、急な温度の変化等にも目を配りながら、練習の量や内容を柔軟に変更し、適宜休憩のタイミングを増やす等の配慮が必要です。

この WBGT 値の参照の仕方ですが、公益財団法人日本スポーツ協会から「熱中症予防運動指針」が公表されており、参考になります（**表 3-5-1**）。

具体的には、WBGT が 28℃[2] を超えると熱中症のリスクが高くなりますので、指導者は、強い意志をもって激しい運動を抑制する必要があります。WBGT が 31℃ を

---

[1] 環境省の熱中症予防情報サイト 出典 において、居住地の暑さ指数（WBGT）の実況と予測を知ることができます。「今日」「明日」「明後日」の値が示されており、課外活動の前にチェックすることが推奨されます。なお、WBGT 値（暑さ指数）は、単なる気温ではなく、熱中症のリスクとなる湿度や輻射熱（地面や建物から受ける熱）の影響を取り入れた指標です。

[2] おおよその目安としては、湿度が 40％の場合は気温が 30℃でこの基準に達しますが、湿度が 70％だと気温 26℃で暑さ指数が 28℃に達します。

表 3-5-1　熱中症予防運動指針

WBGT ℃	湿球温度 ℃	乾球温度 ℃		
31	27	35	運動は原則中止	特別の場合以外は運動を中止する。特に子どもの場合には中止すべき。
▲▼	▲▼	▲▼	厳重警戒（激しい運動は中止）	熱中症の危険性が高いので、激しい運動や持久走など体温が上昇しやすい運動は避ける。10〜20分おきに休憩をとり水分・塩分を補給する。暑さに弱い人※は運動を軽減または中止。
28	24	31		
▲▼	▲▼	▲▼	警戒（積極的に休憩）	熱中症の危険が増すので、積極的に休憩をとり適宜、水分・塩分を補給する。激しい運動では、30分おきくらいに休憩をとる。
25	21	28		
▲▼	▲▼	▲▼	注意（積極的に水分補給）	熱中症による死亡事故が発生する可能性がある。熱中症の兆候に注意するとともに、運動の合間に積極的に水分・塩分を補給する。
21	18	24		
▲▼	▲▼	▲▼	ほぼ安全（適宜水分補給）	通常は熱中症の危険は小さいが、適宜水分・塩分の補給は必要である。市民マラソンなどではこの条件でも熱中症が発生するので注意。

1）環境条件の評価には WBGT（暑さ指数とも言われる）の使用が望ましい。

2）乾球温度（気温）を用いる場合には、湿度に注意する。湿度が高ければ、1 ランク厳しい環境条件の運動指針を適用する。

3）熱中症の発症のリスクは個人差が大きく、運動強度も大きく関係する。運動指針は平均的な目安であり、スポーツ現場では個人差や競技特性に配慮する。

※暑さに弱い人：体力の低い人、肥満の人や暑さに慣れていない人など。

出典：川原貴ほか『スポーツ活動中の熱中症予防ガイドブック』（第 5 版）公益財団法人日本スポーツ協会、2019 年、2 頁から抜粋 出典

超えた場合は、**表 3-5-1** では「原則中止」となっていますが、「絶対中止」にすべきです。

　また、そもそもの温度・湿度を下げるための対策として、スポーツを行う環境においても工夫が可能であり、屋内競技であれば、比較的、風通しがよく涼しい部屋を確保する、部屋に冷房機を設置する等、生徒の安全のために、可能な限りの対策を実施するべきです。

　次に、「3．失われる水と塩分を取り戻そう」の観点について、こまめな水分補給が重要なことは言うまでもないことですが、コーヒーや緑茶などのカフェインが多く含まれている飲み物は利尿作用があるので適しません。また、汗をかくと、水分と一緒にミネラルやビタミンも失われますので、同時にミネラルも補給することが望ましく、この点で、スポーツ飲料や麦茶などがおすすめです。実は「食事」も大事な水

分補給の手段です。例えば、ごはん1杯（約120g）には、約70mlの水分が含まれていますし、夏野菜も水分が多く含まれているので、食事をきちんと摂ることも重要です。

　裁判例でも、駅伝の試走リハーサルに参加した生徒が、重度の熱中症およびこれを原因とする後遺障害を負った事案で、監督者に水分補給を指示する義務があったと認定されており（大阪地裁2015年4月17日判決）、熱中症予防において水分補給が重要であることがわかります。

　一方で、ただ水分を大量に取り込めばいいというものではなく、過剰摂取による弊害（低ナトリウム血症（血液中のナトリウム濃度の低下）の誘発）もあるため、水の飲みすぎも良くないという点も、指導者は生徒に教える必要があります。

　「4．薄着スタイルでさわやかに」の観点について、具体的には、熱がこもりにくい通気性のよい素材（綿や麻等）を用いた服装を推奨ないし指定することも考えられます。

　最後に「5．体調不良は事故のもと」の観点について、体調不良の状態（睡眠不足、発熱、風邪等）ですと、体温調節能力が低下するため、熱中症リスクが上昇します。指導者は、児童生徒の健康状態を運動前に正確に把握し、体調不良の疑いのある児童生徒に無理をさせないことを徹底する必要があります。

　この点、指導者は児童生徒の様子をしっかりと観察し、ふらつき等の兆候が見られた場合には、直ちに休憩させるなど、無理をさせないことを徹底する必要があり、部活動の顧問は、「部員に何らかの異常を発見した場合には、その容態を確認し、応急処置を取り、必要に応じて医療機関に搬送すべき一般的な注意義務」を負うと判断した裁判例もあります（大分地裁2013年3月21日判決）。

(3) 熱中症への対応

ア　熱中症の症状と重症度の分類

　熱中症は一般に、1．熱けいれん（筋肉のこむら返りを伴う軽症型）、2．熱疲労（中等症型）、3．熱射病（重症型）の3つに分類されていましたが、最近では、Ⅰ度、Ⅱ度、Ⅲ度の3段階に分け、障害を受ける臓器を明確にした分類が用いられるようになりました（**表 3-5-2**）。

表 3-5-2　日本救急医学会熱中症分類 2015

	症状	重症度	治療	臨床症状からの分類
Ⅰ度（応急処置と見守り）	めまい、立ちくらみ、生あくび、大量の発汗筋肉痛、筋肉の硬直（こむら返り）意識障害を認めない（JCS＝0）		通常は現場で対応可能→冷所での安静、体表冷却、経口的に水分とNaの補給	熱けいれん熱失神
Ⅱ度（医療機関へ）	頭痛、嘔吐、倦怠感、虚脱感、集中力や判断力の低下（JCS≦1）		医療機関での診察が必要→体温管理、安静、十分な水分とNaの補給（経口摂取が困難なときには点滴にて）	熱疲労
Ⅲ度（入院加療）	下記の3つのうちいずれかを含む（C）中枢神経症状（意識障害JCS≧2、小脳症状、痙攣発作）（H/K）肝・腎機能障害（入院経過観察、入院加療が必要な程度の肝または腎障害）‑‑‑‑‑‑‑‑‑‑（D）血液凝固異常（急性期DIC診断基準（日本救急医学会）にてDICと診断）⇒Ⅲ度の中でも重症型		入院加療（場合により集中治療）が必要→体温管理（体表冷却に加え体内冷却、血管内冷却などを追加）呼吸、循環管理DIC治療	熱射病

Ⅰ度の症状が徐々に改善している場合のみ、現場の応急処置と見守りでOK

Ⅱ度の症状が出現したり、Ⅰ度に改善が見られない場合、すぐ病院へ搬送する（周囲の人が判断）

Ⅲ度か否かは救急隊員や、病院到着後の診察・検査により診断される

出典：横田裕行ほか「熱中症診療ガイドライン 2015」一般社団法人日本救急医学会熱中症に関する委員会、2015年、7頁から抜粋 出典

　Ⅰ度では、めまいや筋肉痛があり、初期には熱が上がらないこともあります。

　Ⅱ度では嘔吐やぼーっとした症状が見られます。これは、大量の発汗による脱水、電解質の喪失により、末梢循環不全を起こした状態です。

　Ⅲ度は、体温調節障害をきたした状態で、高度の全身臓器の障害を伴い、意識障害、痙攣、発熱、発汗の停止、電解質異常、血圧の低下などが見られます。

イ　熱中症の症状が見られる場合の対応

　生徒に熱中症の疑いのある症状（ふらつき等）が見受けられる場合の対応を**図**

図 3-5-3　熱中症への対応フロー

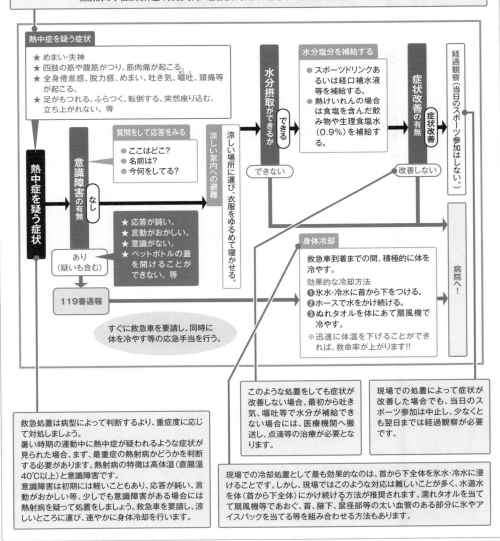

熱中症は暑熱環境で生じる障害の総称で、熱失神、熱けいれん、熱疲労、熱射病等の病型があります。

（1）熱　失　神：血管の拡張と下肢への血液貯留のため脳血流が低下して起こるもので、めまい、失神等の症状がみられる。
　　　　　　　　　涼しい場所に運び、寝かせる、脚を高くする等により通常は回復する。

（2）熱けいれん：大量の発汗があり、水のみ補給した場合に塩分が不足して起こるもので、四肢の筋や腹筋がつり（けいれんし）、筋肉痛が見られる。
　　　　　　　　　食塩を含んだ飲み物や生理食塩水等を補給すれば回復する。

（3）熱　疲　労：主に脱水によるもので、全身倦怠感、脱力感、めまい、吐き気、嘔吐、頭痛等の症状が起こる。高体温にならないことが多い。
　　　　　　　　　涼しい場所に運び、衣服をゆるめて寝かせ、水分と塩分を補給すれば通常は回復する。

（4）熱射病（重症）：体温調節が破綻して起こり、高体温（40℃以上）と種々の程度の意識障害（見当識障害から昏睡まで）が特徴
　　　　　　　　　脱水が背景にあることが多く、血液凝固障害（DIC）、脳、肝臓、腎臓、心臓、肺等の全身の多臓器障害を合併し、死亡率も高い。
　　　　　　　　　熱射病は死の危険が迫った緊急疾患であり、救急車を要請し、速やかに冷却処置を開始する。
　　　　　　　　　熱射病の予後は高体温の持続時間に左右されるため、現場での冷却処置が重要

熱中症を疑う症状

★ めまい・失神
★ 四肢の筋や腹筋がつり、筋肉痛が起こる。
★ 全身倦怠感、脱力感、めまい、吐き気、嘔吐、頭痛等が起こる。
★ 足がもつれる。ふらつく。転倒する。突然座り込む。立ち上がれない。等

熱中症を疑う症状

意識障害の有無

質問をして応答をみる
● ここはどこ？
● 名前は？
● 今何をしてる？

涼しい室内への避難

涼しい場所に運び、衣服をゆるめて寝かせる。

なし

★ 応答が鈍い。
★ 言動がおかしい。
★ 意識がない。
★ ペットボトルの蓋を開けることができない。等

あり（疑いも含む）

119番通報

すぐに救急車を要請し、同時に体を冷やす等の応急手当を行う。

水分摂取ができるか

できない

できる

水分塩分を補給する
● スポーツドリンクあるいは経口補水液等を補給する。
● 熱けいれんの場合は食塩を含んだ飲み物や生理食塩水（0.9%）を補給する。

症状改善の有無

症状改善

改善しない

経過観察（当日のスポーツ参加はしない。）

身体冷却

救急車到着までの間、積極的に体を冷やす。

効果的な冷却方法
❶氷水・冷水に首から下をつける。
❷ホースで水をかけ続ける。
❸ぬれタオルを体にあて扇風機で冷やす。

※迅速に体温を下げることができれば、救命率が上がります!!

病院へ！

救急処置は病型によって判断するより、重症度に応じて対処しましょう。
暑い時期の運動中に熱中症が疑われるような症状が見られた場合、まず、最重症の熱射病かどうかを判断する必要があります。熱射病の特徴は高体温（直腸温40℃以上）と意識障害です。
意識障害は初期には軽いこともあり、応答が鈍い、言動がおかしい等、少しでも意識障害がある場合には熱射病を疑って処置をしましょう。救急車を要請し、涼しいところに運び、速やかに身体冷却を行います。

このような処置をしても症状が改善しない場合、最初から吐き気、嘔吐等で水分が補給できない場合には、医療機関へ搬送し、点滴等の治療が必要となります。

現場での処置によって症状が改善した場合でも、当日のスポーツ参加は中止し、少なくとも翌日までは経過観察が必要です。

現場での冷却処置として最も効果的なのは、首から下全体を氷水・冷水に浸けることです。しかし、現場ではこのような対応は難しいことが多く、水道水を体（首から下全体）にかけ続ける方法が推奨されます。濡れタオルを当てて扇風機であおぐ、首、腋下、鼠径部等の太い血管のある部分に氷やアイスパックを当てる等を組み合わせる方法もあります。

出典：『スポーツ事故防止ハンドブック』独立行政法人日本スポーツ振興センター　学校安全部、2020年、10-11頁から抜粋　出典

3-5-3 に示します。

　表 3-5-2、**図** 3-5-3 の重症度分類表および対応フローからもわかるように、熱中症の重症度は、発汗があるかないかによってのみでは判定することはできませんので注意が必要です。

　意識障害がある場合は死亡の危険性があります。意識障害を生じる直前に、突然唸り声をあげて走り出すなどの幻覚・妄想を伴うせん妄状態や、ランニング中のふらつきなどの小脳症状を起こすことが知られています。これらの症状は、学校スポーツの現場などで早期発見に役立つ症状ですので、生徒の状態をよく観察することが必要です。

　そのうえで、**図** 3-5-3 を参考にして、対応してください。

　特に、Ⅱ度やⅢ度の状態にある場合は、命にかかわるリスクがありますので、身体を急速に冷却しながら、至急医療機関に搬送する必要があります。身体を急速に冷却する方法としては、氷水に全身を浸して冷却する「氷水浴」が最も効果的です。バスタブのように全身が入れられるものを用意することが望ましいですが、それが難しい場合は、ホースで水道水を全身にかけ続けることをおすすめします。

6 バスケットボールの事故

1 バスケットボールの事故の現状

　日本スポーツ振興センター（JSC）の死亡見舞金・障害見舞金事例のなかで、バスケットボール事故は311件あります。このうち、障害事例は、281件死亡事例は30件です。

　学校種別ごとに、授業、課外活動および学校行事で分類をすると**図 3-6-1** のとおりです。中学校と高校／高専における事故が大半を占めています。

　障害事例の場面別のデータは**図 3-6-2** のとおりです。

　1位が人と人との衝突による事故で、約47％を占めています。2位がボールが身体に衝突する事故です（約16％）。3位が床との衝突事故（約6％）、4位が物や体

図 3-6-1　**バスケットボール死亡・障害事例**
2005 〜 2021 年度

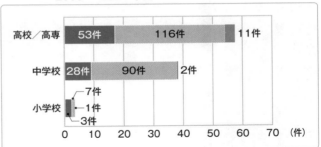

図 3-6-2　**事故態様別障害事例　2005 〜 2021 年度**

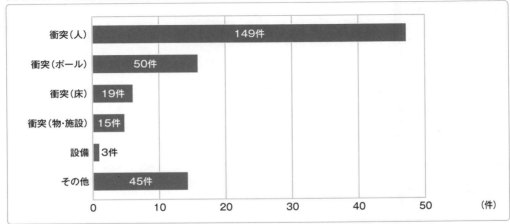

育館施設（壁や鉄格子等）との衝突事故（約5％）、5位が設備による事故（約1％）と続きます。その他には、他の競技にも共通する転倒事故や、練習や試合中に突然意識を喪失するなどの事故が含まれます。

また、死亡事例は30件あり、そのうち28件は「心臓系突然死」、1件が「大血管系突然死」、1件が「熱中症」です。

判例集に掲載されているバスケットボール事故には、人との衝突、体育館施設（壁）との衝突に関する事故があります。

2 バスケットボールに特徴的な事故とその予防

（1）衝突による事故のデータ

図3-6-2 の図を見ると、バスケットボールにおいては、人・ボール・床・物・施設との衝突による障害事例が約74％（233件）を占めます。このうち、負傷部位ごとに区分すると、**表3-6-1** のような結果となります。

表3-6-1　**衝突による事故の負傷部位別割合**

	歯	眼	顔・頭 （歯・眼以外）	上肢	その他	合計件数
人との衝突	32%	11%	11%	4%	5%	149
ボールとの衝突	1%	4%	4%	12%	0%	50
床・物・施設 との衝突	7%	0%	4%	1%	2%	34

（2）人との衝突

人との衝突は、特に歯牙障害が多く見られます（32％：75件）。状況としては、ディフェンスをしているプレーヤーの頭に歯が当たる（ 2009 障365 、 2015 障183 ）、シュートしようとした際にプレーヤーの肘が歯に当たる（ 2005 障297 ）といったように、頭、肘、肩、膝等が歯に当たり障害を負う事例が多く存在します。また、次いで他のプレーヤーの頭（ 2010 障148 ）、肩（ 2017 障329 ）、肘（ 2016 障329 ）が眼に当たる事例（11％：26件）があり、歯や眼以外の顔面や頭部（耳、頬、顎等）を負傷する事例も同数存在します。

▶ 事故予防アドバイス

　人との衝突事故の予防に関して、バスケットボールの競技規則上、パーソナルファウルとしてペナルティが与えられるのは「不当な体の触れ合い」[1]とされており、競技規則上もプレーヤー同士の身体の触れ合い自体は想定されています。また、実態をみても、バスケットボール競技においてプレーヤー同士の身体の触れ合いを一切なくすということは現実的ではありません。

　以上を前提に、バスケットボールにおける衝突事故をゼロにするという発想ではなく、重大事故を回避するという観点から事故予防策を検討する必要があります。

　衝突に関連して、ミニバスケットボールの試合中に他の児童生徒の手が眼に当たったことが原因で失明した事案において教員の注意義務違反の有無が争われたものがありますが（鳥取地裁米子支部1988年2月18日判決）、教員がバスケットボールのルール、特に身体接触によるファウルについて一般的な指導を行っていたことを理由に教員の責任は認められていません。

　人との衝突による障害については、まず指導者が、障害事例として他人の肘や手、頭が当たるというケースが多く、特に歯や眼、その他頭部・顔面を負傷する事例が多いことを改めて認識する必要があります。そのうえで、このことをプレーヤーにも周知徹底し、特に重篤な結果を生じさせやすい頭部・顔面の衝突事故を予防するために、密集地帯での過度な肘の振り回し、他者の着地点への侵入、空中にある他者への過度の接触がどのような結果を招くのかプレーヤーにも十分理解させ、危険行為を抑制する必要があります[2]。

　また、バスケットボールの経験に乏しい、または動作が得意ではない児童生徒に対しては、徐々にバスケットボールの動作に慣れることから指導を始めることも考えられます[3]。

---

1) 2022バスケットボール競技規則では、34-1-1において、「パーソナルファウルとは、ボールのライブ、デットにかかわらず、相手チームのプレーヤーとの不当な体の触れ合いによるプレーヤーファウルをいう。」と定められています。

2) 独立行政法人日本スポーツ振興センター『2019年度スポーツ庁委託事業学校における体育活動での事故防止対策推進事業　体育活動中における球技での事故の傾向及び事故防止対策　調査研究報告書』2020年、4頁。

3) 公益財団法人日本バスケットボール協会『小学校体育・全学年対応　ゴール型ゲーム＜バスケットボール＞の授業プラン』大修館書店、2022年などが参考となります。

なお、特に件数の多い歯牙障害の予防としてマウスガードの着用、視力・眼球障害の予防策としてアイガードの着用という選択肢もありますが、一般に普及していないのが現状です。

（3）ボールとの衝突

　ボールとの衝突においても、歯・眼・それ以外の顔面・頭部を負傷する事例があります。ボールを受け損なうことにより障害を負う事例（ 2007 障 224 等）が多く見られます。また、ボールとの衝突については、上肢の障害事例が多く（12％：27件）、味方からのパスを受け損なった事例（ 2019 障 204 ）、パスカットをしたところ手に障害を負った事例（ 2019 障 203 ）、リバウンドを取りに行ったところ手に障害を負った事例（ 2021 障 139 ）等があります。

▶ 事故予防アドバイス

　ボールを受け損なうことによる障害についても、バスケットボールという競技の性質上避けにくい面もありますが、特に上肢の障害事例が上記のとおり多数発生していること、他の球技に比べてボールが大きく重量があることを指導者が改めて認識し、プレーヤーに周知したうえで、ボールキャッチの仕方等の基本的な動作や、常にボールがどこにあるか確認しながらプレーすること等の指導を徹底していくことが事故予防に向けた取り組みとなります。

（4）人・ボール以外の物や施設等との衝突

　床・物・施設との衝突のうち、床との衝突は、勢い余って転倒した際に顔や頭を床に強く打つことによって障害を負った事例（ 2006 障 308 ）、物や施設との衝突としては、シュート動作等の後に勢いが止まらず体育館の壁や窓枠（鉄格子）、ガラスに激突するという、バスケットボールの動作特有の障害事例（顔面を窓の鉄格子に打ちつけ歯を欠損した事例（ 2016 障 315 ）、ボールを追いかけ窓ガラスに突っ込んだ事例（ 2019 障 202 ）があります。

▶ 事故予防アドバイス

　児童生徒がレイアップシュートをした際に勢い余って体育館の壁下部の窓際に激突し骨折した事案で、バスケットゴールと壁との間が90cm程度しかなく、ゴール裏に

設置された鉄製の床窓枠にクッション等が装着されていなかったことを理由として、体育館の設置者である地方公共団体の責任が認められたものがあります（京都地裁2013年8月28日判決）。この他にも、施設と衝突する事故事例があることは先に述べたとおりです。

2022バスケットボール競技規則では、2-4-1において、全ての障害物はコートから2m以上離れていなければならないとされています。また、同2-4-7においては、バスケットボードからエンドラインまでは1.2mとされています（**図3-6-3**）。

シュート後等に壁等に激突する事故を予防するためには、まずは競技規則に沿った設備の配置をすることが求められます。

また、それでもプレーヤーの勢いがつくことも考えられますから、上記京都地裁の判決でも言及されているように、壁や鉄格子にクッションを装着することが考えられます。

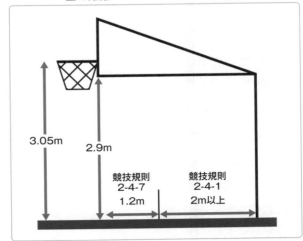

図 3-6-3　競技規則上求められているバスケットゴールと壁の距離

（5）設備に関連する事故

設備に関連する事故は、いずれもバスケットゴールにかかわる事故です。

ゴールネットのすそにひもをたらし、そこをめがけてジャンプする練習をしていたところ、左手の薬指がリングの金具に引っかかった状態のまま着地したため、左手薬指の爪の根元辺りまで指先を切断してしまったという事例（ 2007 障 225 ）があります。また、移動式のゴールかどうかを問わず、ゴールリングをつかんだ際に、リングやボードが壊れるといった事故も考えられます。

その他にも移動式のゴールをしまうために移動していた際に、壁と手を挟んでし

まったことにより指が切断されてしまった事例（ 2014 障 40 ）、倉庫から可動式バスケットゴールを所定の位置に設置しようと準備しているなか、他部員が勢いをつけて台車部分を押したため、アーム突出部と壁との間に頭部が挟まれ負傷した事例（ 2010 障 214 ）があります。

▶ 事故予防アドバイス

　設備に関連する事故は、件数は多くはないものの重篤な結果に至るおそれがあることを改めて認識しなければなりません。

　壁面固定式のバスケットゴール、移動式のバスケットゴールいずれにおいても、誤った使い方の一例として、「フレーム、バックボードなどにぶら下がることは、器具の破損など思いがけない事故が発生することがあり危険です。」とされています[4]。これら設備のメンテナンスはもちろん実施する必要はありますが、指導者は、必要のない限りバスケットゴールにはぶら下がらないこと、またアクセサリーは外したうえで競技に取り組むことをプレーヤーに指導し、プレーヤーもこれを徹底することが求められます。

　また、移動式のバスケットゴールに関しては、「移動時、車輪⑦や土台⑤とのすき

図 3-6-4　**壁面固定式・移動式バスケットゴール**

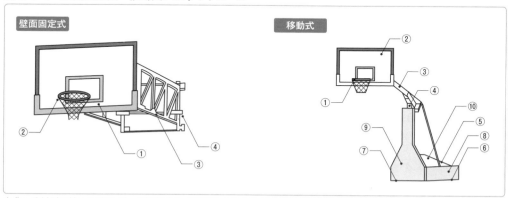

出典：公益財団法人日本スポーツ施設協会『事故防止のためのスポーツ器具の正しい使い方と安全点検の手引き（改訂第 4 版）』2022 年、9-10 頁から抜粋

4）　公益財団法人日本スポーツ施設協会『事故防止のためのスポーツ器具の正しい使い方と安全点検の手引き（改訂第 4 版）』2022 年、9-10 頁。

5）　前掲注 310 頁

まに足をはさまないように注意して下さい。特に、本体と壁等の間にはさまれないように十分注意して下さい。」との説明がなされているため[5]、この点を指導者はプレーヤー等移動式のバスケットゴールを準備する余地のある者に周知徹底し、プレーヤー等もこれを徹底することが求められます。

3 まとめ

　バスケットボールに限りませんが、競技規則や用具の説明書が事故予防における重要なポイントとなることもあります。競技の特性を理解するほか、競技規則や施設・用具の説明を理解し、事故予防に取り組むことが求められます。

鉄棒・マット運動・体操競技の事故

1 体操（鉄棒やマット運動、体操競技）に関連した事故の現状と事故予防

　日本スポーツ振興センター（JSC）の死亡見舞金・障害見舞金事例のなかで、体操に関連した事故は 153 件あります。

　なお、鉄棒に関連した事故では、鬼ごっこ中に鉄棒に衝突したものなど、鉄棒競技や鉄棒練習と無関係な事故は除いています。また、この事故件数は、第 2 章で扱う「跳び箱事故」と「組立体操事故」を除いたものです。跳び箱事故の数は、小学校・中学校を通じ、骨折や重度の関節障害等が生じる事故の 1 位なので、別に留意する必要があります（跳び箱事故の詳細は、第 2 章「6　跳び箱運動の事故」を参照）。

　学校種別ごとに、授業・課外活動・休憩時間の 3 つに分類をすると、**図 3-7-1** のとおりです。小学校、中学校、高校／高専における事故の件数に顕著な差はなく、中学校がやや少ない程度です。いつ事故が生じたかを見ると、授業中が 6 割近くを占め、次いで課外活動中が多く、2 割弱の休憩時間中は、すべて小学校での事故です。なお、休憩時間中の事故のほとんどは、鉄棒からの落下事故です。

　事故態様別では、**図 3-7-2** のとおりです。体操に関連した事故は、マット運動での

図 3-7-1　鉄棒・マット運動・体操競技に関連した死亡・障害事例　2005 ～ 2021 年度

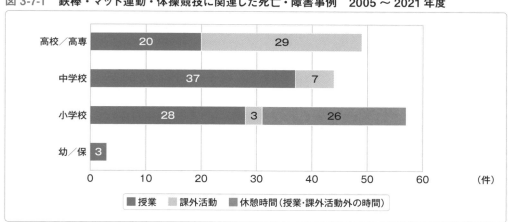

転倒や技の失敗等、高所等からの落下、空中で回転する系統の技での失敗（宙返り等での回転の過不足や着地の失敗）に大別できます。

図 3-7-1 と合わせてみると、小学校では、鉄棒からの落下が3分の2を占め、休憩時間中の落下がその過半数です。中学校では、授業でのマット運動の事故が3分の2以上を占め、部活動中の事故では、落下や回転系の技の失敗が見られます。高校生等では、授業中のマット運動での転倒や失敗の事例が全体の3割を占めるものの、部活動中の事故が過半数を占め、部活動での高所等からの落下や回転系の技の失敗が、それぞれ2割を占めます。

事故態様別の1位はマット運動での転倒や技の失敗等です。マット外での単純な倒立運動をはじめとしたさまざまな技での転倒や着地等の失敗がありますが、マット上で転倒して腰背部等を強打する事故では、脊柱障害が生じた事例も複数見られますので、マットを過信することは禁物です。事故の原因は、筋力や集中力の不足、不十分な技量での実施です。

2位は高所等からの落下です。小学生が鉄棒で遊んでいて手が滑る等の避けようのない原因もありますが、中学校以上の部活練習中の事故では落下地点にマットが適切に敷かれていなかった事例もあり、運動環境における安全確保が十分であれば、障害発生結果を防げた可能性もあります。

3位は空中での回転系の技の失敗です。中学生や高校生等に見られます。回転の過不足やバランスを崩すことによって、態勢が不十分なまま、器械や床へ衝突するもの

図 3-7-2　事故態様別死亡・障害事例　2005 ～ 2021 年度

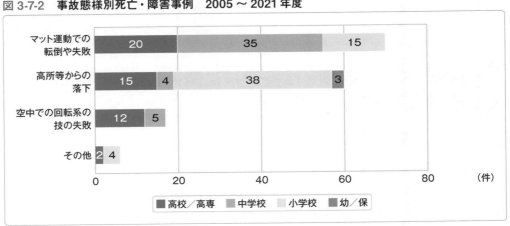

であり、頭頸部の衝突によって頸椎・脊髄損傷を生じる重大傷害につながる可能性が高い事故です。

判例集で確認した体操に関連した事故の裁判例は、落下事故で３件、空中での回転系の技の失敗事故で11件ありました。事故件数は12件で、部活動での鉄棒・跳馬・平行棒・ミニトランポリン・ロイター板での事故が９件、体育授業でのマット運動事故が２件、民間体操クラブでの鉄棒事故が１件です。

▶ 事故予防アドバイス

事故態様にかかわらず、体操に関連した事故での事故防止策は３点です。①児童生徒に段階的な技能習得をさせること、②個別の習熟度に応じた具体的指導を行うこと、③施設や設備等の環境面での安全を確保することです。

体操では、倒立や宙返り、回転等のように日常の姿勢とは大きく異なる姿勢を取ることや、これらを組み合わせた高難度の技術を目指す過程があり、段階的な技能習得や習熟度に応じた指導は必要不可欠です。また、技や児童生徒の体格によって必ずしも補助が容易ではないため、補助方法の指導を含め、技を行う者と補助をする者の双方への指導や注意が要求されます。

施設や設備等の安全確保は、体操競技や新体操競技でのピットやウレタンマットの整備や十分な敷設（**写真 3-7-1**）、使用する器具類の適正な管理、補助者の確保と適正な補助等があり、危険性に応じた安全整備が重要です。

写真 3-7-1　**体操競技等でのピット、ウレタンマット**

提供：セノー（株）WEB版製品総合カタログ2023から

2　鉄棒・マット運動・体操競技に関連した特徴的な事故とその予防

（1）マット運動での転倒や技の失敗等

マット運動での重篤事故は、高校等での若干事例を除き、すべてが体育授業での事故です。典型としては、まず、倒立等での補助の失敗があります。倒立の練習時に、補助していた児童が倒立を受け止めきれなかったため、被災児童が倒れて全身をマッ

トに打って外貌等に醜状障害が生じた小学校の事例（2018障2）や、被災生徒の振り上げた足の勢いが強くて足がV字に開いて補助生徒が足を取ることができず、倒れた被災生徒が腰背部をマットに打ち付けて脊柱障害が生じた中学校の事例（2015障90）等があり、高校等でも同様な事故が見られます。倒立の補助者は、顔に足が当たることなどを避けるために倒立をする者の横やななめ横に立つこと、倒立をする者の足先や足首ではなく、太ももや腰を持って補助する意識で臨むことが必要です。

　次に、前転等で自分の身体と衝突する事故があります。跳び込み前転の際に自分の膝が眼に当たって眼窩底骨折による視力等障害が生じた小学校の事例（2006障5）や、倒立前転等で自分の膝が眼や口に衝突して視力等障害や歯牙欠損が生じた中学校の事例（2021障88・89）があり、高校等でも同様です。筋力や集中力の不足、不十分な技量で技に挑戦したことが原因なので、児童生徒にこうした事故が発生する危険性を伝えたうえで、段階的に練習をさせることが必要です。

　この他、技の失敗に安全確保の不十分な環境が加わって重篤事故が生じたケースとして、小学校6年生が体育館ステージ上から前転してステージ下に着地する運動の際、前転時に斜めに傾き、着地時に転倒して脊髄損傷による左上肢の麻痺等が生じた事例（2021障2）があります。ステージ上から下への前転は、台上前転の練習として採用されることがありますが、高低差や下に敷くマット、ステージ下での補助者の設置等を十分に検討して事故を防止する必要があります。

　また、マットに足を引っかけた単なる転倒事故も見られますが、マットの耳を折ってマット下に入れることや、マットの近くを歩かせないことは、転倒事故の防止だけでなく、マット上で運動をしている児童生徒と接触する衝突事故を防止するためにも非常に重要です。

▶ 事故予防アドバイス

　中学校1年生が体育の授業で前方倒立回転跳びをした際、マットに身体を強く打ち付けて頚髄不全損傷が生じたと主張された裁判例（静岡地裁2022年3月29日判決）では、結論として、重篤な事故や障害の発生は認定されずに請求は棄却されたものの、教員の義務として、段階的な練習指導や、前方倒立回転跳びの失敗例を教えて危険性を指導すべきであること等も争われました。

　事故防止策は、前述した3点ですが、小学校や中学校では、筋力や運動能力の発達

に関する個人差が大きく、低学年では発達が全般的に不十分なため、体育授業では、十分な準備的運動から始める必要があります[1] [2]。

（2）高所等からの落下

　高所等からの落下事故では、小学校では、授業後に校庭で鉄棒の技をしていて手が離れて落下し、敷かれていた人工芝に頭胸部を強打し、脊柱の変形障害が生じた事例（ 2021 障 77 ）や、休憩時間中に校庭の80cm高の鉄棒でコウモリという技をしていて落下して神経障害が生じた事例（ 2009 障 59 ）等があり、事故そのものの防止が容易ではない場合もあります。しかし、重篤事故を防ぐためには、校庭の鉄棒の下には、砂場やゴムチップ舗装等を設置して衝撃吸収性を確保することを可能な限り行うべきです。

　また、中学生が部活中の体育館ステージ上での平均台練習で平均台下のマットに飛び降りた際にバランスを崩してステージの端から落下して外貌等に醜状障害が生じた事例（ 2019 障 103 ）や、高校生が体操部での鉄棒練習中に落下して額を床に打ち付けて頸椎骨折が生じた事例（ 2006 障 334 ）がありますが、これらは、狭いステージ上での器具設置の位置や、鉄棒下のマットの敷設が十分ではなかったと考えられる事例です。

　裁判例では、高校2年生が体操部活動中の平行棒練習で後方抱え込み2回宙返り下りを行った際、前方に飛び出す形で前のめりに足からマットに着地して静止できずに前方に倒れて床で前頭部を強打し、頸髄損傷の傷害を負った事故について、被災生徒に過失はないとされたうえで、大阪市が合計約1億2200万円の損害賠償を命じられました（大阪地裁2010年9月3日判決）。

　事故の原因は、落下等の衝撃を緩和すべきマットの敷設が不十分であったことです。事故が発生した体育館には、ピット設備や十分な枚数のマットがなく、事故発生時の平行棒の下に敷かれていたマットは、平行棒の支柱から前方に30〜40cm程度の

---

1) 文部科学省「学校体育実技指導資料第10集」「器械運動指導の手引き」第3章、2015年では、技の指導の要点の記載は、どの運動でも「運動遊び」から始まっています。

2) マット運動でも役立つゲーム要素を取り入れた準備運動について、向井忠義『図解跳び箱運動インパクト　開脚跳び10分間マスター法』愛文社、2006年。

みしか出ていなかったため、被災生徒が勢いよくマットから前方に飛び出して倒れた際、頭を直接床に打ち付けることとなったのです。マット等の設備の安全確保が不十分であるとされた裁判例は、この他にもあります（浦和地裁1981年8月19日判決）。

また、技によっては、十分な補助によって重篤事故の防止も可能です。

裁判例では、高校3年生が体操部活動中の鉄棒練習で逆手前方車輪技を行った際、勢いが足りないために回転が途中で止まって逆回転し始めたときに手が離れてマットに落下し、頸髄損傷の傷害を負った事故について、被災生徒に過失はないとされたうえで、大阪府が合計約1億9700万円の損害賠償を命じられました（大阪高裁2017年12月15日判決）。

事故の原因は、具体的な失敗場面での危険回避方法に関する指導や、適切な補助がなかったことです。裁判所は、この事故のような状況になった際は、指導者は、回転を止めることができるように適切な位置に立って補助をすべき義務を負うと判断しました。この他にも、補助が不十分として損害賠償が命じられた裁判例があります（山形地裁1977年3月30日判決、浦和地裁1981年8月19日判決、東京地裁1991年10月18日判決）。

▶ 事故予防アドバイス

安全確保の観点からは、体操競技の練習ではピットを備え付けてあるのが理想ですが、実際に十分な設備を整えることは容易ではないでしょう。他方、落下に備えたウレタンマット（エバーマット）は不可欠ですが、長期間の使用で中央部に凹みなどが生じるため、劣化には十分な注意が必要です。

補助については、指導教員は、技で生じ得る失敗の場面を具体的に想定したうえで、児童生徒にも伝え、重篤な事故を防ぎ得る補助方法を具体的に考え、これを実施できる適切な位置で補助を行うことが必要です。

また、児童生徒に補助者を担当させる場合、同様に具体的な補助方法を指導し、場合によっては補助の練習を行う必要があります。児童生徒が補助者を務める場合、補助者が傷害を負う場合もありますので、補助者の技量に応じた指導にも目を配らなければなりません[3]。

（3）空中での回転系の技の失敗

　高校2年生の体育授業で、担当教員が習熟度に応じて生徒を班分けし、マット運動をさせた際の事故に関する裁判例があります。教員が習熟度の最も高い班の生徒に自由練習をさせた際、被災生徒は側方倒立回転跳び・ひねり後方向き直立（ロンダート）から連続して後転跳び（バク転）を行う技に挑戦して、2回目後転跳びの時点でスピードが落ちてバランスを崩し、後頭部からマットに落下して頸髄損傷の傷害を負いましたが、裁判所は、被災生徒の過失を4割としたうえで、北海道に対し、合計約8200万円の損害賠償を命じました（札幌地裁2001年5月25日判決）。

　事故の原因は、担当教員の具体的な指導や事故を防止するための立会いや監視が不十分であったことに加え、被災生徒が自己の技量を過信したことです。裁判所は、被災生徒の習熟度の高さを認めたうえで、体育の授業では部活動に比して生徒の自主性に委ねられる範囲が狭いことを前提に、担当教員は、①生徒の習熟度や性向を把握し、②自由練習では、生徒の習熟度が高くとも自由にさせるのではなく、行うべき種目や行ってはならない行動をあらかじめ伝え、③生徒が新たな技を試みるときには、事前に申出をさせて練習方法等を指示し、④補助生徒も活用して生徒らの動静を監視し、⑤生徒が指示に従わないような場合には、直ちに中止させる等の行動をとるべき義務を負う、と判断しました。他方、被災生徒には、挑戦した技の危険性を理解しながらも自己の力量を過信した過失があるとしました。

　また、体操部での高校2年生のトランポリン練習事故の裁判例があります。被災生徒が前方抱え込み2回宙返りから伸身着地に挑戦し、伸身のタイミングが早すぎたために2回転目の宙返りの途中で回転力を失い、着地場所のエバーマットに頭部から落下して頸髄損傷等の障害を負った事故について、裁判所は、被災生徒の過失を4割としたうえで、埼玉県に対し、合計約6950万円の損害賠償を命じました（東京高裁1995年2月8日判決）。

　この事故の原因は、顧問教員による生徒の習熟度の把握や具体的指導が不十分であったことに加え、被災生徒が自己の技量を過信したことです。裁判所は、部活動は生徒の自主的な活動であって教員の勤務時間外であることを前提としつつ、①部活動

3）　体育授業での補助について、文部科学省「器械運動指導の手引き」第3章、第5章、2015年。

一般では使用器具や技に高い危険がある場合に限って顧問教員の立会指導の義務があるとしたうえ、②体操部は死亡重傷事故を招く危険がある技まで行うため、指導教員は常に部活動全体を把握して生徒の技の習熟度に応じた技の練習をさせるべきであり、③できるだけ危険を防止するための綿密な実施計画を立てて、生徒の状況に応じて実施し、④場合によっては実技練習に立ち会って生徒の習熟状況を監視して適切な指導をしなければならない、と判断しました。また、被災生徒については、自己の技量を過信した過失を認めました。

これらの事故と同様に、指導者の具体的な指導が不十分であったことが原因の1つにあげられた事故は、前述した体操関係事故の裁判例14件のうち、9件に上ります。

▶ 事故予防アドバイス

体育授業と部活動とでは、生徒の自主性に委ねられる範囲が異なることに異論はないでしょうが、いずれについても、指導者は、生徒の習熟度を十分に把握することが必要であり、そのうえで、技の危険性に応じて、具体的な練習計画と指導を行うことが必要です。

特に、空中での回転系の技の失敗事故では、被災生徒が自らの技量を正確に把握することは困難である一方、難しい技への挑戦も大切であるため、教員は、冷静に被災生徒の技量判断を補わなければなりません。

部活動では、指導者がすべての練習に立ち会うことは現実的ではなく、また、生徒の自主性に委ねられるべき場面も多いでしょう。しかし、技の危険性に応じ、生徒の習熟度が高くとも、立ち会っての具体的な指導等が必要と判断される場面が生じますので、注意が必要です。

3 まとめ

マット運動は体育授業での事故発生件数が多いこと、また、体操競技の事故では事故発生時に重篤障害につながる可能性が高いことを認識し、設備等の整備に加え、生徒の習熟度を十分に把握したうえで、技の危険性に応じた具体的な練習計画や指導を行い、かつ、必要な補助を実施する必要があります。

授業や課外活動の全般に共通する指導姿勢ですが、児童生徒の技能や習熟度に応じた指導を慎重に判断する必要性を常に忘れないでください。

8 柔道の事故

1 柔道における事故の現状と予防

　日本スポーツ振興センター（JSC）の死亡見舞金・障害見舞金事例のなかで、柔道事故は 134 件あります。このうち、死亡事例は 18 件、障害事例は 116 件です。学校種別ごとに、授業、課外活動および学校行事で分類をすると**図 3-8-1** のとおりです。なお、JSC の事例のうち、競技種目は柔道に分類されているものの、柔道とは直接関係のない事故（熱中症、悪ふざけによる事故等）もありますが、これらについては除外しています。

　小学校における事故事例はなく、高校／高専における事故が中学校の事故の約 2 倍の件数となっています。また、そのなかでも課外指導（部活動）における事故が、高校／高専における事故全体の約 71％と圧倒的に多いことがわかります。

　次に、事故態様ごとに分類すると、**図 3-8-2** のとおりとなります。なお、「事故態様不明」というのは、JSC のデータ上、事故態様がわからないもの（練習中に突然倒れる等）を指しています。

　事故が発生する場面としては、投げた際あるいは投げられた際（投げ技時）の事故が全体の約 67％を占めており最も多く、そのなかでも、大外刈りをかけた際に発生した事故、背負い投げ（一本背負いを含みます）をかけた際に発生した事故が、各々 13 件で最も多いことがわかります。そのうち、死亡事例に限って言えば、大外刈りをかけた際に発生することが圧倒的に多いといえます[1]。いずれも、投げられた際に畳に頭部を強打するという事故が多くありますが、背負い投げに関して

図 3-8-1　柔道死亡・障害事例　2005 〜 2021 年度

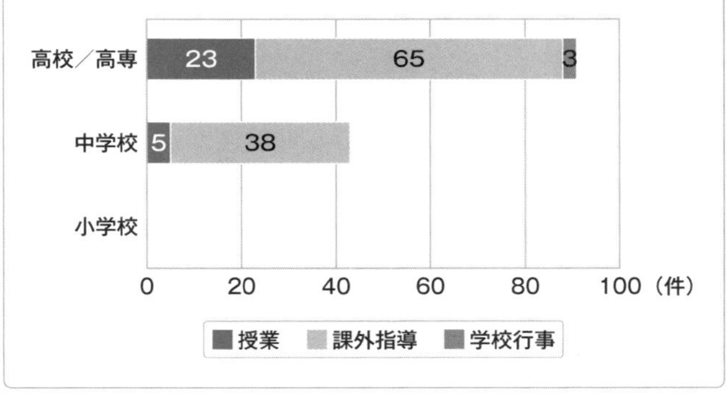

凡例：■ 授業　■ 課外指導　■ 学校行事

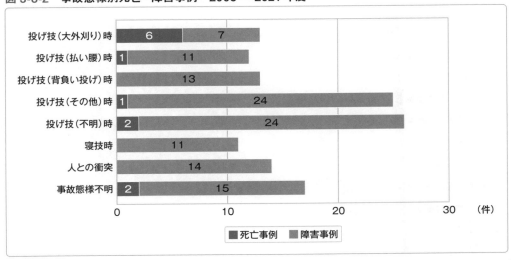

図 3-8-2　事故態様別死亡・障害事例　2005 ～ 2021 年度

事故態様	死亡事例	障害事例
投げ技（大外刈り）時	6	7
投げ技（払い腰）時	1	11
投げ技（背負い投げ）時		13
投げ技（その他）時	1	24
投げ技（不明）時	2	24
寝技時		11
人との衝突		14
事故態様不明	2	15

は、背負い投げを掛けた際に相手に潰されてしまい腰を痛めた事故なども発生しています。

　次に投げ技時の事故として多いのは、払い腰（払い巻込みを含みます）の際の事故です。こちらも受け身を取れず畳に頭部を強打するなどの事故が発生しています。

　投げ技時の事故としては、畳に頭部を強打する事故が多くありますが、その他にも、投げられた際に相手が身体の上に乗りかかってきた、投げられまいとして畳に手をつく、身体を捻る等無理な姿勢を取った等を原因として発生する事故も散見されます。

　投げ技時以外の事故として最も多いのは、人との衝突による事故です。これは、乱取りで組み合っている相手と衝突する事故もありますし、投げられて畳に倒れていた際に他の生徒が衝突してきたという事故もあります。

　次に障害の種別ごとに分類した場合には、**図 3-8-3** のとおりとなります。

　まずは、柔道事故において死亡に至る事例のなかでは、頭部外傷が要因となるケースが圧倒的に多く、そのなかでも投げ技時に発生していることが多いことがわかりま

1）　大外刈りについては、その危険性から禁止を求める意見もあり、公益財団法人全日本柔道連盟も、初心者に大外刈りの投げ込みを受けさせることを禁止し、また、「大外刈り段階的指導手順」を作成し、公表するなど、繰り返し大外刈りの危険性について周知しています。

図 3-8-3　障害種別死亡・障害事例　2005 〜 2021 年度

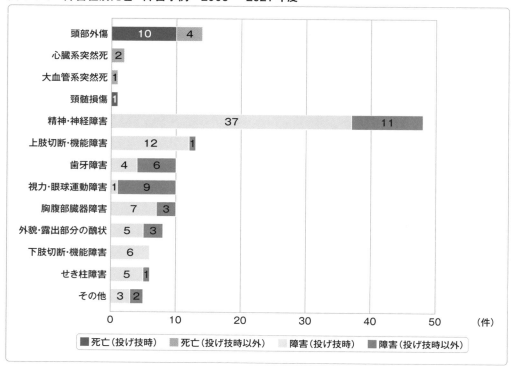

す。そして、障害に至る事例においては、その種別は多岐にわたりますが、なかでも精神・神経障害が圧倒的に多いことがわかります。さらに、**図 3-8-2** のとおり全体のうち約 67％が投げ技時に発生していることと比較すると、歯牙障害と視力・眼球運動障害については特に投げ技時以外に多く発生しているといえます。

▶ 事故予防アドバイス

　柔道は、他競技に比べて事故が多いといわれており、特に中学校の部活動中の事故発生率は最も高いといわれています。

　これは、柔道がもともと相手の体に直接力を加え、相手を投げて畳に叩きつける競技であることから、その競技の特性上、事故が起きやすいといえるのだと思われます。しかしながら、本来であれば避けられるべき事故で大きなけが・障害を負うことはあってはなりません。

　特に投げ技時の事故は、無理な技の掛け方や受け身の未熟さを要因とするものが多くあります。これを要因とする事故を予防するためには、各々の習熟度に合わせた段

階的、計画的な指導をすることが重要です[2]。

　また、投げ技時の事故においては、投げられまいとして無理な姿勢を取る、あるいは、身体全体に力が入ってしまう等も原因としてあげられると思われます（ 2016 障 31 、 2018 障 350 、 2017 障 235 等）。柔道では投げられることは、すなわち負けを意味するところです。しかしながら、勝負よりもまず安全を最優先する意識づくりが重要であり、日頃から指導者がこの意識を浸透させる指導を行うことが必要不可欠です。

　また、人との衝突、特に組み合っている相手以外の人との衝突については、運動環境における安全確保に十分配慮することで本来回避・予防ができるはずの事故といえます。

2 柔道に特徴的な事故とその予防

（1）力量差のある者同士での稽古の際の配慮

ア　事故の傾向

　頭部にかかわる重大事故は中学1年生や高校1年生などの初心者に多く見られ、特に力量差がある者同士で稽古をした際に発生しているものと思われます。具体的には、以下のような事故が発生しています。

　未経験者として柔道部に入部して間もない被害生徒（高校1年生）が、はるかに体格の大きい初段の相手に大外刈りで投げ続けられた結果、後頭部および頸椎を強打し、直後にその場で倒れこんで意識不明となり、外傷性脳幹部損傷により死亡しました（松江地裁出雲支部1979年3月28日判決）。

　また、柔道部に入部して間もない児童生徒（中学1年生）が顧問の教員に大外刈りを掛けたところ、返し技で倒され硬膜下血腫を発症して死亡したという事故事例もあります（大津地裁2013年5月14日判決）。

イ　事故予防アドバイス

　部活動の現場においては、さまざまな力量の児童生徒が同時に稽古をしていることが一般的なため、力量差のある者同士で稽古をすることもよくあります。しかし、そ

---

2)　この点、公益財団法人全日本柔道連盟「柔道の安全指導」2023年第6版（以下、「柔道の安全指導」）の42〜52頁においては詳細に、練習計画の立て方、指導対象に応じた配慮について紹介されています。

のような場合には特に配慮が必要です。つまり、指導者は初心者に対する安全第一主義の立場から、児童生徒の体力、技能、受け身の熟達度、疲労度等を観察して正しく把握し、児童生徒に、受け身が困難なほどの過度の疲労が見られる場合には、これを看過することなく、直ちに練習を中止させ休憩を与えるとか、危険性をもつ大外刈りで投げさせるのであれば、柔道経験・技術、体格、体力等の差異による事故の危険度を考慮して、「強く刈らない」「刈足を高く上げない」「受け身を助けてやる」などの適切な指導をする等していれば、本件事故の発生を防止することができたと思われます（松江地裁出雲支部1979年3月28日判決）。この点は、「柔道の安全指導」（47〜52頁）においても、体格差や技能差が大きい場合、疲労や体調不良などで体力や集中力が低下している場合には、後方への技、受け身を取りにくい技で投げられることは非常に危険であると、指導者は十分に認識する必要がある、とされています。

　力量差があるとはいうものの、生徒同士の練習中である以上、相手に配慮し力を抑えて技をかけるというのは難しい面もあろうかと思います。それだけに指導者による監視や注意喚起のための声かけ、必要に応じた休憩の指示等が重要となります。松江地裁出雲支部1979年3月28日判決においても、指導者による適切な状況把握、休憩の指示、投げる側への注意喚起等により事故が防止できたものと判断しており、指導者には技術指導だけではなく、事故予防のために非常な重要な役割が求められているといえます。

（2）脳震とうへの対応

ア　事故の傾向

　JSCの死亡事例の18件のうち14件が頭部外傷であることからもわかるように、柔道においては（特に投げ技時においては）、頭部外傷の事故が頻発しています。死亡に至る重大事故ではなくとも、投げられた際に頭を畳に打ち付けたり、また、相手と衝突して頭を打ち付けたりすることもよく起きます。そのため、この脳震とう後の適切な対応については、十分に理解しておくことが必要不可欠となります。

　高校1年生の被害生徒が、脳震とうと診断された17日後に行われた試合前のウォーミングアップ練習中に大外刈り、払い腰で投げられた後に倒れ、急性硬膜下血腫を発症したという事故事例もあります（横浜地裁2013年2月15日判決）。

イ　事故予防アドバイス

　指導者は、児童生徒から脳震とうと診断された旨を聞いた場合には、その影響でさらに大きな事故を発生させないよう配慮が必要です。特に、セカンドインパクト症候群（軽傷の頭部外傷を受けた後に、その症状が完全に消失しないうち、あるいは消失した直後に頭部外傷を受け、重篤な状態に陥ること）において、一度目の頭部外傷後に、頭痛を主体とした脳震とうと同様の症状を呈することが多いとの報告があることを踏まえ、脳震とうの症状が、コンタクトスポーツによってもたらされた場合には、脳震とう後の競技への復帰時期を適切に判断する必要があるといわれています。したがって、指導者としては、その児童生徒を練習に参加させないように指導するか、仮に参加させるとしても、児童生徒の安全を確保するために練習方法等について十分な指導をするべきであり、そうすることによって事故は回避可能です（横浜地裁2013年2月15日判決）。

　「柔道の安全指導」（8〜9頁）においては、脳震とうか否かを判断するための「CRT 5」という診断ツールや、脳震とう後の復帰の手順を示した「脳しんとう後の段階的競技復帰手順柔道用」を公表しています。特に未成年を監督、指導する指導者においては、この内容を十分に理解し、事故が発生した場合には、未成年の児童生徒本人が仮に大丈夫と申告したとしても、それを鵜呑みにせず、指導者自身が「CRT 5」や「脳しんとう後の段階的競技復帰手順柔道用」等に従って判断する等、適切な対応をすることを求められています。

(3) 回転加速度による脳損傷

　脳震とうの事案ではありませんが、2008年に長野県松本市で、乱取り中に指導者から片襟の体落としで投げられた児童生徒が、その10秒から20秒後に崩れ落ち、10分後に意識不明となり急性硬膜下血腫が発症した事故がありました（長野地裁松本支部2011年3月16日判決）。この裁判においては、頭部に直接的な打撃がなくとも急性硬膜下血腫が発症することがあるとし、直接の頭部打撲を事実認定することなく、指導者に責任を認めました。頭部に打撃がなくとも急性硬膜下血腫が発症するのか否かは医学的にも議論の分かれるところであるようですが、公益財団法人全日本柔道連盟は、この事故を受けて、頭部打撲がなくても脳を激しく揺さぶられて急性硬膜

下血腫が発生する可能性があるとの注意喚起をしています[3]。したがって、実際の指導の現場においては、たとえ指導者が頭部を打撲したところを見ていなかったとしても、児童生徒に異常な症状が見られる場合には、急性硬膜下血腫の可能性を意識したうえで、休憩を指示し、練習あるいは試合への復帰を制限する必要があります。

（4）安全領域の確保

ア　事故の傾向

　乱取り中の人と人との衝突によって発生する事故は、頻発しているところです。2021 障 2 においては、乱取りをしていた際、別の組で投げられた児童生徒の足が被害者の児童生徒の顔面に当たったという事案が、また、2020 障 2 においては、投げ技から押さえ込みに入ろうとした際に、他の児童生徒の膝が被害者の児童生徒の右頬にぶつかった事案が紹介されています。

イ　事故予防アドバイス

　乱取り中の人と人との衝突の事故は、投げ技によって飛んできた人の勢い・速度やその体重からすれば、重大な事故に至る可能性が高いものです。そのため、安全に練習ができる環境、領域を確保することが重要です。

　とはいえ、施設（道場）の広さや監視に割く人員にも限りがあります。したがって、グループ分け等により、一度に練習する人数を制限し過度な密集を避けることが事故予防につながります。どの程度の密集度合いが危険かについては、柔道関係者間で共通して認識する具体的基準があるわけではありませんが、事故が発生するほどの強い衝突でなくとも、例えば乱取り中に他の組同士が接触する、あるいは接触しそうな場面が見られた場合には、事故が発生する危険が潜在していると考えられますので、速やかに人数制限等の措置をとる必要があります。また、適切に監視する人員を配置し、危険な場面が生じるおそれがあった場合には周囲が注意喚起し、いったん動きを止めさせたり、場合によっては、衝突しそうな者たちの間に、周囲の者が身体を

---

3) 公益財団法人全日本柔道連盟「柔道試合・練習中の脳・脊髄損傷への対応方針」（2014年7月25日公表）出典、公益財団法人全日本柔道連盟「柔道の安全指導（2011年第三版）」10-11頁（2011年6月）出典

入れ壁となって衝突を防ぐことも効果的です。

（5）その他

ア　施設の安全点検

　畳と畳の間に足指が引っかかりけがをするという事故も頻発しています（**2016 障 164**）。特に畳が常に敷いてある柔道場ではなく、必要に応じて畳を敷く体育館を使用する場合には、練習中に畳がずれることがあり、そのために畳と畳の間に隙間ができたことから、足指を引っかけてしまう原因となります。これは施設の適切な使用方法が必要不可欠ですが、さらに、常に畳に危険な個所がないかを指導者が注意深く監視しておく必要があると考えられます。

イ　捻挫後の復帰

　脳震とうが発症した場合、段階的に復帰が必要になることはすでに述べたとおりですが、この段階的復帰が必要となるのは脳震とうだけではありません。発生件数が多いにもかかわらず比較的軽視されている捻挫についても、実際の競技の現場においては痛みが取れたら直ちに練習に復帰することが多いかもしれません。しかし、あまりに捻挫を軽視し復帰のタイミングを誤ると、慢性足関節不安定症となる可能性もあるので注意が必要です。

3　これからの柔道事故予防の考え方

　柔道は、直接相手の身体に力を加えて投げあう競技であるため、その競技の性質上、人と人との衝突、人と畳との衝突は避けられません。だからこそ、相手を尊重し、安全性を最優先に考える必要があります。そうでなければ、単なる危険なスポーツと認識され、どんどん競技人口は減っていってしまいます。

　指導者はもちろんのこと、柔道にかかわるすべての人たちにこの意識が浸透し、過去の事故事例を踏まえてあらゆる事故態様を想定する必要があります。それにあたって、指導者には一定の医療知識（脳震とうや復帰の手順等）をもつことが重要です。そして、どのような体勢をとるとけがをしやすいか、というメカニズムを知識として得ておいたうえで、各々が回避措置を講じることができる環境づくりが必要であると思われます。

9 バレーボールの事故

1 バレーボールの事故の現状と事故予防

　日本スポーツ振興センター（JSC）の死亡見舞金・障害見舞金事例のなかでバレーボール事故は146件あります。学校種別ごとに、授業、課外活動および学校行事で分類をすると**図3-9-1**のとおりです。中学校と高校／高専における事故が大半を占めており、課外活動中の事故が83%を占めています。

　事故の場面別では**図3-9-2**のとおりです。1位はボールが身体に衝突する事故です。ボールが、頭部や目に当たる事故、手指に大きな負荷をかけることによる傷害や突き指です。注意を払っ

図3-9-1　バレーボール死亡・障害事例　2005 ～ 2021年度

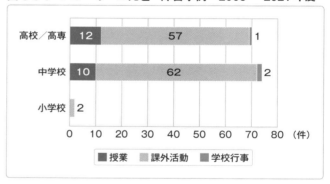

図3-9-2　事故態様別死亡・障害事例　2005 ～ 2021年度

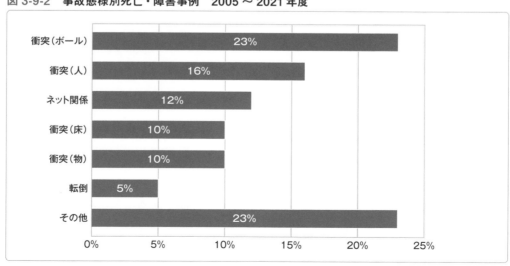

ていない場所からのボールの飛来、近い場所からの速いボールの飛来が原因となっています。２位が人と人との衝突、あるいは、衝突を回避しようとしての転倒等の事故です。ボールに注意が集中するため、周囲に対する注意が欠けることが原因です。３位がネット巻上器、ネットロープの破損、支柱の移動等ネットの設営・撤収の際の事故です。施設・用具の不具合、適切でない取扱いが原因です。４位が床に衝突する事故です。ボールに注意が向いているために、危険の回避がおろそかになって生じています。５位がコート周囲の施設・用具あるいは他の人に衝突する事故です。コート周囲の安全領域を確保すると同時に、ボールを追う際の周囲への安全確認が必要です。６位が転倒です。

判例集に掲載されているバレーボール事故は、①選手間の衝突、②選手と観客との衝突、③ボールが衝突した事故、④体育館の高所にあるボールを取ろうとして転落した事故、⑤ネット巻上器の事故等６件があります。

▶ 事故予防アドバイス

プレーヤーが、自身が関係をしているボールに注意するだけでなく、周囲の人や施設・用具にも注意を払うことが求められるのは、バレーボールに限らず球技に共通する事故予防です。バレーボールに特徴的な事故としては、施設・用具関係の事故があります。①コートの設営のためにネットを設置することが不可欠であり、この作業に関連する事故、②コートの床が安全性に欠ける事故、③コート周囲の障害物等に起因する事故です。

2 バレーボールに特徴的な事故とその予防

(1) ネット巻上器の安全性のチェック

大分地裁は、2014年、中学校女子バレーボール部員が、バレーボール用支柱に設置されたネット巻上器を使用してネットを張っていたところ、ネット巻上器が急激に跳ね上がり、顔面を直撃し、頭蓋骨骨折、脳挫傷の傷害を負った事故について、市に3000万円を超える損害賠償を命じました（大分地裁2014年6月30日判決。 2012 障 181 ）。同様の事故は、福岡県の高校（福岡地裁2014年11月26日判決。 2009 障 362 ）、群馬県草津町の中学校でも生じています（上毛新聞2018年11月12日）。この事故はネット巻上器の構造に原因があります。

ネット巻上器を支柱に固定する装置の構造が、支柱への圧着だけによる固定の場合は、①圧着力が十分でない、②ネットの張り方が強すぎる等の原因から、ネット巻上器が支柱上部にずれ上がることがあります。このずれ上がりが急激になると、ネット巻上器を操作する人にネット巻上器が当たる事故の原因となります。

写真 3-9-1　ずり上がり防止装置

提供：セノー（株）

▶ **事故予防アドバイス**

ネット巻上器のずれ上がり事故の防止は、ずれ上がり防止装置（**写真 3-9-1**）で容易に避けられます。現在では、ずれ上がり防止装置のない支柱を使用している学校は少なくなっていますが、万が一ずり上がり防止装置のない支柱をいまだ使用している場合は、直ちに改修が必要です。

（2）**施設・用具の正しい使用による事故の防止**

①ネット巻上器のハンドルの固定が不十分で、ハンドルが外れて生じた事故（ 2018 障 221 ）、②ネットを張った後のハンドルを支柱の周囲に放置していたため、プレーヤーが踏みつける事故。③雨や汗で床が濡れた状態を放置したことが原因の転倒事故（ 2017 障 170 、 2019 障 287 ）等、定められた使用方法で施設・用具を使わないために生じる事故があります。

▶ **事故予防アドバイス**

取扱説明書に記載された適正な方法で施設・用具を取り扱うことが必要です（**図 3-9-3**）。

ネット巻上器のハンドルを操作するときには、ネットと平行な位置に立ちます。ネットを正面に見える位置に立つとネットロープ切断等の事故時にけがをする危険性が高まります。

日本バレーボール協会では、ネットの推奨適正張力を2500ニュートン[1]としています。張力とネットの高さが測定できる「テンションゲージ」[2]がある場合にはこ

れを用います。支柱取付け用の床器具は、ネットを張らない状態では、支柱はややコート外側に傾くように設計されています。適切な張力でネットを張ると、支柱はネットロープで引っ張られて内側に傾き、床面と垂直な状態になります。支柱がコート側に傾くようでは張力が強すぎます。

　ネット巻上器のハンドルを、使用後支柱の周囲の床面においておくケースが見られます。転倒等の原因となるので、ハンドルは適切な場所で保管しましょう。足でハンドル操作をすることは踏み外しによる事故や施設・用具の損傷の原因となります。

図3-9-3　取扱説明書の注意事項（抜粋）

1. 安全にお使いいただくために

取扱説明書に定められた用途・用法以外での使用は、けがや故障の原因になりますのでおやめください。
管理者を定め、使用者に設置・移動・使用方法・注意事項・点検等を指導してください。
また、管理者は日常点検、定期点検を行ってください。
※安全にお使いいただくために特に重要な項目を次に示します。

⚠ 警告
- ネット巻きハンドル、高さ調節ハンドルは必ず片手で操作してください。足でハンドルを踏み込むような行為は、踏み外しによる衝撃、落下、及びネット巻き（ワイヤー巻取り装置）や支柱の変形などによる重篤な事故の原因になります。
- ネット巻き操作は、支柱の側面からおこなってください。支柱の真後ろに立つと万一（長期間の使用、適度なネット張力などにより）ネットロープが切れた際に、支柱と衝突して重傷を負う危険性があります。

⚠ 注意
- 支柱は1本約30kgある為、周囲に注意し、かならず1本を2人以上で扱ってください。（1人での作業は、周囲への衝突や取扱時の足への落下などによる重大事故の原因となります）

● 使用上の注意
- バレーボール以外の目的には使用しないでください。
- 異状が発生したら直ちに使用を中止し、管理者に連絡して適切な処置を行ってください。（使用するバレーボールネットも含む）
- 設置した支柱に登ったり、ネットに荷重をかけるなどは事故の原因になりますのでおやめください。

● 設置・移動・保管時の注意
- 内管を上下するときは、必ずネットをはずした状態で行ってください。
- 支柱を床金具に設置する際は、支柱の重さで床や床金具を傷つけぬようゆっくりと行い、足等挟まぬよう注意をして下さい。また、差込む際は、床金具付近で一度支柱を立ててから、落下させないようにゆっくりと差込んで下さい。
- ネットロープの掛け外しは、十分ロープを緩めてから行ってください。大きな力がかかったまま、無理にロープを外すとロープがはかれてケガをする危険性があります。
- ネットを張る際は、支柱上部が内側に入り過ぎないように適切な張力で張って下さい。（支柱が床面に対して垂直になる位置を基準にしてください）
- 支柱は1本約30kgある為、周囲に注意し、かならず1本を2人以上で扱ってください。（1人での作業は、周囲への衝突や取扱時の足への落下などによる重大事故の原因となります）
- 使用後は支柱の高さを最低にし、決められた場所に保管してください。
- 取り扱いは、乱暴にしないでください。
- ピン差込みの場合、ピン穴に指を挟まぬよう、また内管を急に滑り落ちないように十分注意してください。
- プレーヤーが接触する可能性を考慮し、衝撃緩和の為に支柱カバー〔型式 DE2000、DE1900、DE1901〕を取付ける事を推奨します。

提供：セノー（株）

(3) 支柱の保管・移動時の事故予防

　バレーボールの支柱の素材は、鉄、アルミ、カーボンがあり、鉄製の場合には2本1組で60kgという重いものもあります。アルミ製、カーボン製は、鉄製の半分程度の重量ですが、保管中・移動中に支柱が倒れたり、落下すると事故の原因となります。プレー中に支柱に衝突する事故も生じます。

▶ 事故予防アドバイス

　倉庫で支柱を保管する場合には、専用のラックで保管しましょう。倉庫内で立てかけて保管することは推奨しませんが、立てかける場合には、チェーンで支柱を固定する等の転倒防止機器を用いることが必要です。単に立てかけておくだけだと、人や物

---

1) ニュートン（N）は、力の単位。1ニュートンは、1kgの質量をもつ物体に $1m/s^2$ の加速度を生じさせる力。地球表面において質量1kgの物体の重量は約9.81ニュートンです。
2) 引張力や圧縮力、バネの力などを測るための測定機器。

が接触することで支柱が倒れる場合があります（ 2016 障 304 ）。

支柱の移動にも配慮が必要です。支柱は重いため、移動用のラックがある場合はこれを利用し、人が持って移動する場合は、①複数人で運搬する、②１本ずつ運搬する、ということが大切です。支柱を立てるときに、支柱を足の上に落として負傷した事故（ 2006 障 400 ）、移動時にピン穴に指を入れたために負傷した事故（ 2014 障 164 ）、移動時に支柱を倒して衝突した事故があります（ 2018 障 169 ）。

プレーヤーが支柱に衝突する事故（ 2017 障 102 ）への対策として支柱に保護マットを巻くことも大切です。

写真 3-9-2　支柱運搬車

提供：セノー（株）

（4）支柱の高さの調整

バレーボールは、男女、年齢によりネットの高さが決まっています。この調整は、下側（外側）と上側（内側）の支柱があり、ピンで固定することで高さを調整するピン式支柱とハンドル操作で高さを調整する支柱とがあります。

ピン式支柱では、支柱を立てたままで高さ調整をすると、上部（内側）の支柱を支えきれずに落下させ、ピンを操作する者が負傷する事故の原因となります（ 2009 障 135 、 2010 障 205 ）。

▶事故予防アドバイス

支柱の高さはネットを張る前に調整しておかなければなりません。ネットを張った後の高さ調整は、一旦ネットを外すあるいは十分緩める等してから行う必要があります。

（5）施設・用具の安全性の確保

ネットロープ等の施設・用具の経年変化による劣化が事故の原因となるケースがあります。ネット巻上器の逆回転防止装置歯車の摩耗等からハンドルが逆回転する事故（ 2012 障 336 ）、支柱のリール部が外れた事故（ 2008 障 370 ）、ネットロープの切断によ

る事故（ 2009 障 202 、 2010 障 209 、 2014 障 322 、 2017 障 167 、 2017 障 169 ）があります。

　床が経年劣化で裂けて、木片が下肢や臀部に刺さる事故も生じています（詳細は第2章「8　体育館における事故」参照。 2012 障 182 ）。

▶ 事故予防アドバイス　日常点検とメンテナンス

　施設・用具はメンテナンスが必要です。保守点検業者による定期的な点検を受けることと、日常の使用時に、①ネット巻上器、滑車、支柱、底ゴム等の用具に、変形、摩耗、ボルトナットの緩みがないこと、②ネット巻上器操作時の異音や支柱の高さ調整の際の異常な抵抗がないかを確認してください。

　ネットロープの事故は多いので特に注意が必要です。無理に折り曲げたりしないという使用上の注意を払い、部分破断、ささくれ、腐食（さび）、ネットロープ端末金具類の緩み等が生じているかを確認する必要があります。部分破断やささくれは、ネットロープ操作時の切り傷の原因にもなります。

　これらの施設・用具の点検方法は取扱説明書に記載されています。取扱説明書は常に確認できる場所に保管しなければなりません。取扱説明書を紛失している場合にはメーカーに依頼して取り寄せることも必要です。ネットを扱う教員や児童生徒には、取扱説明書の内容を理解させる機会を設けることも必要です。

▶ 事故予防アドバイス　標準使用期間の把握と施設・用具の更新

　施設・用具は、適正なメンテナンスをしても、永久に使用することはできません。メーカーは、適切なメンテナンスを実施することにより、安全に使用できる期間を「標準使用期間」として公表しています。安全に使用できる期間を把握して、標準使用期間を経過した場合には施設・用具の更新が必要です。

　管理担当の教員が交代しても、保守点検業者による定期的な点検を受ける時期や標準使用期間がわかるようにしておく必要があります。

（6）コート周辺の安全領域の確保

　宮崎県庁バレーボール大会で、サイドラインから3mの場所で控え選手として待機・観戦していた者とコート外に出たボールを追った選手が衝突した事故が裁判で争われました（宮崎地裁1992年9月28日判決）。

　ボールを追う選手が、ボールに集中をしていて、ボール台（かご）に衝突した事故

（ 2005 障 205 、 2019 障 293 ）、鉄棒に衝突した事故（ 2006 障 220 ）、ハンドボールゴールに衝突した事故（ 2010 障 210 ）、入学式用の備品に衝突した事故（ 2019 障 147 ）もあります。

▶ **事故予防アドバイス**

日本バレーボール協会主催の競技会では、コート周囲の安全領域（フリーゾーン）については、サイドラインから5m以上、エンドラインから8m以上の距離で確保することとされています。学校体育館では、日本バレーボール協会の定める安全領域を確保することは難しいという問題があります。

競技力に照らして、学校での授業等では、日本バレーボール協会の基準より安全領域を狭くすることは合理的な運用といえますが、配慮は必要です。

ボールに集中してこれを追うプレーヤーが衝突する可能性のある場所には障害物を置かないように配慮しなければなりません。このような配慮をしても、学校体育館では安全領域が十分でない場合はありますので、コート外へのボールを追うことの禁止、周囲に施設・用具が存在することについての注意喚起等のローカルな規則で対応することとなります。

複数のボールでの練習をする場合には、プレーヤーは、自身が関係するボールに集中しているため、異なるボールを対象としたプレーヤーと交錯することがないような練習方法の配慮も必要です。

これらの配慮は、教員があらかじめルールを決めておき、児童生徒が遵守するように教育・指導することが必要です。

3 まとめ

バレーボールに限りませんが、施設・用具の安全な利用は、正しい利用方法を知ることが必要です。取扱説明書がどこにあるかわからないという場合には、施設・用具を使用する人は、これを取り寄せることから始めなければなりません。

バレーボールと同じようにネットを張るバドミントン、テニス等でも類似の事故対策が求められます。

これらは、本来は、学校の施設管理者が注意すべき課題ですが、施設管理者だけでなく、バレーボールを指導する教員も正しい知識をもって、注意することが求められています。

バドミントンの事故

1 バドミントンの事故と現状と分析

　日本スポーツ振興センター（JSC）の死亡見舞金・障害見舞金事例のなかで、バドミントンに関連する事故は132件（死亡6件・障害見舞金事例126件）あります。

　学校種別ごとに、授業、課外活動（部活動）および休憩時間中で分類をすると**図3-10-1**のとおりです。課外活動（部活動）での事故のほうが、授業での事故よりも多い傾向が見られます。また、高校／高専および中学校での事故が多く、年齢が高くなるほど事故数が多くなっています。

　事故態様別・障害別での傾向は、**図3-10-2**、**図3-10-3**のとおりです。1位はシャトルの衝突による事故です。75件の事故すべてが、シャトルが眼球に当たり、視力・眼球運動障害を生じた事例です。2位はラケットの衝突による事故です。ダブルスのペアやプレーとは関係なく近くにいた人の眼や口元にラケットが当たり、視力・運動障害や歯牙障害が生じています。3位は転倒事故です。スマッシュを打つときにバランスを崩したり足を滑せることで転倒し歯牙障害などを生じています。4位はネット関係の事故で、ネットの着脱中に生じています。その他の類型で比較的多いのは、バドミントンの部活動中のトレーニングや準備運動としてランニングをしている際、突然意識を失くしたり、痙攣を起こすなどするケースです。

図 3-10-1　バドミントン　死亡・障害事例　2005 ～ 2021 年度（学校種別）

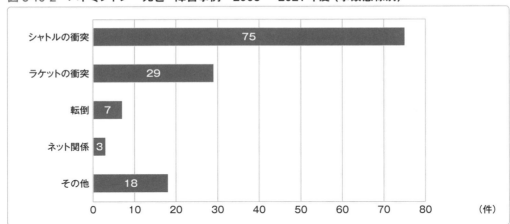

図 3-10-2　バドミントン　死亡・障害事例　2005 〜 2021 年度（事故態様別）

図 3-10-3　バドミントン　死亡・障害事例　2005 〜 2021 年度（障害別）

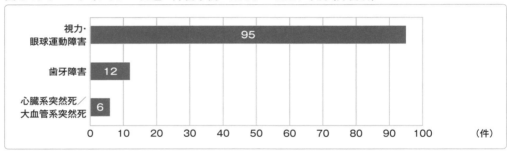

　判例集に掲載されているバドミントン事故は、①シャトルの衝突、②ラケットの衝突、③足を踏み込んだことが原因と思われるアキレス腱断裂のケース、④熱中症に罹患したケース、⑤ラケットの欠陥によりけがをしたケースの 5 件があります。

2　バドミントンに特徴的な事故とその予防

（1）シャトルが衝突する事故とその予防

　バドミントンに関連した事故で最も多い類型は、シャトルが眼球に衝突するケースです。シャトルをラケットで打ったときのスピードは、上級者であれば初速が時速 400km にもなり、近距離で当たったときの衝撃は大きく、当たった部位によっては大きなけがにつながります。

　事故の傾向として、①試合や練習の相手が打ったシャトルの衝突、②シャトル出し

（手で投げられたシャトルを打ち返す）の練習中の衝突、③ペアの打ったシャトルの衝突、④当該シャトルに関係していない周囲の人への衝突の4類型に分けられます。

ア　試合や練習の相手が打ったシャトルの衝突（①の類型）

①の類型は31件あり、打ち合いの練習をしていて相手の打ったシャトルが眼に直撃した事故（ 2005 障 214 、 2006 障 234 、 2012 障 345 、 2017 障 181 ）、試合中に相手が打ったスマッシュをよけきれず、シャトルが眼に当たった事故（ 2007 障 161 、 2011 障 224 ）、ネット際で相手の生徒が打ったシャトルが至近距離で眼に直撃した事故（ 2011 障 221 、 2016 障 321 、 2019 障 115 ）などがあります。同様の事故で、裁判になった事案として、高校のバドミントン部で打ち合う練習を行っていた際、相手から本来予定されていない角度・速さのシャトルが飛んできて眼球にシャトルが直撃した事故があります（さいたま地裁2016年3月16日判決）。

▶ 事故予防アドバイス

事故予防の第1のポイントは、シャトルが眼に当たらないようにすることです。

①の類型は、相手のシャトル（特にスマッシュ）を打ち返す技能・能力が足りないことが原因としてあげられます。指導者がプレーヤーの能力を正しく把握し、事故が起こりやすいスマッシュの練習の際には技能・能力レベルの差がある者同士を組ませない、技能・能力に応じて一定の距離を確保して練習するといった対策が考えられます。

以上のように、シャトルが眼に当たらないようにしても、どうしても眼に当たることが避けられない場合もあります。そこで、第2のポイントは、シャトルが眼に当たったとしても負傷しないようにすることです。

具体的には、プレーヤーやシャトル出しをする人は、スポーツ用アイガード（**写真 3-10-1**）と呼ばれる目を保護するための道具の着用を推奨します（後述の②〜④の類型も同様です）。アイガードを着用することでシャトルから物理的に眼球を守ることができます。ちなみに、四方を壁に囲まれたコート内でゴム

写真 3-10-1　スポーツ用アイガード

質のボールを打ち合うスカッシュという競技では、眼球損傷のリスクが高いとされており、19歳未満のプレーヤーは中央競技団体の公認大会でのアイガードの着用が義務づけられていますし、20歳以上の選手も着用が推奨されています[1]。なお、スポーツ用アイガードについては、現在、一般社団法人製品安全協会において、公式・軟式野球、ソフトボールを対象競技としてSG基準[2]に基づく認証がされています。順次、対象競技が増える予定とされており、バドミントンが加わることも期待されます。

イ　シャトル出しの練習中の衝突（②の類型）

②の類型は16件あり、ネットを挟んでシャトルを投げて相手が打つ練習をしていたところ、相手の打ったシャトルが当たった事故（2008障207、2015障189、2020障173）、ジャンプスマッシュの練習として手でシャトルを渡していたところ、それを打った生徒のシャトルが眼に当たった事故（2006障416、2021障145）、トスしたシャトルをペアの生徒が打つ練習をしていた際、シャトルがトスした生徒の左眼に当たった事故（2019障156）などがあります。

▶ 事故予防アドバイス

②の類型は、シャトル出しの練習方法のやり方に問題があると考えられます。まず、シャトルを打つ側は、シャトル出しをする人の顔の方向に打たないよう徹底しましょう。そのうえで、シャトルを出す側は、ネットや防球フェンスにしっかりと顔を隠せる配置にするべきです。

ウ　ペアの打ったシャトルの衝突（③の類型）

③の類型は10件あり、ダブルスの試合中、後衛の生徒がシャトルを打ったときに前衛にいた生徒が振り返り、前衛の生徒の眼に当たった事故（2011障222、2015障367、2016障323、2019障158）、2対2の練習中に、ペアが落ちたシャトルを拾い上げた際に振り向いた生徒のシャトルの羽が眼に刺さった事故（2006障415）、授業中断の合図をしていたにもかかわらず、ペアを組んでいた生徒が突然シャトルを打ち眼に当たっ

1）公益社団法人日本スカッシュ協会公式ルールブック　JSA SQUASH SINGLES RULES 2021 附則6参照

2）一般消費者の生命や身体の安全を確保することを目的とし、安全と信頼性にかかわる要求事項を定めた基準。製造事業者、学識経験者、消費者代表、検査機関、行政機関らの専門家がSG基準作りに加わっています。

た事故（ 2009 障 140 ）などがあります。

▶ 事故予防アドバイス

　③の類型は、ダブルス競技におけるプレーヤー間の決まり事の設定・徹底があげられます。ダブルス競技における決まり事として、前衛のプレーヤーは後ろにシャトルを抜かれても決して後方を振り向かないこととし、指導者はプレーヤーにこれを徹底させ、プレーヤーはこれを遵守することが求められます。また、相互に声かけを行うことも有効です。

エ　シャトルに関係していない周囲の人への衝突（④の類型）

　④の類型は７件あり、バドミントンの審判をしているとき、振り向いた瞬間にすぐ側で練習をしていた生徒が打ったシャトルが左眼を直撃した事故（ 2006 障 160 ）、シャトルを拾いに行った際、近くで練習していた他の生徒が打ったシャトルが左眼に当たり外傷性散瞳が残存した事故（ 2019 障 116 ）などがあります。

▶ 事故予防アドバイス

　④の類型は、視野の外や予想していないところからシャトルが飛来し、これを避けきれないことが原因です。指導者は、打ち合い練習をしているプレーヤーには近づかない、シャトル拾いはシャトル出しがすべて終わってから行うといった決まり事を定め、その決まり事を周知・徹底するとともに、練習中や試合中に、当該練習・試合に関係のない者がコート内に入りこまないよう管理を徹底することが求められます。プレーヤー自身も、これらの決まり事を遵守し、打ち合い練習をしている近くで行動する際には特に注意を払うことが必要です。

（2）ラケットが衝突する事故とその予防

　ラケットが身体に衝突する事故は、大きく、①ダブルス競技のペアが振ったラケットが衝突した事故と、②当該プレーとは関係なく近くにいた人に衝突した事故の２つの類型に分けられます。

　①の類型は、前衛の生徒がシャトルを追って後ろを振り向いたところ、後衛の生徒が振ったラケットが歯や眼に当たった事故（ 2008 障 142 、 2013 障 173 、 2013 障 315 ）、ペアの間にシャトルが飛んできたためお互いに打とうとしてペアのラケットが眼に当たっ

た事故（ 2008障278 、 2019障157 ）などがあります。裁判例でも、ダブルス競技の最中に、ペアの後衛のプレーヤーが振ったラケットが前衛のプレーヤーの眼に当たった事故があります（東京高裁 2018 年 9 月 12 日判決）。

　②の類型は、シャトルがそれて隣の生徒と重なるようになった際に隣の生徒が振ったラケットが当たった事故（ 2008障280 ）、落ちていたシャトルをラケットで打って集めていた生徒の振ったラケットが近くの生徒の顔面に当たった事故（ 2014障184 ）などがあります。

▶ 事故予防アドバイス

　ラケットは、競技規則で全長 680㎜以内、幅 230㎜以内とされ、成人男性の腕（肩から指先まで）の長さは平均 73 〜 74㎝、成人女性で約 67㎝ですので、腕を伸ばしてラケットを振ると、体から半径 1 m 以上の距離までラケットは届きます。さらに、足を踏み出してラケットを振れば、ラケットが届く範囲はさらに遠くにまで及びます。

　指導者およびプレーヤーは、まず上記の特性を理解しておく必要があります。

　①の類型については、一つのシャトルを二人のペアが同時に追うことが一番の原因です。シャトルを追う際には声をかける、あらかじめお互いの守備範囲を決めておく、といったプレーヤー同士の意思疎通を図ること、より全体が見渡せる後衛のプレーヤーは前衛のプレーヤーの挙動に注意を払う、といったことを徹底する必要があります。

　②の類型については、指導者は、あらかじめ決められた場面（練習）以外（例えばシャトル拾い時など）では、ラケットを振らない、振り回さないことを徹底してください。ラケットを振る動作のある練習を行う際は、プレーヤー同士の間隔を少なくとも 1.5m 以上とすべきです。また、素振りの練習では、動く方向を一定方向のみとするルール、レシーブの練習では、シャトルを追う範囲をあらかじめ決めておいて深追いを禁止するルールを定め、徹底することも必要です。

（3）転倒事故とその予防

　転倒事故としては、打ち合いをしていて足を滑らせ転倒した事故（ 2005障275 ）、スマッシュを打とうとジャンプをして着地した際に転倒した事故（ 2012障243 、

2015 障 365)、前方に来たシャトルを打ち返そうとして足を踏み出したときにバランスを崩して転倒した事故（ 2017 障 234 、 2018 障 185 ）などがあります。

▶ 事故予防アドバイス

　バドミントンが、ターンやストップ、ジャンプといった瞬間的な運動を繰り返し行うという競技特性が主な原因といえます。準備運動を十分に行い、捻りやすい足首や膝、肩や肘の柔軟性を高めておく必要があります。自分の体力やその日の体調をよく理解したうえで、無理のない動きをするよう心がけることも肝要です。

　死亡見舞金・障害見舞金の事例にはありませんが、シャトルやラケットなど用具を踏むことで足を捻ることも考えられます。用具の管理を徹底し、コート内に用具が放置されないよう常に注意を払う必要があります。

　その他、床に落ちた汗が原因で滑って転倒することも考えられますので、乾いた雑巾やモップを準備しておき、汗が落ちたり、湿気で床が湿っているような場合には、こまめにふき取ることも大切です。

(4) ネットに関連する事故とその予防

　バドミントンは、体育館にネットを設置して行う競技ですが、体育館にネットが常設されているコートは少なく、自分で競技前にネットを設営する必要があります。

　ネットをポスト（支柱）に結び付けて固定する際に、ポストについていた金具が外れ顔面に当たった事故（ 2010 障 219 、 2012 障 192 ）、ネットを取り付けるためのフックを外した際にフックが顔面に当たった事故（ 2006 障 159 ）などが起きています。

▶ 事故予防アドバイス

　指導者は、プレーヤーの年齢や体格、理解力に注意を払い、ポール（支柱）やネットの設置をプレーヤー自身に行わせるべきか、指導者側で行うべきか、状況に応じた適切な判断が必要です。児童生徒にネットの設置を行わせる場合には、取扱説明書の内容を理解させる機会も設けましょう。その他、ネット巻上器やワイヤー、ポール（支柱）の保管・移動に関する事故予防のポイントは、第3章「9　バレーボールの事故」も参照してください。

（5）その他の事故（熱中症と体育館特有の事故）とその予防

　バドミントンは、シャトルが、競技規則上4.74g〜5.50g（A4用紙1枚程度）と軽くて風の影響を受けやすく、また、外部から差し込む光が競技に影響を及ぼすため、体育館等の室内で閉め切った状態で行われ、風が出る冷房機器の使用にも消極的なこともあり、熱中症の危険をはらんだ競技といえます。高校の部活中に熱中症と思われる症状で死亡した事故（ 2007 死 45 ）や、中学校のバドミントンの部活動中に熱中症に罹患して脳梗塞を発症した事案で、体育館内に温度計を設置せず、WBGT[3]等による熱中症予防対策が不十分であったとして学校側の責任を認めた裁判例もあります（大阪高裁2016年12月22日判決）。

　また、体育館特有の事故として、シャトルを深追いしすぎてコート外に飛び出し体育館の壁に激突する事故、床の木片が剥がれて身体に刺さる事故、同じ体育館内でバレーボールなど複数競技が同時に行われることで他競技の選手と交錯する事故、他競技のボールが飛来する事故、他競技の支柱用金具を設置するための穴に足がはまる事故なども考えられます。

▶ 事故予防アドバイス

　熱中症事故の予防・対策については、第3章「5　熱中症に関連した事故」を、体育館特有の事故については、第2章「8　体育館における事故」や第3章「1　施設・運動場等の複数同時使用に関連した事故」を参照してください。

3　まとめ

　バドミントンは、身体接触も少なく、シャトルも非常に軽いため、大きな事故は起きないと考えられがちですが、シャトルやラケットが当たる事故は多く起きています。競技特性をよく理解するだけでなく、道具の正しい使い方や扱ううえでの危険性、事故の特徴も理解したうえで、事故予防に取り組むことが肝要です。

　なお、バドミントンと同じようなラケットを使用するテニスでも類似の事故対策が求められます（第3章「11　テニスの事故」参照）。

3）　湿球黒球温度：Wet Bulb Globe Temperature の略。気温、湿度、輻射熱の3つを取り入れた温度の指数で、熱中症予防の指標の一つ。

11 テニスの事故

1 テニスの事故の現状と予防の視点

（1）テニスに関連した事故の現状

　日本スポーツ振興センター（JSC）の死亡見舞金・障害見舞金事例のなかで、テニス（ソフトテニスを含む）に関連した事故は110件（死亡見舞金事例19件・障害見舞金事例91件）あります。

　学校種別ごとに、授業および課外活動で分類をすると**図3-11-1**のとおりです。小学校における事故はデータ上では見られず、中学校における事故の件数が最も多いことがわかります。また、課外指導（部活動）中に発生した事故が圧倒的多数（中学校における事故の95％、高校／高専における事故の93％）を占めています。これは、学校の授業や小学校の課外活動でテニスが実施される機会が少ないことによるものと思われます。

　障害見舞金事例を事故態様別で分類すると**図3-11-2**のとおりです。1位はボールが身体に衝突したという事故です（26％）。2位はラケットが身体に衝突したという事故です（15％）。3位は転倒による事故です（11％）。4位は器具関係の事故です（10％）。

　その他の類型のなかで比較的多いのは、部活動中に突然意識を失い倒れたという事

図 3-11-1　テニス　死亡・障害事例（学校種別）　2005〜2021年度

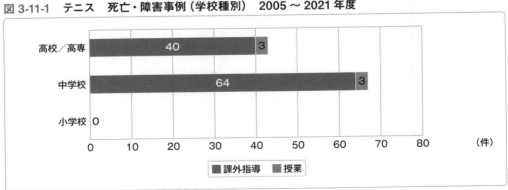

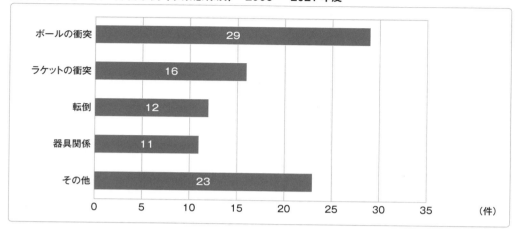

図 3-11-2　テニス　障害事例（事故態様別）　2005 ～ 2021 年度

例です（ 2011 障 259 等）。他には、コート外に飛んで行ってしまったボールを拾いに行く過程でけがをした事例（ 2007 障 350 等）や付近で練習中の他の部活動から飛んできたボール等が身体に当たったという事例（ 2006 障 350 等）も見られました。

　なお、テニスにおける死亡見舞金事例はすべてその他の類型であり、多くは心臓系突然死あるいは大血管系突然死によるものです。

（2）事故予防の視点

　テニスは、1 人（シングルス）または 2 人（ダブルス）が、相手方とネットを介して、ラケットで、ボールを打ち合う競技であるため、①道具（ラケットとボール）を使う、②ネットを必要とする、③相手プレーヤーとの接触がないという特性があります。

　したがって、その特性から、ラケットやボールとの衝突事故やネットに関する事故がテニスに特徴的な事故として想定されます。

　なお、これらの特性は、硬式テニスとソフトテニスとで共通するものですので、以下では特に断りのない限り、両方に当てはまる事故予防について検討しています。

　テニスコートの大きさは、競技規則上、縦 23.77 m、横 10.97 m（シングルスコートは横 8.23 m）とされています[1]。試合中であれば 1 つのコート内のプレーヤーの

1）　2023 ITF RULES OF TENNIS Rule1、付則Ⅷ

人数は最大4名であり、同時に複数のボールが使用されることはありません。それに対して、練習の場合には通常1つのコート内のプレーヤーの人数は5名以上になり、同時に複数のボールが使用されます。すなわち、部活動や授業でテニスを行う場合には、23.77 m × 10.97 mのコート内に複数の人、ラケットおよびボールが存在し、かつ、それらがいずれも動いているという状況が生まれることになります。

したがって、**図3-11-2**も示しているとおり、テニスの事故類型のなかでは、ボールやラケットとの衝突による事故が起こりやすく、これらの類型については特に事故予防を意識する必要性が高いといえます。

また、テニスを実施する際には、コートの整備やネット張り等の準備作業が必要となります。こうした準備作業がけがにつながるケースもありますので、指導者および児童生徒は、テニスにはプレー中だけではなく、部活動・授業中のあらゆる過程に事故の危険が潜んでいるということに留意する必要があります。

さらに、テニスの死亡見舞金・障害見舞金事例の圧倒的多数は、課外指導（部活動）中に発生した事故です。部活動では指導者（顧問教員等）が常に現場にいるとは限らない以上、指導者は日頃から、児童生徒が自主的に事故予防のための行動をとることができるような安全指導を徹底しておく必要があるでしょう。

2 テニスに特徴的な事故とその予防

（1）ボールの衝突事故とその予防

図3-11-2のとおり、JSCの死亡見舞金・障害見舞金事例のなかでテニスの最も多い事故類型がボールとの衝突です。全29件のうち27件は他の生徒が打ったボールが眼に衝突したという事故です。

衝突の場面としては大きく、①ボールが自身に向かって飛んでくることは認識していたものの不適切な処理をしたことでボールに当たる類型と、②予期しない場所・タイミングから飛んできたボールに当たる類型の2つに分けられ、②の類型が大多数を占めています。

①の類型の事故は、ラリー（ 2005障309 、 2020障267 ）、ボレー（ 2008障312 、 2018障146 ）、レシーブ（ 2012障291 ）、審判がラケットでボールを送ったとき（ 2012障164 ）などの場面で発生しており、主にプレー中に見られます。

②の類型の事故は、プレー中（ 2008 障 175 、 2008 障 311 、 2016 障 249 、 2019 障 243 、 2020 障 268 、 2020 障 269 、 2021 障 212 等）に限らず、順番待ち中（ 2010 障 184 、 2017 障 276 ）、ボール拾い中（ 2009 障 170 、 2010 障 312 、 2011 障 131 、 2014 障 270 、 2018 障 144 、 2018 障 147 、 2019 障 131 ）、休憩中（ 2019 障 242 ）などのあらゆる場面で発生しています。

②の類型としては、テニススクールの受講者がコート上のボール拾いをしていたところ、他の受講者が打ったボールが右眼球に当たり、右網膜振盪症等の傷害を負った事故についての裁判例があります（横浜地裁1983年8月24日判決）。横浜地裁は、コーチが初心者の受講者に対して「練習者の近くでボール拾いをすることの危険性やその危険防止について何の指導もしないまま…ボールが衝突する危険のある状況でのボール拾いを指示し」たことを理由にコーチの指導上の過失を認めました[2]。当該裁判例は民間のテニススクールにおける事故の事案ですが、指導者にはボールが衝突する危険の防止について指導すべき義務があるという点は、学校の授業や部活動についても同様に当てはまるものと考えます。

▶ 事故予防アドバイス

ボールが飛んでくること自体は認識している①の類型については、相手の打球を処理する技能が児童生徒に十分に備わっていないことが原因としてあげられます。これに対しては、指導者が児童生徒の能力を正確に把握したうえで、児童生徒のレベルに応じた段階的指導を行うことが考えられます。

例えば、初心者に対してはスポンジボールのように競技規則上のボール[3]とは材質や大きさが異なるボールを使用したり、競技規則[4]にとらわれずに長さの短いラケットや打球面の広いラケットを使用したりすることで、初心者でも安全に飛んでくるボールを適切に処理する技能を身につけることができます。

また、ボールを処理する児童生徒のレベルに応じて、ボールを打つ側の児童生徒や指導者が打球のスピードに配慮したり、練習パートナーの組み合わせを工夫したりす

---

2) 眼にテニスボールが衝突した事案について指導者の過失を否定した裁判例としては、横浜地裁1998年2月25日判決（民間テニススクール）や大阪高裁1998年7月30日判決（単位制高校の授業）が参考になります。

3) 2023 ITF RULES OF TENNIS Rule3、付則Ⅰ

4) 2023 ITF RULES OF TENNIS Rule4、付則Ⅱ

ることも考えられます。

予期していないボールが当たる②の類型については、部活動・授業中の児童生徒がボールの飛び交う状況を認識していないことが原因としてあげられます。これに対しては、指導者が、コート内外の児童生徒全員がボールの飛ぶ方向や全体の練習状況に注意を払えるよう指導する必要があります。指導者および児童生徒がプレー中に限らず、ボール拾いをしているときや休憩しているときなど、部活動・授業の間は常にボールの行方に注意を払っていることが大切です。

例えば、ボールを打つ練習を複数箇所で同時に実施する際には、各箇所の練習からボールが飛んで行く方向や人が待機する位置等を事前に全員で確認・共有してから練習を開始することが考えられます。

また、ボールが意図しない方向に飛んで行ってしまった際に、その打者やそれに気づいた周囲の者が、ボールが飛んで行ったことを知らせるための声かけをする（例えば「ケア」と叫ぶ等）といったルールを児童生徒に周知しておくことで事故を回避できる可能性が高まります。練習の内容によっては防球ネットを設置することも検討すべきです。

さらに、ボール拾いの際の事故の危険を回避するために、ボールを拾い集める必要が生じたときには練習を中止して全体でボールを拾ってから練習を再開するようにしましょう。

最後に、現在テニスでは普及していませんが、①②両方の事故類型を予防する観点からアイガードの利用を検討することも考えられます（第3章「10　バドミントンの事故」を参照）。

(2) ラケットの衝突事故とその予防

図3-11-2のとおり、ラケットの衝突はテニスで比較的多く見られる事故類型です。全16件のうち10件は眼に、5件は歯に、1件は首にラケットが衝突した事故です。ラケットが顔面付近に衝突することで重大な事故につながっていることがわかります。

衝突の場面としては、生徒が練習中後ろに下がってボールを打とうとした際に後方の生徒にラケットが当たった事例（ 2008 障 432 、 2009 障 171 、 2009 障 174 ）や周囲の生徒

が振ったラケットがボール拾い中の生徒に当たった事例（ 2020 障 265 ）などが見られました。

▶ 事故予防アドバイス

（硬式の）競技規則上、ラケットのフレームは全長 73.7㎝、全幅 31.7㎝ を越えてはならないとされているところ、児童生徒はこれほどの長さのラケットを腕を伸ばして振ることになるため、ラケットを振る際に周囲と空けるべき間隔は（特に初心者の）想像以上に広範囲であることを理解する必要があります。

事故防止の観点からは、周囲の状況を確認せずに素振りをしたり、むやみにラケットを振り回したりしないといった当たり前のことについても、改めて児童生徒に対してしっかりと指導することが求められるでしょう。

ラケットが衝突する事故の原因として、視線がボールばかりに集中してしまい周囲の人間との間隔を確認しないままラケットを振ってしまうことがあげられます。

動いているボールを打つというテニスの性質上、前方からのボールに意識が集中して周囲、特に後方への注意が欠けてしまうこともやむを得ないと思います。そのため、指導者は、児童生徒に対して、順番待ちや見学・休憩をしている状況、すなわちプレー以外の場面においても、常に周囲の練習・試合状況やボール・人の動きに注意を払うよう指導することが大切です。ボールに集中しているプレーヤー以外の者が危険を回避する意識をもつことで事故防止の効果が期待できます。

また、指導者は、児童生徒が順番待ちや見学・休憩をする場所と位置にも気をつけるようにしましょう。前方のプレーヤーが大きく後方に移動したとしてもラケットが衝突しないような安全な待機位置を定めておき、それを児童生徒に遵守させることが肝要です。線やマーカー等によって安全な待機位置を明確に示す工夫も考えられます。

（3）転倒事故とその予防

JSC のデータによれば、全12件のうち6件は生徒がテニスのプレー中、すなわちラケットを持った状況から転倒したもので、残り6件は生徒がランニング中などのラケットを持たない状況から転倒したものです。転倒はあらゆる競技に共通して見られる事故類型ですが、テニスの場合、転倒した際に握っていたラケットが顔の付近に当

たることで重大なけがにつながる危険があります（ 2007 障 351 ）。

▶ 事故予防アドバイス

　テニスコートには、砂入り人工芝コート（オムニコート）、クレーコート、ハードコート、グラスコート、カーペットコート等の種類があり、コートサーフェスは各コートによってさまざまです。そのうえ、コートコンディションは天候によって影響を受けますので、練習や試合の会場・日時によって児童生徒の足元の環境は変化することになります。したがって、指導者は、プレーの質を向上させるためだけではなく、転倒事故防止の観点からも足元の環境に合わせたシューズを使い分けるよう指導しましょう。

　また、児童生徒はプレー中だと目の前のボールに集中して足元の状況を確認できないため、足元にボールが転がっていても気づかないことがあります。そのような場合には、周りの気づいた児童生徒が声をかけて（例えば「足元」と叫ぶ等）プレーを中断させるといったルールづくりをしておくことが大切です。ボールに限らず、コート上に用具等の障害物が落ちていないかを活動の開始前に確認しておくことも必要です。

（4）器具関係の事故とその予防

　JSC のデータによれば、全11件のうち、5件はテニスネットを支柱間に張る作業の際に発生した事故であり、具体的には、ネットワイヤーが眼に当たった事故（ 2008 障 138 、 2008 障 176 、 2014 障 145 ）、ネットを巻くハンドルが歯に当たった事故（ 2006 障 193 ）等があります。2件はコート整備のために転圧ローラーを使用している際の事故です（ 2009 障 173 、 2015 障 288 ）。4件はネットやネットワイヤーに足や腹部を引っ掛けてけがをしてしまったという事故です（ 2017 障 147 、 2017 障 148 、 2017 障 150 、 2020 障 135 ） [5]。

　ネットを張る際の事故については、中学校のソフトテニス部員2名が部活動中に誤った方法によりネットを張る作業を行ったために、ネット巻き器のハンドルが高速で逆回転して1名の児童生徒の顔面に衝突し、上下の前歯を破折した事案の裁判例が

5）ネットが関係する事例はテニス特有のため、3位の転倒とは類型を区別しています。

あります（宮崎地裁 2019 年 2 月 1 日判決）。

　コート整備の際の事故については、中学校のテニス部員 3 名がコート整備のために駆け足で転圧ローラーを引いたところ、1 名がくぼみに足をとられて転倒し、ローラーに頭部を轢かれて死亡した事案の裁判例があります（静岡地裁沼津支部 1987 年 10 月 28 日判決）。

　また、授業・部活動中の事故ではありませんが、最高裁 1993 年 3 月 30 日判決は、5 歳の幼児が中学校の校庭内にあるテニスの審判台の後方から降りようとしたために審判台が後方に転倒してその下敷きになって死亡した事案でした。

▶ 事故予防アドバイス

　以上の事案は、いずれも器具の不適切な方法による使用が原因となり発生した事故です。事故予防のためには、前掲宮崎地裁判決が、ネット巻き器「でネットを張る行為は、方法を間違えば怪我をする可能性を有する危険な部類に属する行為といえるから、本件中学校の課外クラブであるテニス部においても、教員や指導の委託を受けたコーチらが十分な指導を行った上で、生徒に行わせるべきであった。」と判示しているように、指導者は児童生徒に対して器具の適切な使用・管理方法について丁寧な説明・指導を行うことが求められます。新入生が入部する時期などには、器具の使用・管理上の注意事項を部員全体に周知徹底させるための機会を設ける必要があるでしょう[6]。

　具体的なテニス支柱、ネット巻き器、ネット、転圧ローラー、審判台等の適切な使用・管理方法については、各メーカーの取扱説明書をしっかりと確認するようにしてください[7]。

3　まとめ

　テニスは性別・年齢を問わず皆が生涯を通して楽しむことができるスポーツであ

---

6)　前掲静岡地裁沼津支部判決にも同旨の言及があります。

7)　一般社団法人日本スポーツ用品工業協会・公益財団法人日本スポーツ施設協会施設用器具部会編『事故防止のためのスポーツ器具の正しい使い方と安全点検の手引き（改訂第 4 版）』（株式会社体育施設出版、2022 年）が参考になります。

8)　公益財団法人日本テニス協会編『テニス指導教本 I』大修館書店、2015 年、2 頁。

り、健康増進や体力増強の観点からも非常に価値が高いスポーツといわれています[8]。他方で、テニスは、プレー、ボール拾い、休憩、見学、準備作業など、部活動や授業のあらゆる場面に事故の危険が潜んでいます。以上であげてきた事故予防策はあくまでも一例にすぎませんので、指導者は、人（児童生徒）、ハード（施設・器具）、ソフト（練習プログラム）の３つの観点から、個々の現場に必要とされる具体的な事故防止策を検討し、それを児童生徒に周知徹底させることが求められます。

　なお、国際テニス連盟（ITF）が提唱している「TENNIS P&S（プレイ・アンド・ステイ）」というプログラムは、競技者の年齢や発育・発達、技術の上達度等に応じてボールの質・大きさ、ラケットおよびコートの大きさ、ネットの高さを３段階に分けるなど、誰もが楽しく安全にテニスを始めることができるように指導マニュアルが工夫されていますので、学校の授業や部活動で安全にテニスを実施するうえでも参考になります[9]。

9）公益財団法人日本テニス協会ホームページ 出典

12 ラグビーの事故

1 ラグビーの事故の現状と事故予防、事故対応

（1）事故の現状

　日本スポーツ振興センター（JSC）の死亡見舞金事例のなかで、ラグビー[1]に関連した事故は 14 件、障害見舞金事例は 97 件あります。死亡見舞金事例はすべて高校生の体育的部活動にかかわるものであり、障害見舞金事例も 97 件中 84 件（87%）が高校生の体育的部活動にかかわるものとなっており、学校内でも事故が偏在しているとの説明が可能です。

　死亡見舞金事例および障害見舞金事例の事故原因は、タックルが最も多く、次いでラック・モール、スクラム、ボールとの接触が続きます。

　障害見舞金の種別を見ると、上位から順に精神・神経障害（29 件、30%）、視力・眼球運動障害（21 件、22%）、歯牙障害（13 件、13%）、外貌・露出部分の醜状障害

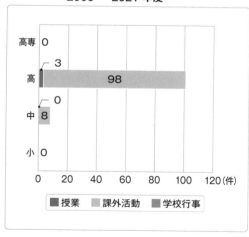

図 3-12-1　ラグビー　死亡・障害事例
2005 ～ 2021 年度

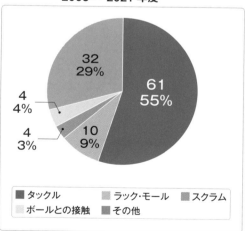

図 3-12-2　ラグビー　事故原因
2005 ～ 2021 年度

1）日本においては、ラグビーとは、主に World Rugby が統括するラグビーフットボール（ユニオンラグビーともいいます）を指すことが多く、本稿においても同義で用います。

（11 件、11%）となっており、頭頸部の外傷が原因となる障害が多く認められます。

　次に、日本ラグビーフットボール協会は、登録者の重症傷害について、登録チームに報告を求めており、被害の程度に応じて見舞金を給付しているところ、2011 年度から 2022 年度までの報告状況は以下のとおりであり、2011 年度から 2022 年度の間に 146 件の重症傷害が公式に計上されており、うち 18 件が死亡事故となっています（図 3-12-3）。

　また、同協会の分析によれば、2016 年 4 月から 2022 年 12 月に、登録チームから同協会に対して重症傷害として報告された事案（同協会として重症傷害と判断しなかったものも含む）128 件のうち、頸椎脊椎の損傷が 52 件、頭部外傷が 49 件、内臓損傷が 15 件、心臓系（心筋梗塞、外因性心臓死、内因性心臓死、心臓震とう等）11 件とされています（図 3-12-4）。発生年代を比較すると、登録者の約 4 分の 1 を占める高校生の事故が全体の 38％を占めているとされています。他方で、JSC の死亡見舞金事例（2011 年 2 件、2012 年 1 件、2013 年 1 件、2016 年 1 件、2018 年 1 件）と上記重症傷害報告における死亡事故の件数（2011 年 2 件、2012 年 3 件、2013 年 2 件、2015 年 1 件、2016 年 2 件、2017 年 2 件、2018 年 2 件、2019 年 1 件、2020 年 2 件）の差分は学校（部活動を含む）以外で発生した事故と考えられるところ、「シニアの重傷事故（頭部外傷、頸椎損傷等）が増えており、十分なトレーニングの上で、適切なレベルでラグビーを楽しむことが大切です。」と同協会が啓発していると

図 3-12-3　日本ラグビーフットボール協会に対する 2011 年度から 2022 年度までの重症傷害報告

出典：公益財団法人日本ラグビーフットボール協会「2023 年安全・インテグリティ推進講習会」資料

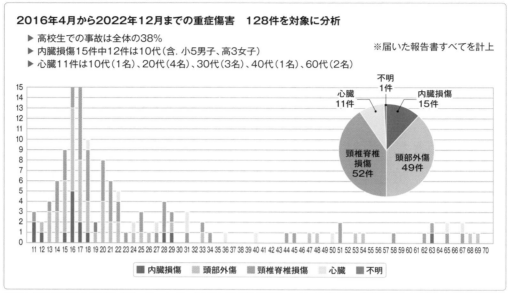

図 3-12-4　重症傷害分析＜傷害別＞

2016年4月から2022年12月までの重症傷害　128件を対象に分析

▶ 高校生での事故は全体の38%
▶ 内臓損傷15件中12件は10代（含. 小5男子、高3女子）
▶ 心臓11件は10代（1名）、20代（4名）、30代（3名）、40代（1名）、60代（2名）

※届いた報告書すべてを計上

心臓
11件
不明
1件
内臓損傷
15件
頸椎脊椎
損傷
52件
頭部外傷
49件

■ 内臓損傷　■ 頭部外傷　■ 頸椎脊椎損傷　□ 心臓　■ 不明

出典：公益財団法人日本ラグビーフットボール協会「2023年安全・インテグリティ推進講習会」資料

ころとも重なり、登録者比で考えるとシニアの重傷事故も看過できない状況になっているといえます。

▶ 事故対応アドバイス

　ラグビーは、球技の性質とコンタクトスポーツの性質を併せもつスポーツであり、球技一般の注意事項が当てはまりますし、コンタクトスポーツの注意事項も同様に当てはまります。すなわち、プレーヤーは自身が関係をしているボールや相手プレーヤーに注意することは当然のことであり、周囲の人や施設・用具にも注意を払うことが求められます。

　ラグビーの事故に固有の課題としては、事故に対応するためのマニュアルが明確に定められており、登録チームの関係者にはこれに即した対応が求められていることがあげられます。

　日本ラグビーフットボール協会が発行する「ラグビー 外傷・障害 対応マニュアル（2023年版）」の「1　一般原則」にもあるように、けがや病気の発生時に、フィールドにおける初期対応から、医務室や病院への移送に至るまでの対応手順を含む、緊急時対応計画（EAP：Emergency Action Plan）の策定が強く求められています。ま

た、「グラウンドでのけがに対する標準的アプローチ」から「特定カテゴリーの安全対策」まで、各種の事故が発生した際に求められる対応が明記されています。

　事故が発生することを完全に防止することには非常に困難が伴いますし、ときには正しいプレー（競技規則に反しないプレー）を行っていてもなお事故が発生することは否定できません。そのようななかで、関係者に求められることは、事故が発生したときに適切な処置を行い、事故による被害の拡大を防ぐことです。「ラグビー 外傷・障害 対応マニュアル」は随時

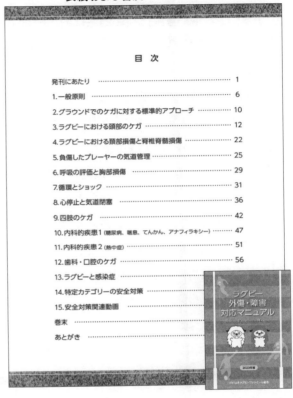

図 3-12-5　「ラグビー 外傷・障害 対応マニュアル（2023 年版）」（日本ラグビーフットボール協会）表紙および目次

改定され、同協会のウェブサイトにも公表されています。また、「安全対策関連動画」も同協会のウェブサイトには多数公開されており、関係者にはこれらを参考にしながら、適切な事故対応を行うことが求められています。

　日本ラグビーフットボール協会は、チーム登録に当たって、研修を受講したセーフティーアシスタントを登録することを義務づける、安全インテグリティ推進講習会を年に1度実施して注意喚起を図るなどしており、実践に向けた取り組みが進められています。

ラグビーに特徴的な事故とその予防

（1）死亡、障害結果に着目した特徴的な事故
＝頭頸部外傷の予防①タックル、ラック、モール等

　タックル、ラック、モール等のコンタクトシチュエーションにおいては、相手の身体や地面に頭頸部が接触することがあり得ます。

　コンタクトシチュエーションは、両チームのプレーヤーが参加して成立するプレーであるところ、タックルをしたプレーヤーや、ボールのコンテストに参加するプレーヤーの頭頸部が相手の身体や地面に接触する場合と、タックルをされたプレーヤーや、ボールのコンテストにすでに参加していたプレーヤーの頭頸部が相手の身体や地面に接触する場合のいずれもがあり得ます。

　JSC の死亡見舞金事例でいうと、「試合中、相手選手にタックルを行った際、相手選手の左腰骨に本生徒の右側頭部が激突した」事例（ 2005 死 62 ）、「ラグビー部合宿中での試合の際、ボールをキャッチした相手が直進後ステップを踏んだため、タックルに入ったとき、頭部右側が相手の骨盤に激突しその場で倒れた」事例（ 2005 死 63 ）は、タックルをしたプレーヤーの事故事例、「県選抜Ａチームと他県選抜Ａチームのラグビー練習試合中、味方チームにパスをしたところへ相手プレーヤーに胸の辺りにタックルを受け、そのまま左側面から倒れた」事例（ 2005 死 61 ）は、タックルをされたプレーヤーの事故事例に該当します。

▶ 事故予防アドバイス

① 競技規則の遵守

　競技規則上は、プレーヤーは、無謀な、または、他者に対して危険な行為はいかなるものもしてはなりません（9.11）。また、相手側プレーヤーに対して、早く、遅く、または、危険な形でタックルしてはなりません（ここでの危険なタックルには、肩の線より上へタックルすること、または、しようとすることを含みますが、この限りではないと定められています。）（9.13）。ラック、モールにおける危険なプレーとして、プレーヤーは、ラックやモールにチャージしてはならず、プレーヤーは、相手側プレーヤーに対して、肩の線よりも上に接触してはなりません（9.20）。コンタクトを試みる相手方のプレーヤーの安全を確保するうえでは、コンタクトを試みるプレー

図 3-12-6　競技規則を遵守できていない例

スピアタックル　　　ノーバインドタックル　　　レイトタックル

空中にいるプレーヤーへのタックル　　　ハイタックル

出典：公益財団法人日本ラグビーフットボール協会「2023年安全・インテグリティ推進講習会」資料

ヤーが競技規則の遵守を徹底することが不可欠であると考えられます。

　プレーヤー自身が競技規則の遵守を目指すだけでなく、指導者は競技規則を遵守できるよう練習させる、レフリーは競技規則違反に対して厳格な判断を行い、さらなる競技規則違反を抑止するなど、各関係者がそれぞれの立場から競技規則の遵守を図ることが求められます。

　競技規則に違反したことと、不法行為に基づく損害賠償責任における過失の有無の関係について、東京地裁は、競技規則は注意義務の内容を定めるに当たっての一つの指針となるにとどまり，規則に違反していないから過失はないとの主張は採用することができない、としつつも、当該プレーが、当時の競技規則に基づいても「両足がまだ地面から離れている相手プレーヤーを、頭および／または上半身が地面に接触するように落としたり力を加えたりする」危険なプレーと評価しうると判断したことがあります（東京地裁 2014 年 12 月 3 日判決）。競技規則の違反は、注意義務の内容を定めるに当たっての単なる一つの指針というよりは、重要な指針といえると思われます。

② トレーニングによる安全な動作・姿勢の習得

　安全な動作、姿勢をトレーニングによって習得する、習得させることも非常に有効な事故予防の手法といえます。

　タックル時における頭部の位置は、相手の背中側、臀部側になければならないところ、「相手選手の左腰骨に本生徒の右側頭部が激突した」り（2005死62）、「タックルに入ったとき、頭部右側が相手の骨盤に激突し」（2005死63）たのは、安全な動作を習得できなかったからといえます。特に、タックル時の頭部の位置を正しくすることは、相手に衝突する肩と同一側の足で踏み出してコンタクトすることで達成でき、かつそのような動作は相手によりインパクトを与えられると指導されており、安全な動作は同時によいプレーであると評価される一例と考えられます。

図 3-12-7　**タックルにおける安全な動作**

出典：公益財団法人日本ラグビーフットボール協会「2023年安全・インテグリティ推進講習会」資料

③ 適切な練習のデザイン

　練習方法が適切にデザインされていないことが原因で事故が発生する例も少なからずあります。頭頸部の事故がどのような場合に発生するかを理解したうえで、頭部の衝突が不可避な練習、頸部に負荷がかかることが不可避な練習をさせてはなりません。

　例えば、コンタクトバッグを利用する際は、プレーヤーが全力でコンタクトすることが想定されます（そのことを指導者が求めていることも多いと考えられます）が、未熟な技量と相まってバランスを崩しやすいといった特徴があります。特に、防御側の複数のプレーヤーがコンタクトバッグを持つ際に、隙間が全くないと、攻撃側のプレーヤーが首を入れることができず、頸部が縦横に過屈曲を起こす可能性がありま

図 3-12-8　コンタクトバックを用いた練習の不適切なデザイン

出典：公益財団法人日本ラグビーフットボール協会「2023 年安全・インテグリティ推進講習会」資料

す。プレーヤーが首を逃がせる隙間ができるような練習メニューをデザインすること
が必要です。

▶ 事故対応アドバイス

事故の認識、発生時の対応

　事故を適切に認識するとともに、事故の発生時には適切な対応が求められます。

　「ラグビー 外傷・障害 対応マニュアル（2023 年版）」では、頭部の負傷のポイント
として、「頭部のケガのプレーヤーへの対応手順」「頭部のケガと脊椎・脊髄損傷は関
連する」「重篤な脳損傷の徴候を見逃さない」「脳振盪への現場対応と段階的競技復帰
プロトコール」の 4 つの点をあげています。

　特に、「重篤な脳損傷の徴候を見逃さない」ことにおいては、脳震とうの現場対応
の前提として、頭部が地面や相手プレーヤー等に接触していないか注視することが
求められています。また、「脳振盪への現場対応」として、エリートレベルでは HIA
（Head Injury Assessment）、すなわち現場での診断を前提とした競技復帰が認めら
れていますが、一般コミュニティレベルでは、R&R（Recognition and Remove）、す
なわちプレーからの除外が求められており、脳振盪を見逃さない取り組みが求められ
ています。

　さらに、脳震とうと診断された場合の競技復帰（Return to Play）に当たっては、
段階的なリハビリテーションのステージを経て、各ステージで問題が生じない場合で
あっても競技復帰までに原則 3 週間を要するものと定められています（段階的競技復
帰プロトコール、GRTP）。

　急性硬膜下血腫やセカンドインパクト症候群による致死的な結果を防止するための

表 3-12-1　GRTP プログラム（一般コミュニティレベル向け）

段階	リハビリテーションステージ	可能な運動	目的
1	最初の休息（体と脳）	運転や運動をしない。画面を見る時間を最小限に抑える。 仕事や勉強を休むことを検討する。	リカバリー
2a 症状が 24 時間 継続する	症状が出ない程度の活動	症状が出ない程度の日常活動。 仕事や勉強を休むことを検討する。	普段の活動に戻る （症状がでないよう）
2b 症状が 24 時間 ない	軽い有酸素運動	10-15 分間の軽いジョギング、水泳、または低〜中度のエアロバイク。筋力トレーニングはしない。24 時間ずっと症状がないこと。	心拍数を上げる
3	競技に特化した運動	ランニングドリル。頭部に衝撃を与える活動はしない。	動きを加える
4	コンタクトなしのトレーニングドリル	さらに複雑なトレーニングドリルに進む。 例：パスドリル。漸増負荷による筋力トレーニングを始めてもよい。	運動、協調、認知的負荷（学習に戻れることが、スポーツ復帰の前に必要である）
5	フルコンタクトの練習	医学的評価を得た後、通常のトレーニング活動に参加する。	自信を取り戻すこととコーチングスタッフによる機能スキルの評価
6	競技への復帰	競技での通常のプレーに戻る。	

出典：公益財団法人日本ラグビーフットボール協会「2023 年安全・インテグリティ推進講習会」資料

取り組みであり、事故を適切に認識し、事故が発生したときに適切な処置を行い、事故による被害の拡大を防ぐことが求められている典型的な場面といえます。

（2）死亡、障害結果に着目した特徴的な事故
　　＝頭頸部外傷の予防②スクラム

　スクラムでの傷害事例は、JSC の障害見舞金事例の「試合中、組んだ瞬間スクラムが崩れ頭から落ち、体が動かない状態となった」事例（2009 障 377）、「ラグビー部活動中で、練習試合を行っていたとき、ファーストスクラムでボール投入と同時に、スクラムがせり上がる状態となり、本生徒は頭が抜けず頸髄を痛め」た事例（2006 障 411）などが該当します。

▶ 事故予防アドバイス

① 競技規則の遵守

　スクラムについても、競技規則上、スクラムにおける危険なプレーとして、スクラムにおける第一列は、相手と距離を取って組み相手に突進してはならず、フロントロープレーヤーは、故意に相手を宙に浮かせたり、スクラムから押し上げて出したりしてはならず、フロントロープレーヤーは、スクラムを故意に崩してはならないと定められています。

　コンタクトシチュエーションと同様に、プレーヤーだけでなく、指導者やレフリーが一体となって競技規則の遵守を目指していくことが重要です。

② その他

　事故予防のうちトレーニングによる安全な動作・姿勢の習得や適切な練習のデザインや、事故対応については、コンタクトシチュエーションと同様です。

(3) その他

　死亡見舞金事例の種別として熱中症が３件（ 2007 死 44 、 2011 死 57 、 2012 死 28 ）あげられていることからもわかるとおり、熱中症への対策は屋外競技として避けられません。

　競技規則上、競技区域の外側に周辺区域を設けることが求められており、その幅は可能な限り、５m 未満にならないようにすると定められています（1.3（e））。

　周辺区域が狭い場合に、競技区域から押し出されたプレーヤーが障害物に衝突するなどして事故が起こることは、他競技の例からしても容易に予見可能です。また、事故の複合的な原因の一つとなる、例えば周辺区域が狭いためにプレーヤーが無理な進路変更を行い、その結果事故が起こるといったことも十分に考えられるところです。

　ゴールポストの重量は相応のものであり、設置または移動時に不慮の事故が起こることはまた、他競技の例からしても容易に予見可能です。

▶ 事故予防アドバイス

　熱中症の基本的な対応方針は紙幅の都合上、第３章「５　熱中症に関連した事故」に譲るものとしますが、高校生や大学生は、競技のカレンダーの都合上９月以降に１年間で最重要の大会（予選を含む）が設定されており、夏期の合宿を含む練習が

図 3-12-9　「競技場」「競技区域」「周辺地域」の関係

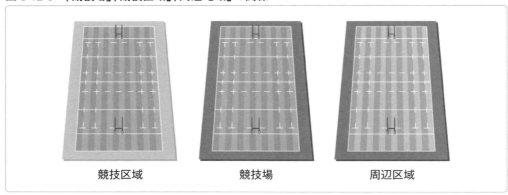

競技区域　　　　　　　　競技場　　　　　　　　周辺区域

　チーム強化において重要な意味をもつと考えられています。日本ラグビーフットボール協会は、登録チームに対し、毎年６月頃に通達を発出し、熱中症対策を呼びかけています。

　グラウンドの大きさに関しては、土地の面積による制約が多分にあり、周辺区域を厳格に維持することで競技運営が全く不可能または著しく困難になるということも妥当ではないと考えられます。競技規則が周辺区域の幅を「可能な限り」５ｍ以上とすると規定しているのも同様の趣旨からと考えられます。しかし、その場合であってもプレーヤーの安全を確保できるよう、近接する障害物を除去する、障害物に対して衝撃を回避できるカバーを敷設するなどの合理的な配慮が求められます。

　ゴールポストに関する配慮は、ゴールや支柱を用いる他競技の例も参考になるところであり、複数人で移動を行う、移動用の用具を用いる、標準使用年数を確認し、適宜更新作業を行うなどの対応が求められます。

第 4 章

学校安全のための
安全知識循環システム
—— 発達段階の児童生徒のための
環境デザイン

1 緒論

　人生 100 年時代を迎え、心身機能が変化し続ける人に対する安全な生活環境デザインが重要課題となっています。2015 年に国連で採択された持続可能な開発のための2030 アジェンダでも、あらゆる年齢や障害をもった人の安全性確保、サービスへのアクセスの確保、それらに配慮された都市のデザインの必要性などが指摘されています。本章では、子どもの事故に焦点を当てていきますが、全く同じ心身機能の変化に随伴する事故の問題は高齢者にも当てはまります。

　2006 年に、小児科医や工学系研究者などからなる傷害予防研究グループが、子どもの傷害予防のための成育環境デザインのための社会的仕組みとして、安全知識循環システムの概念を提唱し、その必要性を訴えました。安全知識循環システムとは、**図4-1** に示すように傷害データの収集、収集されたデータの分析、傷害発生現象の理解のための実験、対策法考案、対策法の普及までの一連の作業を循環させる仕組みのこ

図 4-1　2006 年時の安全知識循環システム

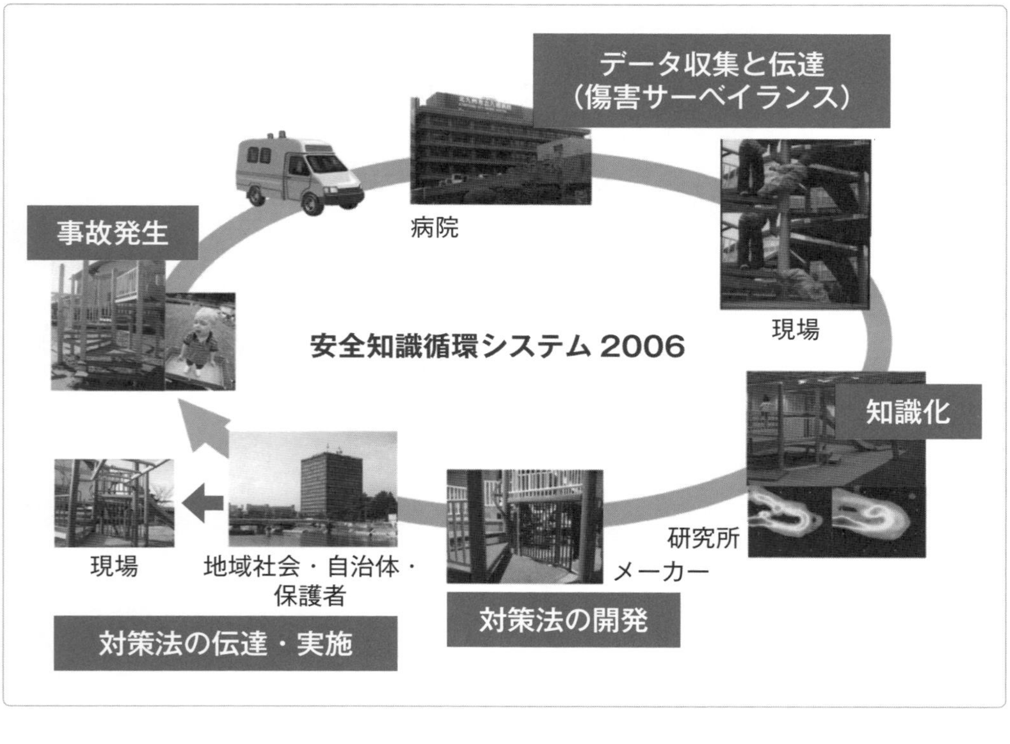

とです。

　2009 年には消費者庁が発足され傷害データの蓄積が始まっています。また、それ以前から事故に関連するデータ収集を行ってきた消防庁や日本スポーツ振興センター（JSC）では、データ活用に関する閣議決定や、予防のための活用の明確化がなされるなど、傷害予防に向けた社会的な動きが広がってきました。

　一方、近年、安価なセンサ、ストレージ、クラウド計算環境などが利用可能になっており、最近では、ビッグデータを活用する人工知能も急速に発展しています。そこでは、例えば、**図 4-2** のように、センサや人工知能技術を駆使することで、子どもの身体的・認知的機能の変化を読み取り、必要な環境のデザインを支援するような新たな安全知識循環が可能になりつつあります。**図 4-2** は、ビッグデータ、それを処理するデータサイエンス、現場での状況を画像や点群情報を用いて認識する技術、生活者

図 4-2　新たな安全知識循環の例

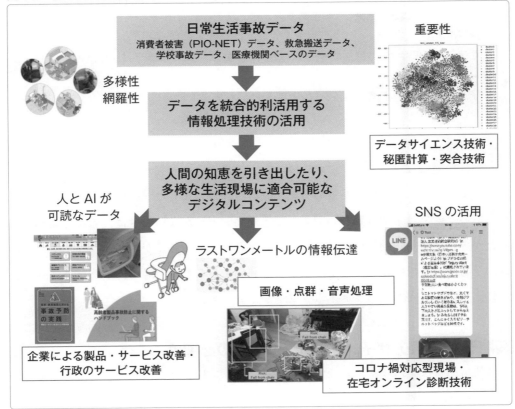

と接続できるソーシャルメディアなど、2006年時点では利用可能ではなかったさまざまなデータ群、技術群、社会インフラ群が現在整備されつつあり、これらをうまくつなぐことで、新たな安全知識循環が可能であることを示しています。

しかし、現状の安全知識循環システムは、2010年代から大きく発展している人工知能の流れからは大きく立ち遅れています。新たな課題も浮かび上がってきています。以下では、人生100年時代の要請にあった安全知識循環の課題を整理します。

2 安全知識循環システムの課題

対策の有無の制御から対策の質の制御へのパラダイムシフト

図4-3は、住宅内の事故の発生にかかる時間と、それに対する対策法の予防効果レベルを整理してみました。ここでの予防効果レベルの定義は、以下のとおりです。

- レベル3：
  ケアラー（保育士・教師含む）の注意や努力がまったく不要であり、目を離しても、ポカミスをしても傷害が発生しない予防策。
- レベル2：
  ケアラー（保育士・教師含む）の多少の労力を必要とするが、抑止効果が高い対策。
- レベル1：
  子どもへの注意・教育、ポスターなどほぼ予防効果のない対策。

このうち、レベル2と3は環境改善による対策であり効果がある対策、レベル1は、効果が脆弱な対策です。これをみると、効果の高い対策から低い対策までいろいろあります。これまでは、対策の有無が議論されてきましたが、効果の低い方法を採用していたのでは予防は難しいです。効果が高い方法がない場合は、これを開発することが課題となり、効果が高い方法がある場合は、その普及が課題となります。今後は、予防法の有無ではなく、予防法の質を評価することで、適切に予防推進活動を切り替えていく方向へのパラダイムシフトが必要です。

長期予防政策デザイン、研究デザインの必要性

予防策の質へのパラダイムシフトのためには、現状レベルの低い予防法を効果のある対策法へと開発を促す政策が必要です。そこでは、事故の現象が未解明なのか？

図 4-3　傷害が起こる時間の目安と現状で利用可能な技術の予防レベル

出典：NPO 法人 Safe Kids Japan

事故を制御可能にするための変数が未解明なのか？　対策品そのものの開発を待っている状況なのか？　などをモニタリングして、政策や研究を長期的な戦略をもってデザインしていく必要があります。例えば、長年解決されていない事故の一つは、誤嚥による窒息事故ですが、窒息を起こしにくくする物性値が未解明であり、窒素を起こしにくくする食品の開発ができません。こうした課題に関しては、長期的な計画が不可欠なのです。

オープンデータ化とデータサイエンスの活用

　オープンを前提としていない収集方法は、すぐにでも改める必要があります。個人情報があり、公開できないというのは、正しいように聞こえますが、実際には、同意をする努力をしていない言い訳の場合があります。最初から、事故調査のために公開することを前提にヒアリングすることで公開可能になります。実際そのようなヒアリングが可能であることを過去の研究でも確認しています。これまでの経験では、事故に関して、公開を拒絶するケースはまれで、1％以下です。オープンデータ化を推し進めることで、データサイエンスを適用した分析を進めていくことが可能となります。

　図4-4は、データサイエンスの活用例です。従来、どの製品がどの程度危険かを判断するのに傷害の発生件数と重症度の両方を見て判断するRmapという手法が利用されています。**図4-4**の左は、従来型の製品ごとの頻度と骨折確率をプロットしたもので、右上にある製品ほど危険性が高い、すなわち、頻度が高く、骨折確率が高いこと示しています。これに対して、データサイエンスを用いた手法では、さらに、詳しい分析が可能となります。鉄棒による事故のなかでも、さらに、どの状況の危険性が高いのかを知ることができるのです。**図4-4**の右の図では、さまざまな状況のなかでも、鉄棒から落下し手をつく事故の頻度と骨折確率が高いことを示しており、状況に踏み込んだ分析が可能となっている例です。

知識媒体の大きな変化と作成する知識の変革

　以前は、紙の大きさに情報が制約されていました。しかし、例えば、現場で使いやすいように資料はA4サイズで1枚以内とか両面で収まるように作成すべきである、

図 4-4　従来の事故分析（製品の Rmap）とデータサイエンスを用いた事故分析（状況の Rmap）

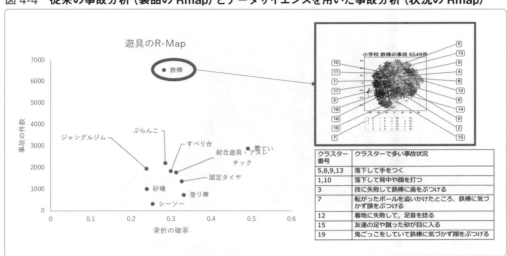

クラスター番号	クラスターで多い事故状況
5,8,9,13	落下して手をつく
1,10	落下して背中や顔を打つ
3	技に失敗して鉄棒に歯をぶつける
7	転がったボールを追いかけたところ、鉄棒に気づかず頭をぶつける
12	着地に失敗して、足首を捻る
15	友達の足や蹴った砂が目に入る
19	鬼ごっこをしていて鉄棒に気づかず顔をぶつける

などという時代ではなくなってきたのではないでしょうか。以前なら紙面が限定されているせいで、専門家しかわからない、場合によっては、専門家でもわからないような抽象的な表現が使われますが、現在は、電子化が進んできたため情報媒体が大きく変化しており、知識表現それ自体が変わりつつあるように見えます。大規模な事例のデータベースがあり、それをうまく検索できるような形態も、知識の新たな情報提示の方法であり、行動に移すことや意味をくみ取ることが困難な抽象的表現の問題の解決につながる可能性があります。

新たな伝達チャネル、伝達メディアとの連携

SNS などのソーシャルメディアの普及が目覚ましく、PC ではなく、スマホで情報にアクセスする時代になっています。これを前提とした情報伝達方法を開発し、生活者に届くチャネルを作っていくことが必要です。最近では、SNS を活用した傷害データの収集や、情報発信の試みも始まっています。

情報の内容も大切です。「できない」でめげない傷害予防啓発が重要です。予防法は、すぐに受け入れられるわけではありません。実際には、さまざまな理由で拒絶があります。壁に穴が開いてしまう、どこで購入していいかわからない、対策品が高価、うちの子どもでは起こらないように指導しているなど、さまざまな「できない理

図 4-5　画像認識を用いた危険な物体・状況の理解（変えられる化）支援

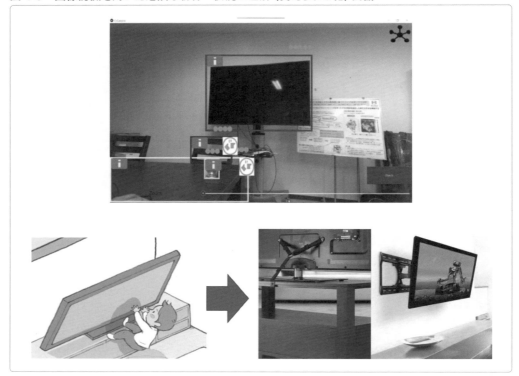

由」「しない理由」があることがわかっています。これらのできない理由に対する対策も必要です。

　現場の課題を探ったり、専門家と一緒に、実際にとりうる環境改善の方法を作っていく方法に関しても、新しいアプローチが可能となりつつあります。コロナ禍での新たな学習法として、Zoom や Skype 等の TV 会議システムを用いたオンラインによる傷害予防教育の需要が高まっています。

　最近では、AI が画像認識機能を応用した現場診断技術の活用も始まっています。**図 4-5** に示すように、オンライン学習中に参加者に家庭環境の映像を送ってもらい、その場で、その環境で起こりうる事故を予測し、事故の予測結果とともに具体的な予防策を提供しながら、予防策がとりづらい理由とそれを乗り越える方法を共創する支援技術（Empowering Reality）の開発が進んでいます。現場の環境に到達する物理的距離の問題、いわば、ラストワンメートルとでもいえる問題の解決だけではなく、できないと思う心理の個別性まで踏み込んだ情報提示が不可欠です。

地域、学校・保育現場の既存機能の深い理解と
そこへの埋め込みによる持続化

　データの収集、知識化、予防法開発、その普及を一貫する安全知識循環の仕組みは、地域に実装される必要がありますが、何もないところから作ることは大変であり、非現実的です。地域の病院との連携、学校カリキュラムや保育現場の活動への埋め込み、事業者の巻き込み、議員との連携など、既存の今動いている仕組みをよく理解し、それをうまくつなげて、再利用・流用する視点が必要です。

3　まとめ

　本章では、発達過程にある児童（心身機能が変化し続ける人）のための安全な生活環境をデザイン可能にする安全知識循環の課題を述べました。**表4-1**に今後ターゲットにすべき安全知識循環の課題を、2008年時と比較し整理しました。

表 4-1　**2006年時点の安全知識循環とこれからの安全知識循環**

	2006 時点での安全知識循環	人工知能・IoT 活用型の安全知識循環
事故データ収集	・テキスト情報を主体とした記録	・画像、動画、形状データなども取り入れた状況の記録
事故要因のとらえ方	・3E（環境・啓発・基準）	・環境要因の深化（社会的決定要因、生活システム要因） ・システムズ・アプローチ
事故データの分析・知識化手法	・利用可能なビッグデータはほぼ皆無 ・主に人間が統計ソフトを用いて分析 ・物理シミュレーション（有限要素解析など）による分析	・複数のビッグデータのオープンデータ化とその統合的な活用 ・人だけではなく、人工知能（データサイエンス）による自動分析 ・物理のみならず、生活のシミュレーション
対策法の評価（制御目標）	・対策の有無（対策の量）	・対策による予防効果（対策の質） 　例：予防レベルの評価など
知識の表現	・紙を前提にした記述 ・抽象化された表現 ・人が読み取れる知識	・クラウド・デジタルを前提とした記述 ・具体的な事例を都度、検索 ・人と人工知能が読み取れる知識
知識の社会還元（地域・産業への還元）	・通達による現場へのトップダウン伝達 ・TV、新聞、WEB（PC）、配布資料を用いた情報提示 ・安全基準作成やデザイン振興（KD 賞など） ・人間への知識伝授	・ラストワンメートル問題が発生しないよう、現場への直接的伝達 ・SNS・スマートフォンを用いた情報提示、TV 会議を用いた仮想訪問による情報提示 ・地域・現場の生きたシステムへの埋め込み、知識活用の担い手の育成、児童参加型の安全教育 ・生成 AI など AI を介した知識活用

参考文献 ─────────────────────────────────

- The United Nations, "Transforming our world: the 2030 Agenda for Sustainable Development," (2015) 出典
- 本村陽一、西田佳史、北村光司、金子彩、柴田康徳、溝口博「知識循環型事故サーベイランスシステム」『統計数理』第 54 巻第 2 号、299-314 頁、2006 年。
- 尾崎正明、西田佳史、大野美喜子、北村光司「状況 R-Map 法と状況ビッグデータを用いた施設に適合したリスク情報のプッシュ型提示法」『安全工学シンポジウム 2022 講演予稿集』434-437 頁、2022 年。
- 東京都連携セーフキッズプラットフォーム 出典
- Mikiko Oono, Yoshifumi Nishida, Koji Kitamura, Tatsuhiro Yamanaka, "Understanding parental perceptions of content-specific barriers to preventing unintentional injuries in the home," Children, Vol. 10, No.1:41, 2023
- Mikiko Oono, Thassu Srinivasan Shreesh Babu, Yoshifumi Nishida, Tatsuhiro Yamanaka, "Empowering Reality: The Development of ICT 4 Injury Prevention System to Educate Parents While Staying at Home," The 12th International Conference on Emerging Ubiquitous Systems and Pervasive Networks (EUSPN 2021), 2021

第 **5** 章

報道の現場から

■ 同じような事故が繰り返される現実

　子どもたちが学校で命を落としたり、大きなけがをしたりする重大な事故をなくすには、どうすべきなのか。朝日新聞は 2019 年 5 月、学校事故のビッグデータ分析をもとに、事故予防について考えるシリーズ「子どもたち、守れますか　学校の死角」を始めました。実際に起きた事故や膨大なデータの分析、予防策を紹介する記事を紙面で掲載。デジタル版では特設サイト（https://www.asahi.com/special/gakko-shikaku/）を開設しました。

　シリーズを始めるきっかけとなったのは、子どもの事故予防に取り組んでいるNPO 法人 Safe Kids Japan への取材でした。理事長で小児科医の山中龍宏さんは「子どもの数は減っているのに、学校での事故は毎年 100 万件ずつ起き、同じような事故が繰り返されている」と言います。学校事故に関しては、日本スポーツ振興センター（JSC）の災害共済給付の膨大なデータがあります。そのデータの分析や研究が進められ、国などによる対策もある程度示されています。にもかかわらず、重大事故は何度も繰り返され、潜在的なリスクがなくなっていない、という問題提起でした。

　そこで 2017 年、朝日新聞の特別報道部で取材班を立ち上げ、過去に起きた事故について取材を進めました。JSC の学校事故データは、国立研究開発法人産業技術総合研究所（産総研）が分析。特設サイトでは、いつどこで、どのように、どんなけがをしたのか、学校の種類や学年、状況ごとに事故の件数やけがをしやすい部位を調べられます。イラストや動画も交え、重大事故をなくすための方策を専門家や読者と一緒に考えました。

■ ヘルメットをしても起きた野球の事故

　2015 〜 2017 年度の 3 年間、中学・高校で起きる事故の半分以上は運動部の部活動中で、年間 35 万件に上っていました。特に頭のけがは命にかかわることがあり、現場では重大事故を防ぐための模索が続いています。

　2018 年 11 月、野球の試合で死球を受けた 2 年生の男子部員は声を上げ、尻から落ちて仰向けに倒れました。よけようとした球が、ヘルメットの耳当て部分と左耳の下に当たりました。熊本県立熊本西高校（熊本市）で行われた野球部と他校の練習試合。翌朝、亡くなりました。

朝日新聞デジタル「子どもたち、守れますか　学校の死角」

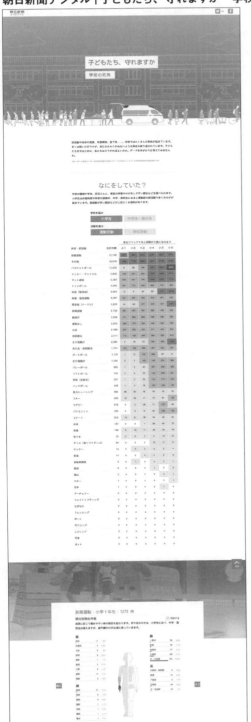

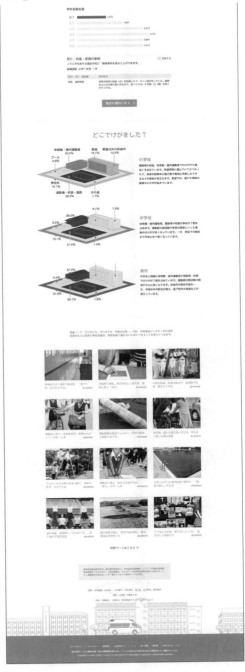

　野球部は以前から、事故防止に力を入れていました。複数の場所で行う打撃練習は、打球が飛び交います。防球ネットの穴を抜けて投手に当たらないように、37枚のネット1枚ずつに担当を割り当て、点検や補修を続けていました。イレギュラーバウンドを防ぐためにノックの合間にトンボをかけ、ヘルメットは昨春、各部員に合うように三つのサイズを買いそろえていました。

　それでも事故は起きました。監督は「亡くなった部員は野球が大好きだった。彼も、投手も、誰も悪くないのに……」と声を絞り出しました。

　日本高校野球連盟（日本高野連）によると2019年当時、死球による死亡は記録が残る1974年以降で3件目。全国の野球部で頭部の事故は年間2000件超で、打撃練習やノック時が目立ちました。日本高野連の事務局長は「防球ネットの点検やグラウンド整備などを徹底すれば、防げる事故が繰り返し起きている。指導者の知見を高める必要がある」と言いました。

　部活動の死亡事故は2016年度までの10年間に152件。交通事故が大半の登下校中に次いで多くなっていました。亡くなった原因で最も多いのは、突然死を除くと頭のけが25件。柔道が突出し、ラグビー、野球と続きます。ただ、柔道は2012年度の中学での武道必修化に伴い安全対策が強化され、近年は大幅に減っています。

■ 体格や能力の差で高まる事故のリスク

「こんなに柔道が危険だとは知らなかった」

柔道部の練習中に女子生徒を亡くした父親は、悔やみ続けていました。

2015年5月、福岡市の中学の女子生徒は練習を終えて帰宅すると、「練習で打って頭が痛い」と言って、夕食を残しました。翌日の朝、体調を聞くと、「大丈夫」との返事。「気分が悪かったら先生に言いなさい」と送り出しました。学校を休ませて病院に連れて行っていれば、事故は避けられたという思いは消えません。

この日の夕方、中学の武道場で2年の女子部員の大外刈りで倒れ、頭を強く打って意識不明になりました。救急車で病院に運ばれ、手術を受けましたが、意識は戻りませんでした。急性硬膜下血腫のため、5日後に亡くなりました。

福岡市教育委員会が公表した有識者による調査報告書によると、事故は技を伝えてから投げる「約束練習」で起きました。相手は大外刈りと伝えたうえで、スピードを緩めてかけていました。

女子生徒は運動が得意ではありませんでしたが、「警察官になりたい」と柔道部に入りました。柔道を始めて1か月の女子生徒に対し、相手は5年目。身長は6.5cm、体重も12kg上回っていました。武道場には顧問の教員とボランティアの指導員2人の計3人がいましたが、事故の瞬間は見ていませんでした。

報告書は「体格差や能力差を把握し、きめ細かな指導を行う必要がある」と指摘。事故を防ぐため、受け身の練習を3、4か月以上は行い、大外刈りなど危険性のある技で受け身の練習をしないよう求めました。

JSCが重大事故に限定して公表しているデータを名古屋大学の内田良准教授が分析したところ、2017年度までの35年間に、柔道の部活動や授業などで121人が死亡していました（突然死や熱中症なども含む）。1年生が74人を占め、頭のけがで亡くなったのは121人のうち77人で、大外刈りが最多。近年は中学の体育の武道必修化に伴い、安全対策が強化されるなどして重大事故は減っています。

それでも2016年度、群馬と栃木の中学生2人が大外刈りで一時重体となりました。福岡の事故の後に起きたことに衝撃を受けた父親は2017年、小中学生に限って大外刈りを禁止すべきだとブログで訴えました。事故の重さを伝えようと、脳のX線写真も掲載しました。「二度と重大事故が起きないように、指導者の人たちに安全に対す

る気持ちをもち続けてほしい」と願っていました。

■ 禁止されていた飛び込み、なぜ

　プールでの飛び込みは、小中学校の体育の授業で禁じられていますが、重大な事故が後を絶ちません。なぜ危険なのか。取材すると、学校のプールの構造的な背景も見えてきました。

　日本最西端の与那国島。2013年7月、中学3年の11人で水泳の授業を受けていました。場所は沖縄県与那国町立プール。飛び込みを習うのはこの日が初めてでした。男子生徒は2回目の飛び込みで、プールの底に頭を打ち、頸椎を損傷して首から下が動かなくなりました。

　石垣島の病院で首を固定する手術を受けました。その後、寝たきりのベッドで、頭をわしづかみにされるような痛みに泣いて過ごしました。「死んだほうがよかった」。家族には、そう言いました。

　ある日、好きなゲームをしている夢を見たそうです。だが、目覚めた自分の身体は動きません。現実に押しつぶされそうになりました。それでも、福岡の病院でリハビリに取り組みました。1年後に退院。「もう一度ゲームをしたいという思いで、少しずつ動けた」と振り返ります。

　沖縄本島の特別支援学校を経て、沖縄国際大学に入学。特別支援学校では、情報処理やウェブデザインなど4つの資格を取得しました。母の介助を受けながら車椅子での生活を続けています。

　島で生まれ育ち、泳ぎは得意でした。海によく飛び込んでいました。それでも事故は起きました。小学生も使うプールの水深は、約1m。「浅すぎた」と言います。

　母親は「車椅子の日々は一生続く。こんな事故が二度とないように、学校の先生はわが子と思って細心の注意を払ってほしい」と話します。

　相次ぐ飛び込み事故を受け、国は学習指導要領を改訂していました。小学校は2011年度、中学校は2012年度から授業での飛び込みを禁じています。この学校の授業で、なぜ飛び込みは行われたのか。町教育委員会は取材に「記録がなく、詳しい経緯はわからない」と答えました。

　JSCの学校事故データを産総研が分析すると、小中学校の授業で禁じられた飛び込

朝日新聞 2019 年 5 月

みによる事故は 2014 〜 2016 年度に 42 件起きていました。教員が生徒に指導していた例もありました。学校体育を管轄するスポーツ庁は 2010 年度から毎年、小中学校の授業で飛び込まないよう通知してきましたが、担当者は「通知が形骸化している面も否めない。禁止を徹底したい」と話しました。

　日本スポーツ法学会理事で、飛び込み事故の訴訟を多く扱う望月浩一郎弁護士は、「飛び込みの危険性についての国の周知徹底が足りず、教育委員会も現場の教員も十分に理解していない」と指摘。「国は事故の実態を分析し、繰り返し警鐘を鳴らすべきだ」と訴えます。

　飛び込みが禁じられていない部活動では、事故はさらに多い。産総研の分析では 2016 年度までの 3 年間で 157 件にのぼりました。

■水泳部員でも起きた事故

　福岡県福岡市の高校 2 年生だった男性は 2014 年 6 月、水泳部で飛び込み練習を 20 回ほど繰り返し、プールの底に頭を打ちました。頸椎骨折で手術を受け、1 か月入院。医師に「あと 2 mm で全身不随だった」と言われました。高校最後の大会は水中からスタート。恐怖が消えず、大学では水泳部をあきらめました。首は以前ほど曲

がらず、下を向くと痛みます。

飛び込み台付近は水深1.3m。男性は「大会用は水深3m近いプールもあるのに、これでは浅すぎる。水泳部員でも一つ間違えば事故に遭う」と話します。

学校のプールをめぐっては、1966年に当時の文部省は「水泳プールの建設と管理の手びき」を作成。生徒が溺れないように最も浅い部分の水深の参考として、小中学校0.8m、高校・大学1.2mを示し、施工や掃除のしやすさなどを理由に両端の浅い構造も勧めていました。

スポーツ庁によると、現在、この手引は使われていませんが、望月弁護士は「手引の作成後に多くの学校でプールが建設されており、両端の浅い構造が多いのは、その影響ではないか」との見方を示します。

■ 遺族の願い

2017年1月13日、福岡県大川市の小学4年生の男児は、体育の授業でサッカーのゴールキーパーをしていました。味方の得点に喜んでハンドボール用ゴールのネットにぶら下がり、転倒したゴールの下敷きになり、その後、亡くなりました。

文部科学省は2013年、転倒防止のために杭などでゴールを地面に固定するよう通知していましたが、学校はゴールを固定していませんでした。市教育委員会は過失を認めて謝罪。遺族は市に損害賠償を求めて提訴し、福岡地裁久留米支部は2022年、学校の安全配慮義務違反を認め、市に約3600万円の賠償を命じました。

男児の父親、梅崎貴文さんは、「事故は悲しいし、つらい。本当は言葉で出るような感情じゃない。これから先も言葉にできない。二度と同じようなことを起こしてはならないし、こんな思いを誰にもしてほしくない」と言います。

筑後川の近くに2018年夏、一面のヒマワリ畑が広がりました。

小学校のゴール転倒事故で亡くなった男児の祖父、清人さんが孫の残した種で花を咲かせたいと植えました。この種を事故防止のシンボルに育てようという取り組みがありました。

清人さんは、近くに住む孫がよく自転車で遊びに来たこと、風呂で背中を流してくれたことを思い出します。「愛敬があり、走るのも泳ぐのも速かった。サッカーが大好きだった」

　事故の1か月ほど前、ヒマワリの種をまいてほしいと持ってきたそうです。最初の夏はつらくて植えられませんでした。1年が経ち、「大切な孫が託した種。頑張って増やそう」と思うようになりました。100㎡の畑にまき、できた種を訪れた人に「孫と事故を忘れないで」と渡しました。

　事故は、2004年に静岡市の中学校でサッカーゴールが倒れて3年の男子生徒が犠牲になったのと同じ日に起きました。NPO法人 Safe Kids Japan は、ゴールの固定を呼びかける日にしました。清人さんは「ヒマワリを育てることで、学校の安全に社会が目を向けるきっかけになれば」と願っていました。

　貴文さんは今、「笑顔があふれる場所」を作ろうと準備を進めています。

　「ただの遊び場ではなく、学ぶ場所も作りたい。子どもだけじゃなくて、地域のみなさんも、行政も集まれる場所」。公園に遊具を置いて、地域の人たちと安全を考えたいと思っています。

　判決が確定した後、大川市教育委員会も動き始めました。梅崎さんと話し合ってリーフレットを作り、2023年4月、学校の安全を確保するための注意点をまとめ、教職員に配りました。ホームページ（https://www.city.okawa.lg.jp/

朝日新聞　2019年5月

247

s062/010/070/20230414131307.html）でも公開しています。

　「リーフレットはこれがスタート」と貴文さんは語ります。続編を行政や学校、地域の人たちと作っていくつもりです。「二度と事故を起こさないために、みんなが同じ方向に向かって作りたい。2巻、3巻と増刊したとき、課題を解決できる。安全という言葉は当たり前になり、リーフレットは笑顔の写真になる。安全を願う思いを未来へつなぎたい」と語ります。

■ 事故の検証を

　「もう二度と、学校で同じ事故が起きてほしくない」

　筆者はこれまでに、子どもを亡くした遺族、後遺症を負った生徒や家族ら数十人に会ってきました。彼らから繰り返し聞いてきた言葉です。大切な命を失った悲しみ、体が不自由になった悔しさ、学校への怒り……。やり場のない気持ちとともに、彼らはみな同じことを願っていました。

　しかし、現実は違います。JSCの学校事故データは年約100万件。2016年度までの3年分を産総研が分析すると、毎年、同じような事故が同じような件数で繰り返されていました。

　相次ぐ学校事故を受け、国は全国の事故の検証報告書を集約し、その教訓を学校現場と共有する取り組みを、2016年度から始めています。文部科学省が示した「学校事故対応に関する指針」です。指針は事故に遭った遺族や保護者らに対し、誠意をもって支援を継続していくことを求めています。背景には、学校で重大事故が起きても、遺族らが望む検証と十分な情報提供が行われなかったことがあります。

　しかし、文部科学省が把握した全国の死亡事故のうち、集まった報告はまだ少なく、再発防止の枠組みは十分に機能しているとはいえません。検証と情報提供を進め、事故の再発防止につなげる必要があります。事故を「子どもの失敗」で終わらせてはいけません。どんなときに、どんな事故が、なぜ起きたのか。全国の行政や学校は事故データを共有・分析することから始め、同じような事故が繰り返されない態勢をつくることが欠かせません。そのとき、事故にあった生徒や遺族の声に、もっと耳を傾けてほしいと思います。

おわりに

　当初の企画は、「繰り返されるサッカーゴール転倒事故・組体操事故・ムカデ競走事故から子どもを守る」などの6回の「これで防げる！学校体育・スポーツ事故」シンポジウムの成果を書籍化し、学校現場、教育行政関係者、保護者らに提供し、検証する場となる書籍を発刊しようというものでした。

　書籍化を検討するなかで、シンポジウムで取り上げた事故に限らず、繰り返し生じている学校体育・スポーツ事故を広く取り上げ、学校関係者・スポーツ関係者に提供しようという前向きな提案があり、当初の企画を超えた出版を目指すことになりました。

　事故が多いスポーツ活動・事故が繰り返されているスポーツ活動を調べ、日本スポーツ振興センター（JSC）重大事故のデータベースの分析、判例の検索整理作業。執筆主担当者と援助する「同伴者（サポーター）」という執筆陣を組織しました。

　多くの執筆者の共同作業になりましたので、個々の執筆者の個性を活かしながら、書籍全体の統一性を実現するためには、多くの会議で調整がなされました。事故防止に判例が果たす役割や新たな課題についても幾多の議論が重ねられました。事故防止に関する知見を得るためのメンバー間のやりとりは、通常の共著書作成ではありえないほどの濃密な時間の共有でした。執筆の準備を進めていくと、この競技で、こんな事故が、こんなに多く生じていたのか！　という新たな気づきもありました。

　編集担当者には、たくさんのわかりやすい図表やイラストを作成していただき、わかりやすく充実した書籍とすることができました。書名の「これで防げる！」の名に恥じないものになったと確信しています。これほど多くの人が、精力的にエネルギーを注いだ類書を私は知りません。

　本書の出版後も、事故防止に向けたシンポジウム等の活動は継続されます。本書の出版はあくまでも一区切りであり、避けられる事故がなくなるまでこの活動は続きます。そのために本書が礎として役立つことを願うものです。

　現在の出版状況は、以前にもまして厳しい状況にあります。このようななかで、山中龍宏先生とのご縁で、手を上げていただいた中央法規出版株式会社、本書出版・編集にあたり、方向づけや編集にかかる諸課題に適切にご対応いただいた担当の平林敦史氏と米澤昇氏に対し、ここにお礼申し上げます。

吉田勝光
（桐蔭横浜大学名誉教授）

執筆者一覧

著者　学校体育・スポーツ事故予防研究会

編集　望月浩一郎 [代表]
（弁護士・日本スポーツ法学会事故判例研究専門委員会前委員長）

山中龍宏 [代表]
（小児科医・NPO 法人 Safe Kids Japan 理事長）

菊山直幸 [代表]
（元中学校長・公益財団法人日本中学校体育連盟参与・前専務理事）

阿部新治郎
（弁護士・神奈川県）

飯田研吾
（弁護士・東京都）

多賀　啓
（弁護士・東京都）

編集支援

入澤　充
（国士舘大学法学部特任教授）

データ分析協力

北村光司
（国立研究開発法人産業技術総合研究所主任研究員）

執筆担当者

阿部新治郎（弁護士・神奈川県）
―― 第2章6、第3章2、第3章4、第3章7

飯田研吾（弁護士・東京都）
―― 第2章1、コラム①、第3章5、第3章10

五十嵐幸輝（弁護士・東京都）
―― 第2章2、第2章5、第3章11

井口成明（桐蔭横浜大学スポーツ健康政策学部准教授）
―― 第2章5

石堂典秀（中京大学スポーツ科学部教授）
―― 第2章7

板倉尚子（理学療法士・公益社団法人東京都理学療法士協会スポーツ局局長）
―― 第2章6

太田由紀枝（NPO法人 Safe Kids Japan プロジェクトマネージャー）
―― 第2章1、コラム①、第3章4、第3章5

岡村英祐（弁護士・大阪府）
―― 第2章4

金刺廣長（弁護士・愛知県）
―― 第2章7、第3章8

菊山直幸（元中学校長・公益財団法人日本中学校体育連盟参与・前専務理事）
―― はじめに、第3章1、第3章2、第3章3、第3章9

北田利弘（理学療法士・医療法人社団健育会竹川病院）
―― 第2章7

木村健一（朝日新聞社東京スポーツ部次長）
―― 第5章

小柳磨毅（大阪電気通信大学医療福祉工学部教授）
―― コラム②

西條 攻（理学療法士・国家公務員共済組合連合会三宿病院）
―― 第3章8

齋藤弘樹（理学療法士・医療法人財団逸生会大橋病院）
―― 第2章8、コラム④

佐渡島 啓（弁護士・埼玉県）
―― 第3章2

柴田 剛（弁護士・神奈川県）
―― 第3章4

新宮領毅（元中学校長・公益財団法人日本中学校体育連盟事務局長）
―― 第3章9

瀬戸　馨（公益社団法人日本技術士会登録子どもの安全研究グループ会長）
―― 第2章8、コラム③

高橋　駿（弁護士・東京都）
―― 第2章3、第3章5

多賀　啓（弁護士・東京都）
―― 第2章2、第3章1、第3章6、第3章8、第3章12

田名部和裕（日本高校野球連盟理事）
―― 第2章4、コラム②

椿原　直（弁護士・東京都）
―― 第3章12

手塚圭祐（弁護士・山梨県）
―― 第2章1、コラム①、第2章2、第3章1

中川義宏（弁護士・東京都）
―― 第2章3

西田佳史（東京工業大学工学院教授）
―― 第4章

野々山真樹（理学療法士・横浜リハビリテーション専門学校）
―― 第2章6

長谷川佳英（弁護士・東京都）
―― 第2章8、第3章3

松原範之（弁護士・神奈川県）
―― 第2章5

松本格之祐（桐蔭横浜大学名誉教授）
―― 第2章6

三宅良輔（日本体育大学体育学部教授）
―― 第2章3

望月浩一郎（弁護士・東京都）
―― 第1章、第3章9

山中龍宏（小児科医・NPO法人 Safe Kids Japan 理事長）
―― 第2章1、コラム①、第3章5

吉田勝光（桐蔭横浜大学名誉教授）
―― 第2章4、おわりに

これで防げる！
学校体育・スポーツ事故
科学的視点で考える実践へのヒント

2023 年 9 月 10 日　発行

編集代表	望月浩一郎、山中龍宏、菊山直幸
発 行 者	荘村明彦
発 行 所	中央法規出版株式会社

〒 110-0016　東京都台東区台東 3-29-1　中央法規ビル
TEL 03-6387-3196
https://www.chuohoki.co.jp/

印刷・製本	株式会社ルナテック
装幀・本文デザイン	株式会社ジャパンマテリアル
本文イラスト	ひらのんさ

定価はカバーに表示してあります。
ISBN978-4-8058-8942-8

本書の内容に関するご質問については、下記 URL から「お問い合わせフォーム」にご入力いただきますようお願いいたします。

https://www.chuohoki.co.jp/contact/